指文® 战争事典特辑020

帝国强军
中国八大古战精锐

（修订版）

指文烽火工作室 著

吉林文史出版社
JILINWENSHICHUBANSHE

图书在版编目（CIP）数据

帝国强军：中国八大古战精锐 / 指文烽火工作室著
. -- 长春：吉林文史出版社，2016.2
　ISBN 978-7-5472-3007-7

Ⅰ.①帝… Ⅱ.①指… Ⅲ.①军队史－中国－古代
Ⅳ.①E292

中国版本图书馆CIP数据核字(2016)第017731号

DIGUO QIANGJUN　ZHONGGUO BADA GUZHAN JINGRUI

帝国强军：中国八大古战精锐（修订版）

著 / 指文烽火工作室

责任编辑 / 吕莹　特约编辑 / 谭兵兵

装帧设计 / 杨静思

策划制作 / 指文图书　出版发行 / 吉林文史出版社

地址 / 长春市人民大街 4646 号　邮编 / 130021

电话 / 0431-86037503　传真 / 0431-86037589

印刷 / 重庆大正印务有限公司

版次 / 2018 年 9 月第 2 版　2018 年 9 月第 1 次印刷

开本 / 787mm×1092mm　1/16

印张 / 14　字数 / 295 千

书号 / ISBN 978-7-5472-3007-7

定价 / 89.80 元

目录

前　言

这是八支曾经如星辰般闪耀的中国古代精锐军队，他们或是无坚不摧、迅猛如风的骑兵，或是坚韧不拔、勇敢无畏的步兵，而他们最大的共同点就是曾经主宰着一个时代甚至几个世纪的战场。

秦帝国的咸阳卫戍军，是帝国最为倚重的禁卫力量和皇帝直辖的核心机动兵团，秦始皇兵马俑就是以其为原型。他们是吞并六国、北伐匈奴、南征百越的虎狼秦军中的佼佼者，可谓是"虎狼"中的"虎狼"。

"国恒以弱灭，而汉独以强亡。"留下"强汉"威名的大汉帝国之所以能够远征大漠，封狼居胥，依靠的是由良家子所组成的精锐骑兵，他们中的佼佼者则被称为"羽林孤儿"，装备着当时最优良的战马、最精良的装备，由最优秀的指挥官统率。

公元 383 年，前秦帝国动员将近 90 万人的兵力南侵东晋。然而在淝水之畔，苻坚那"投鞭断流"的宏伟梦想、那 25 万人的前锋，甚至连同他那帝国，却被一支军队击得粉碎。这支军队，正是以北方流民为主体的、称雄东晋南朝百余年的超级军团——北府军。

"铁猛兽"是南北朝时期重装骑兵——甲骑具装的代名词。在南北朝乱世中，这些动辄数万的重装骑兵部队以摧枯拉朽的破坏力，主宰着战场，摧毁了一个个帝国，又建立了一个个新帝国。其中黑槊龙骧军、凉州大马、鲜卑连环马、胡夏铁骑、北魏虎纹具装，都是一时精锐，但最为强悍者，莫过北破柔然、西抵北周的北齐"百保鲜卑"甲士。

曾拥有 70.6 万匹军马的大唐帝国，算得上中原王朝骑兵最繁盛的时代。唐帝国骑兵无论是规模、武器装备、披甲率，还是战马的饲养、引进与杂交，都处于当时世界的最前列。其中最具盛名的，莫过于李世民麾下那一千名铠甲与战袍均为漆黑色的精锐骑兵——玄甲军。

13 世纪，蒙古的统一、崛起、扩张、征服、分裂是当时世界的最重大事件。无论对蒙古帝国有怎样的看法，13 世纪蒙古帝国军队的强悍是不可否认的，而蒙古军队中最精锐的军团自然非怯薛军莫属。他们是可汗的心腹、帝国的弯刀，之后更成为帝国中枢的掌控者。

在《剑桥战争史》中，明帝国的戚继光与荷兰的莫里斯亲王并列，被誉为东西方步兵复兴的两大代表人物。戚继光的威名建立在那支他亲手打造的传奇军队——戚家军之上。这支具有划时代意义的精锐之师，是明帝国中后期最具标志性，也最具传奇色彩的捍卫者。

17世纪，八旗劲旅曾横行东亚大陆，创造出"小民族征服大帝国"的奇迹，而八旗中的"最为勇健者"莫过于巴牙喇（白甲军）。这支"一闻攻战，无不忻然，攻则争先，战则奋勇"的精锐之师，成为清帝国崛起的最核心力量。

本书就是要揭示他们的强大源自何处，进行着怎样的严苛训练，拥有怎样的军事素养；他们如何凭借严格的纪律、合理科学的战术战法成为战场上的常胜者，如何成为敌人的噩梦、国人的依靠、帝国的基石。了解了这些，我们才能真正读懂他们的过往荣耀，理解那些从古至今的军事智慧。

辉火

2015 年 12 月

秦咸阳卫戍军

文 原廓

秦二世元年（公元前209年）九月，"秦失其鹿，天下共逐之"。寒风乍起，肃杀的大地成为天然的战场，锋利的戈矛期待着鲜血的狂欢。由周文率领的数十万张楚大军正沿着秦帝国的驰道急速西进。在这支大军的身后，是关中地区的东大门，秦帝国扼守关中本土的咽喉要地——函谷关。这座保卫了秦国数百年之久的关城，已被张楚大军所攻破。

当时，张楚大军的前面是无险可守的八百里秦川平原，再往前就是秦帝国的中枢和心脏——首都咸阳。只要沿着那条秦始皇所修建的高速公路——驰道，继续奋勇前进，张楚大军就能对整个秦帝国一击致命！

但是此时，周文和他率领的大军却给后世留下了一个千古谜案。司马迁记载，张楚大军没有迅速进军咸阳，而是突然停在了骊山附近的戏水河畔，此后再也没有前进一步。大军突然停步，就等于放弃了千载难逢且转瞬即逝的战机，让反应迟缓的秦帝国获得喘息之机。帝国军队得以调动，预备军得以征发、训练，曾经门户大开的咸阳，重新武装到牙齿。

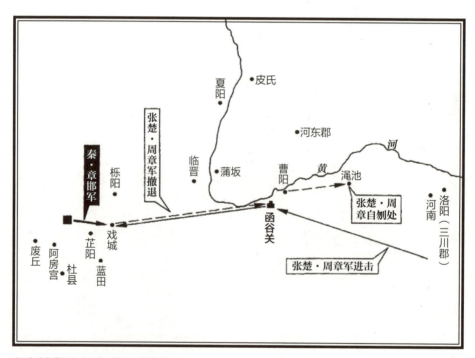

◎ 张楚大将周文（又作周章）西进路线图

戏水河畔的虎贲

张楚大军为什么在形势如此有利的情况下停步不前，错失千载难逢的战机？因为史料的缺乏，这个问题连司马迁都没能做出解答。难道是反秦义军的将领缺乏战略决策眼光，犯了骄傲轻敌的严重错误？

要知道这支大军的统军大将周文，是从秦灭六国时代就开始与秦军作战的老练军人了。正是因为如此，陈胜、吴广才会命令他率军绕过荥阳，直取关中。攻陷函谷关，就是他的杰作；迅速挥师西进，一举攻克咸阳，更是周文既定的战略目标。这样一个久经沙场的将领怎能犯无故贻误战机的低级错误？因此，周文必定是遇到了让他无法前进的阻碍。

根据军事常识，军队突然停止攻击行动，大多只有两个原因：一个是后勤补给遭遇困难，无力继续发动进攻；另一个就是面前出现了一支强悍的敌军。

可是张楚军的目标咸阳，堆积着秦国数百年间积累和掠夺自六国的无数财富。咸阳周围的府库里囤积着大量的补给物资。如果是反秦义军遭遇后勤困难，那他们只会更加急迫地去攻击咸阳。

于是，就只剩下一种可能：周文统率的反秦义军被一支强悍的秦军阻挡住了。可查看当时的秦军作战序列就会发现，曾经持载百万的秦帝国其实已经无兵可用了。北逐匈奴的帝国北方军团还远在长城，根本不可能及时赶回来救援。南征百越的帝国南方军团已经趁乱割据自保，无视秦帝国的危机。秦帝国的最后一支机动兵团，现在正被陈胜、吴广亲率的反秦大军围困于荥阳。所以，周文也是趁着关中空虚，才攻陷函谷关，逼近咸阳。秦二世那个昏庸的朝廷，更是在周文大军攻陷函谷关之后才正式做出了反应和紧急动员。秦二世虽然委派了章邯去征发骊山刑徒参战，但将数十万刑徒编制成军并发放武器，不是

◎ 秦代铜车马

一朝一夕就能完成的事情。更别说，秦代法度严酷，凡用兵五十人以上，都需要有虎符。

虎符，亦称兵符，因为被做成伏虎状，所以被称作虎符。它是君王授予臣属兵权和调动军队所用的凭证。虎符能分成左右两半，左一半交给带兵的将帅，右一半由君王保存。要动员和调动军队时，帝王将右一半交给差遣的将领。受命的将领将右一半和带兵将领手中的左一半扣合，互相符合完整，才能验证命令可信，方有权调动军队。不过考虑到"将在外君命有所不受"的情况，秦帝国也规定，如果突然遭遇烽火军情，将领不通过虎符也可以用兵。

因此，那支阻挡住周文的秦军，不可能是被调过来或临时征发的，他们应该是早已经驻扎在戏水周围，并在秦帝国的中枢还没来得及反应时就见烽火而动。

戏水，在陕西临潼东，源出骊山，向北流入渭水。渭水，自陇西渭源而来，经天水由甘肃入陕西，横贯关中平原，经过秦都咸阳，最后折向东南直冲骊山而来。于是，在骊山与渭水河道之间形成的一个较为狭窄的通道，成为函谷关通向咸阳的大道上一个关键的交通节点。戏水则正好南北纵贯这个交通节点的东口。根据田余庆先生的弟子李开元教授的实地考察和推断，当年一举挡住周文大军的，正是驻扎于此的秦帝国最核心精锐的力量——秦帝国禁卫军中的咸阳卫戍军。

秦帝国实行严密的禁卫制度。在首都咸阳，有八万左右的禁卫军守卫着帝国皇帝的安全。帝国皇帝身边最核心的一层防卫线，由一千人的武装郎官组成。他们由郎中令指挥，负责皇帝的日常安全。每天在秦宫殿门外廊中或陛阶两旁执戟护卫皇

◎ 现代复原的秦咸阳宫

◎ 秦代虎符

帝。卫尉所掌握的三万卫士是保卫帝国皇帝的第二道防线。他们白天警卫于皇宫的各处大门，夜晚在各处宫室间巡逻。最外围，则是多达五万人的咸阳卫戌部队。他们是保卫咸阳和关中地区的主力，也是帝国的重要战略机动部队，平时按野战军模式驻扎，遇有情况由皇帝直接指挥。而将核心精锐力量纳入禁卫军体系、掌握在君王手中的这一传统，甚至要追溯至商周交替的那个年代。

周文王六年（约公元前 1062 年），灭崇之战到了最紧要的关头。灭崇是周国征伐商朝前的最后一战。拿下殷商重要属国——崇国（今陕西户县附近），周国就获得了灭商的前进基地。

这已经是周文王亲率大军第二次来攻了。之前，崇国凭借着高大的城墙整整抵抗了三十天，"军三旬而不降"。这次，周文王率军堆起了土山，形成登城垒道，周军冲上了崇国的城墙。在《左传》的记

载中，崇国最后的结局仅仅是四个字——"因垒而降"。①

难道曾经顽强抵抗过的崇国军人就这么轻易地投降了？《诗经·大雅·文王之什·皇矣》记载了背后的血腥和残酷："以伐崇墉……攸馘安安。"可见周军冲上了城墙之后，顽强的崇国军人仍然不打算屈服，到处都是殊死的搏斗，鲜血涂满了城墙。周军杀死的崇国军人如此之多，以至于搜集首级都力不从心，只能搜集敌人的左耳来献功。

甚至连《易经》中都留下类似的场景描写："乘其墉，弗克攻，吉。同人，先号啕而后笑。大师克相遇。"能承担先锋登城任务的士兵历来都是敢战之士。他们登上了城墙，没有获得胜利，甚至有的士兵被吓得号啕大哭。也就是说，战斗的激烈和残酷、场面的恐怖和血腥将先登士兵的意志压垮了。直到有一支后续精锐部队投入战斗，攻城方才破涕而笑，最终战胜了顽强的敌人。

很遗憾的是，后续那些骁勇的拥有青铜般意志的精锐军人，虽然能够无视眼前的恐怖杀场，用纵情大笑来表达对死亡的蔑视，却没能在史书中留下自己的名字。但是，精锐战士的奋战并不总会湮灭于历史的尘埃当中。周文王灭崇之战的十六年后，一支当时中国最精锐的部队出现于历史舞台上。

---

① "宋人围曹，讨不服也。子鱼言于宋公曰：'文王闻崇德乱而伐之，军三旬而不降，退修教而复伐之，因垒而降。'"出自《左传·僖公十九年》。

◎ 牧野之战

　　公元前 1046 年 1 月 20 日（夏商周断代工程结果），在商郊的牧野（现河南淇县附近），一方是如林的十七万殷商军队；一方是规模小得多的周军，"戎车三百五十乘，士卒二万六千二百五十人"①。此前，周武王与诸侯会兵，有战车四千乘。现在以这么少的前兵力来攻打殷商，是什么给了他此等胆量？曾有人试图以君王的仁德来作为解读，仿佛周武王的义兵一到，殷商军队就纷纷倒戈了。可孟子曰："仁人无敌于天下。以至仁伐至不仁，而何其血之流杵也？"②

　　那周武王的勇气和信心到底来自哪里？来自他的精锐部队——"六师未至，以锐兵克之于牧野"③。《史记·周本纪》则记载下了这支精锐的名字——"虎贲三千"。

对于"虎贲"两个字，汉代经学家孔安国有如下解释："虎贲，勇士称也。若虎贲兽，言其猛也。"奔驰中的猛虎，是力量和速度的最完美结合体，是大自然中最强悍的杀戮机器。用虎贲来形容这支精锐部队，既说明了其骁勇无比，也隐喻了其作战方式：担任全军的开路先锋，如猛虎般咆哮着直冲敌阵，"进厥虎臣，阚如虓虎"④。

牧野之战中就是如此。周武王先派姜尚率领一百人去试探商军阵形的薄弱之处，"武王使师尚父与百夫致师"。这就如同一只啄木鸟轻啄树皮来探查一棵大树哪里有蛀虫的孔洞，但是随之而来的却是猛虎的致命一击，"以虎贲戎车驰商师，商师大崩"⑤。

这一击一举击溃了十七万殷商大军，奠定了周王朝三十代、三十七王、七百九十一年的基业。这样的雄伟功绩，也让虎贲成为所有中国精锐军队的代称。在中国历史上，与兵圣孙武齐名的军事家——吴起曾经说过，军队当中，必定要有能被称作虎贲的勇士。他们力能扛鼎，腿脚轻捷能追上战马，斩将夺旗就要靠这些人，他们是军队的命脉。这样的精锐力量更让历代周王放心地将自己的身家性命交给他们来保卫，将其作为"重兵之卫"

的精锐禁卫军。

周代的禁卫体系由腹心之卫、重兵之卫、环列之卫三部分组成，被形容为"周庐千列，设戟百重，入守虎关，出陪豹尾"⑥。其中，"腹心之卫"由贵族子弟所组成，负责宫殿里的宿卫；"环列之卫"由五隶（主要是被征服的外族奴隶）所组成，负责宫城大门外的保卫工作。

"重兵之卫"的重担则被交付给了虎贲军。掌领这支禁军的官员被叫作虎贲氏（虎臣），其下有下大夫二十人、中士十二人、府二人、史二人、胥（小吏）八十人、常设虎贲士八百人。平时，虎贲军驻扎在宫廷内外，保卫周天子及宫廷安全。周天子出行或出征时，虎贲军在前后护卫或充当决定性精锐力量。在虎贲军的职责中，还包括跟随大夫出使四方；倘遇道路不通或有征召师役之事，虎贲士则可以直接手持征令简书出使四方。

国家如遇重大变故，比如周天子亡故，虎贲军还要负责严密把守王宫的各个宫门，并在送葬时组成出殡队列，护送周王的灵柩，而且一路哀哭。虎贲军甚至在新天子即位过程中起到重要作用。金文中屡屡出现册命虎贲长官的铭文，而且往往是新王即位后便立即册命。如师酉簋铭文："唯王元年正月，王才（在）吴"，册命师酉"司

---

① 关于牧野之战的双方兵力多有争议，此处选取的是最通常的记载。
② 见《孟子·尽心章句下》。
③ 见《吕氏春秋·仲夏纪·古乐》。
④ 虎臣为虎贲之统帅，原文出自《诗经·大雅·荡之什·常武》。
⑤ 见《逸周书·克殷解》。
⑥ 见《文献通考·卷一百五十五·兵考七》。

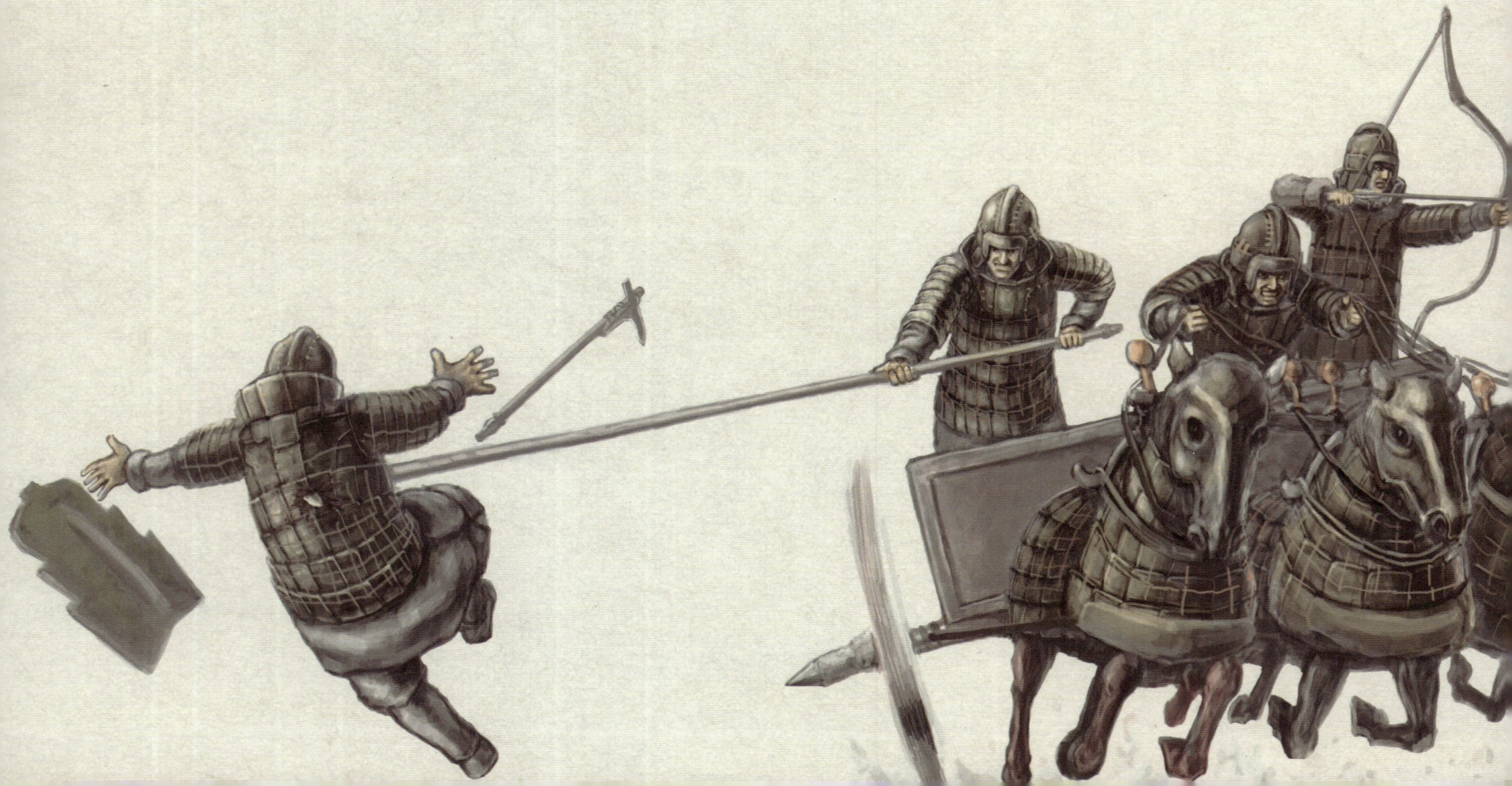

◎ 周代战车攻击步兵复原图（杨翌绘）

◎ 周代持干戈武士复原图（杨翌绘）

◎ 师西簋

乃祖啻官邑人、虎臣"等。这是西周中期一位新王即位后立即掌握虎贲军的典型事例。《尚书·周书·顾命》也曾记载："越翼日乙丑，王崩。太保命仲桓、南宫毛俾爰齐侯吕伋，以二干戈、虎贲百人逆子钊（迎太子钊继承天子位）于南门之外。"

从这里可以看出，虎贲军在强化王权方面相当重要，是周天子须臾不可掉以轻心的重要军事力量。因此，历代周王对他们自然极为重视，并给予虎贲军很高的地位。在周代，普通的"虎贲士"身份排在"千夫长""百夫长"之后、"甲士"之前，普通一兵的身份就已经相当于下级军官。

这种将精锐力量作为禁卫军的制度，也为周王朝的各个诸侯国所继承和复制。特别是进入东周之后，诸侯国之间战乱不断，《汉书·卷六十二·司马迁传》就提到"春秋之中，弑君三十六，亡国五十二，诸侯奔走不得保其社稷者不可胜数。"因此各国国君自然需要一支可以依靠的精锐军队。所以，"天子有虎贲，习武训也；诸侯有旅贲，御灾害也"，旅贲就是属于各诸侯国的禁卫力量。连被视作南蛮的楚国也建立了自己的禁卫军"乘广"。这些军队同样以勇气、力量、忠诚成了国君最可依靠的力量，并多次投入到关键性会战之中。

帝国皇帝倚重的虎狼

自战国时代厮杀出来的秦帝国，自然也建立了完备的禁卫系统，更将核心精锐的力量纳入其中。这就是我们前面提到的三层禁卫系统。至于咸阳卫戍军的缘起，则是公元前 306 年，秦昭王即位后，命魏冉屯兵护卫咸阳，以此开创了精锐卫戍咸阳的制度。此后，秦帝国的统治者也将掌控住禁卫军视作掌握住权柄的关键。

虽然根据《北京大学藏西汉竹书》中《赵正书》的记载，秦二世胡亥其实是秦始皇指定的合法继承人，但是这丝毫不影响秦二世为了巩固权柄，对他的兄弟姐妹和禁卫军系统大下杀手。"王死胡亥立，即杀其兄父骨（扶苏）、中尉（蒙）恬……"同时，秦始皇的十二位皇子被诛杀于咸阳，十位公主被肢解于杜县。侍卫禁中的中郎、侍卫宫中的中郎、侍卫于宫外的骑郎，也都惨遭株连屠杀。秦始皇原有的核心禁卫军——郎官系统被一扫而空。

屠杀过后，秦二世立刻着手建立属于自己的帝国禁卫军。史载：秦二世征集五万精锐，屯卫咸阳，担任咸阳卫戍军。为了照顾这些人的饮食起居，秦二世还特意命令下面郡县调拨豆类、小米以及干草等物资进行"特供"。根据《云梦秦简》的记载，秦军中拥有第三级爵位——簪袅的人才能享受到提供干草的待遇。可见，秦代禁卫军的待遇标准要比普通士卒高两个档次。

秦帝国禁卫军的受重视程度，还能从沿袭秦制的汉朝管中窥豹。汉代迎送禁卫军士兵有一套较为隆重的仪式。士兵们初至，丞相要亲自"到都门外劳赐"，服役期间还要赐给士兵肉、米等，当士兵服役期满，皇帝要亲自到场"飨赐作乐"。

不过无论是在戏水抵挡住周文大军，还是在从军时受到优待和重视，最重要的根本原因就在于咸阳卫戍军是整个帝国的精锐所在。

感谢众多的历史资料和出土文物，让我们能够比较系统和详细地了解秦帝国的军事体制。根据秦律，男子到了十五周岁，就要到帝国的军事机构里去办理登记手续——"傅籍"。这也代表这个人被纳入了帝国的"耕战"机器。"傅籍"之后的男子，被称为"更卒"，相当于预备役军人，之后他每年要服一个月的"更卒之役"。这一个月里，更卒并不接受军事训练，但要为家乡承担劳役，比如修路、治河、开渠、漕运、运输物资。通过这种集体劳作，可以培养每个男子的团队精神、协作能力、管理统筹能力，并使之养成遵守纪律和服从命令的习惯。每个服过更卒之役的更卒，大约在二十岁的时候，就要转成"正卒"。正卒首先在秦帝国的地方部队里服役一年，负责当地的防卫和治安，也就是地方军。期间，他们将接受一整年的军事训练。

秦国的军事训练是全方位的。正卒首先要进行队列的训练。秦帝国的战士要按照口令练习前进、后退、向左、向右、立定；掌握慢行、快进、跑步等行动节奏。最终要做到人人能够定位，保持行列整齐；进退左右，俱成行列；起坐跪伏，俱从号令；疾徐迅缓，俱循节制。

队列训练之后，正卒就要接受信号识别的训练。古代作战，位于广阔战场上的战士不可能听到将帅的声音，军人的行动就全靠听金鼓的声音，看旌旗的摇动。秦军训练的目的是要军人做到鸣鼓则进，并根据鼓声的轻重缓急来决定行动疾缓；鸣金则退，并根据金鼓声次序来行动，比如第一响停止，第二响后退。

另外，为了识别和约束队伍，各部队的旗帜和羽饰都有不同的颜色。秦军旗帜尚黑，各部以旗上绶带的颜色为标识。比如分五部，就以青、赤、黄、白、黑区分，该部士兵也会佩戴同色羽饰。同时，为了让阵列齐整，各行列的将士还会佩戴不同颜色的徽章，并佩戴于不同的位置。比如第一行士兵会佩戴青色徽章，第二行佩红色徽章，第三行用黄色徽章，第四行佩白色徽章，第五行佩黑色标记。而每行的第一列会把徽章佩戴在头上，第二列佩戴在颈上，第三列佩在胸前，第四列佩在腹部，第五列佩在腰间。再辅以长时间的训练，这样才能保证军人在残酷沙场之中认清自己的位置，找出自己的部队。

最后一步则是军阵的训练。秦代的军阵，已经有多种样式。比如作为基本队形的方阵；用于环形防御的圆阵；用于虚张声势、散开阵形的疏阵；用于集中兵力进行防守的数阵；用来突击的锥行阵；用来包围、夹击敌人的雁行阵；用于掩护侧翼的钩行阵等。这些战阵又有多种复杂的变化，并能相互转换。

之前秦军的士卒已经了解自己在队伍中的位置，现在又要适应自己队伍在军阵中的位置，并且知道怎样集中或分散等。另外，士卒还需要适应各种阵法的变化，以及高山、丘陵、河流等各种复杂地形如何布阵。

在群体训练的同时，身体素质和个人格斗技术的训练也是秦军操练的重中之重。秦人主要开展"蹴鞠""投石""超距"等活动，来增强军人体质。"蹴鞠"与其说像现代足球，不如说像英式橄榄球或美式足球。"投石""超距"则分别是投掷巨石和跳高、跳远。秦军格斗训练的内容则相当广泛。手搏，即徒手搏斗，类似于现代的散打。角抵，又名角力，颇似现代的摔跤。此外还有习练弓弩的射技，以及冷兵器使用的剑戟之术。

此外，秦军还会因为地域、个人情况以及国家需要的不同，对正卒进行步兵（材士）、骑兵（骑士）、车兵（轻车）和水军（楼船士）等不同兵种的针对性训练。

在经过一年严格军事训练后，那些达到材士、骑士、轻车和楼船士标准的士兵，就会转服戍卒之役。戍卒的服役期也为一年，其去向有两个：一是成为帝国边防军，驻扎帝国边疆，为帝国开疆扩土；二是戍

◎ 匈奴角抵青铜牌饰

卒中的精锐，成为"卫士"，去宿卫京师，加入相当于帝国中央军的咸阳卫戍军。比如秦二世所精选的五万精锐，就以善于射弩而闻名。

每个正卒、戍卒、卫士退役之后将重新成为预备役，定期服每年一个月的更卒之役。在需要时，他们还会被重新征集入伍。总之，秦帝国每个身体健康的成年男子，要一直为帝国服务到六十岁；如果立有功劳，获得过爵位，那么他们可以在五十六岁之后就不再服役了。当然在服役期间，这些战士都是脱产的，全部由国家来供养。

正是依托这种"全民皆兵"、"寓兵于农"的征兵制度，以及预备役、地方卫戍部队、边防军和中央禁卫军的三级军事体制，秦帝国拥有了充足的训练有素的士兵兵源。因此，秦国才能在二十万大军败于楚军之后，继续动员起六十万大军一举灭亡"带甲百万"的楚国。

秦帝国的动员能力已经相当可怕，比这种动员能力更为可怕的是秦人对首级的狂热，《商君书》载："（秦）民之见战也，如饿狼之见肉"。

秦国自商鞅变法后，实行军功赐爵制度。如秦人在战斗中斩杀或捕获敌方一名战士，即可晋爵一级，并相应获得一顷土地和九亩园宅地的报偿，还配给农奴一人，供其役使。秦人也只有获得爵位后，才能在军队或衙门中做官。有爵位的人犯罪，可以以爵抵罪，还可以用爵位为亲属中有奴隶身份的人求得赎免。军官要想晋升也同样要取得一定数量的首级。应得爵赏的人如已战死，就由其家人来继承爵位。对

于咸阳卫戍军来说，首级也是获得爵位的最佳途径。咸阳卫戍军的军士曾在秦王嬴政平定嫪毐叛乱的战斗中，"战咸阳，斩首数百，皆拜爵"。

秦国落实爵赏也极为严肃认真。首先，官员要陈列敌军的首级三天，作为检查和公示。然后由将军提出准确无误的战功和应得的爵赏。如果县衙在落实爵赏时超过三天或发生差错，那就撤去该县的官员。

同时秦军对作战不力的处罚也非常严酷。战斗中退缩不前的人，当场就要处以刺面、割鼻等刑罚。军官阵亡，就加刑于他的部下，部下中只有斩得敌人首级的才能免罪。一伍之中若有一人临阵脱逃，则临阵脱逃者要在千人大会上被车裂，其余四人都要连坐，只有斩得敌首才能免罪。一支百人的队伍，一次作战中如没能取得敌首，队长就要被处死！

从严治军、厚赏与严刑紧密结合，配以强大的动员能力和军事体制，终于让秦国成为一只古典军国主义怪兽，并缔造出一支山东六国无法匹敌的强悍军队。韩非子这样评价秦军对首级与军功的狂热："（秦人）闻战，顿足徒裼，犯白刃，蹈炉炭，断死于前者皆是也。……是故秦战未尝不胜，攻未尝不取，所当未尝不破"。战国时代的纵横家张仪则有这样的描述（秦军）左手提着人头，右腋夹着俘虏，勇猛地追击着敌人。秦军悍勇可见一斑。

根据对《史记》记载的统计，自商鞅变法到秦始皇即位前一年的一百零九年间，秦国同山东六国大战六十五次，全胜五十八次，斩首一百二十九万级，拔城百四十七座，略

◎ 秦始皇兵马俑

地十四郡！因此山东六国对秦军的评语则最为简练、贴切："虎狼！"

那么秦帝国咸阳卫戍军作为秦军中的精锐、虎狼中的虎狼，又拥有怎样的战力和多么锐利的爪牙呢？秦始皇兵马俑为我们提供了最好的素材模版。就如有"秦俑之父"美誉的袁仲一先生所指出的那样，秦俑"象征着秦始皇生前的宿卫军"，而以野战军军阵状态所存在的宿卫军，自然就是咸阳卫戍军了。

目前已经出土的"兵马俑坑"一共有四处，分别编号为一、二、三、四号坑。坑中共有八千余件"兵俑"加"马俑"，另有驷马战车一百三十余辆。各坑中的兵马俑均列成方阵排列，构成了一个宏伟的古代军阵。

一号坑长二百三十米，宽六十二米。根据发掘的情况推算，坑内共有徒步步兵和车兵俑六千个左右，驷马战车三十余辆。

坑内虽有马俑，但均为战车用马。

二号坑长一百二十四米，宽九十八米，分为四个不同编组的小方阵。第一小阵为弩兵阵，共有一百六十个跪射重装俑和一百七十二个立射轻装俑，并有军官俑和军吏俑各一。第二小阵为战车阵，共有战车六十四乘，每车有甲士三人，无配属步兵。第三小阵为步、骑、战车混编指挥方阵，合计战车十九辆（其中含指挥车一辆）、步兵俑二百六十四个、骑兵俑八个。第四小阵为车骑混编阵，共计战车六辆、骑兵俑一百零八个。

三号坑占地五百二十平方米，共有战车一辆、武士俑六十八个，判断为军阵的指挥机关所在。

四号坑则空无一物，可能未建成就被迫停工。

根据秦俑和相关文献的配合研究来看，秦军的基层步兵编制为六级：五人为伍，

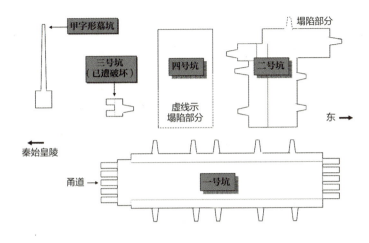

甲字形墓坑

三号坑
（已遭破坏）

四号坑

塌陷部分

二号坑

虚线示
塌陷部分

东 →

← 秦始皇陵

甬道 →

一号坑

◎ **秦始皇兵马俑坑布局图**

设伍长一人；二伍为仕，设仕长一人；五仕为屯，设屯长一人；二屯为百，设百将一人；五百设五百主一人；两五百，设千人将一人。骑兵编制为四骑一组，三组为一列，九列一百零八骑为一队。车兵编制是八乘为一偏，二偏为一组，四组六十四乘为一队。

一般来说，一个千人队再配属一定的独立骑兵与战车部队，就构成了一个具有独立作战效力的曲，曲有军侯一人。若干个曲构成一部，部的长官为校尉。通常秦军由将军统领若干个校尉，但咸阳卫戍军作为秦帝国皇帝的直属部队，其校尉直辖于皇帝本人。这正和三号坑中未见统帅俑相对应。另外，五百主以上的军官就拥有自己的亲兵卫队，兵力大约是该军官所辖兵力的十分之一，也正和三号坑的情况相对应。

不过说到这里，笔者要特别提出阵法的概念与兵马俑所处的态势。为了战胜敌人，指挥官必须按一定组织形式将战士统合起来，以便指挥和控制，以适应不同的战斗模式，这就是阵法。不过阵法其实是两个词，阵是某个状态下军队的组织形态，法是如何指挥军阵变化的方法。阵法总体而言是动态的，是不断变化的。

兵马俑坑里的凌厉杀阵

兵马俑所处的态势则属于"陈兵"状态，类似咸阳卫戍军处于检阅状态而非临战状态。如果转入行军或接战状态，咸阳卫戍军的布局和组织形式必然发生变化。因此不能形而上学地静态地理解兵马俑所提供给我们的军阵信息，只有从实战角度，配合相关历史记载才能真正了解秦军的作战方式，并破除之前对秦军作战模式的很多误解。

第一个要破除的误解就是秦弩在秦军

作战体系中的作用。一些影视作品塑造了秦军"无敌箭雨"的艺术形象，仿佛弩是秦军最重要的打击力量。其实这是一种误读。

不可否认的是，秦人确实非常重视弩的使用。对普通士兵弩射考核不通过的惩罚也是特别严厉的。使用强弩的士兵如果射不中目标，不光他要被处分，负责管理他的官员也要被罚，他们二人会被要求上交两套甲。出土的秦军弓干长176.1厘米，径4.5厘米，弦长140厘米，而另一军事强国楚国的弓干长160厘米。出土的秦弩机与楚弩机相比，秦弩的弩臂由51.8厘米增至60厘米，悬刀也有所增长，望山与弦牙距也有所加宽。秦军的青铜镞，大都是三棱镞和在此基础上进一步演化成的三出刃镞，其特点是飞行稳定，方向性和瞄准性较好。由此可见，秦弩比楚弩更有威力。

但要注意的是，战国时代秦弩在七雄武备中并不突出，比如"强弓劲弩皆自韩出"。而且，秦弩没有弩郭（弩机匣），各个零件是直接装到弩臂中去的。这样结构就不够牢固，同时削弱了弩机和弩臂的强度，弩的拉力也不可能做得太强。因此，秦弩自然不可能拥有影视作品中那样的杀伤力，仅

凭弩箭也无法击垮山东六国的敌人。

那么，秦军作战体系中真正倚重的武器和战术是什么呢？配合前面"闻战，顿足徒裼，犯白刃，蹈炉炭，断死于前者皆是也"，以及左手提着人头，右腋夹着俘虏，勇猛地追击敌人的描写，其实可以推断出秦军真正倚重的是白刃冲锋。根据一号坑的出土情况来看，步兵主战兵器为将近4米长的铍和3米长的戟。铍是一种春秋到汉代所特有的长兵，其形制类似一把短剑插到柲柄当中。铍又叫作铩，其刃长25厘米左右，是六面的扁体，前锐后宽，刃口直线前收为锋，极具杀伤力。虽然有说法认为秦军有6米长的长矛，但那个成两段状的遗物是否为一根柲柄，抑或是旗杆都尚存争议。

配合"强弩在前，铩戈在后"的记述来看，秦军步兵的核心打击手段是强弩掩护下，阵列步兵所发动的长铍冲锋。这正与兵马俑一号坑的兵源构成和武器配备相对应。一号俑坑，由前锋、本阵、两翼和后卫构成。前锋为三横排、每排六十八人，共二百零四人，其中三人带甲，二百零一人轻装。这二百零四人大部分为弓弩兵，

◎ 秦弩（左图），秦铍（中图），秦王政七年戟（右图）

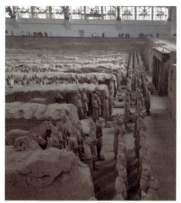 

◎ 秦俑一号坑前锋照片，可以看到前三列 ◎ 着甲秦俑
的轻装俑

◎ 秦俑一号坑步兵本阵照
片，前排的轻装俑和后排的着
甲俑

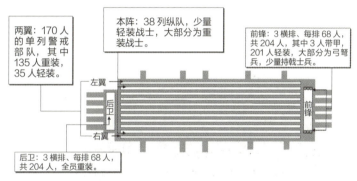

两翼：170 人
的单列警戒
部队，其中
135 人重装，
35 人轻装。

本阵：38 列纵队，少量
轻装战士，大部分为重
装战士。

前锋：3 横排、每排 68 人，
共 204 人，其中 3 人带甲，
201 人轻装，大部分为弓弩
兵，少量持戟士兵。

左翼

后卫

右翼

前锋

后卫：3 横排、每排 68 人，
共 204 人，全员重装。

◎ 秦俑一号坑示意图

但还夹杂少量持戟士兵。前锋士兵之后，是由三十八列纵队组成的战车与步兵本阵，其中有少量使用弓弩与剑戟的轻装战士，绝大部分都是手持铍戟的重装战士。在方阵两翼各是一百七十人的单列警戒部队，其中一百三十五人重装，三十五人轻装。方阵后卫也为三横排、每排六十八人，共二百零四人，但是全员重装着甲。两翼和后卫都是大部分手持弓弩，少部分持剑戟。

总体而言，方阵中，重装步兵的比例要占到 72.7%。这种布局符合中国传统的"前轻后重"兵力布局，以及"阵以密则固，锋以疏则达"的理论，即列阵要紧密，遇敌进攻时则攻不破；前锋要疏松，向敌进攻时便于战斗。

当然兵马俑所处的是一种检阅时候的"陈兵"状态。如果临战，必然是前锋和本阵中的轻装战士，也就是秦军中的锐士

◎ 复原秦军头盔

◎ 复原秦军身甲

前出散开，组成散兵群，袭扰敌人。重装战士变阵，减少纵深，扩大正面，以便发动长铍冲锋。至于方阵中的战车，考虑到其极少的数量，以及战国时代步兵的兴盛，其在方阵中应该更多的是起指挥车和运输车的作用，并不直接参与战斗。

其实秦军步兵方阵的兵力武备情况，与一千五百多年后的欧洲瑞士步兵方阵有着某些共同点。瑞士人也组织配备长戟和弩的散兵部队，在开战前去袭扰纠缠敌人的步兵阵列，并在这种袭扰和纠缠中试探出敌人步兵阵列中的薄弱点。之后被瑞士人当作核心力量的长矛方阵将向这些薄弱点发动勇猛的冲击。其实这种战法在牧野之战中，也曾被周军以"致师"的形式所采用，与周人渊源颇深的秦人继承这种战法也是情理之中。因此，也就可以明白荀子为什么会说"齐之技击不可以遇魏氏之武卒，魏氏之武卒不可以遇秦之锐士"。

因为只要给秦军锐士以可乘之机，六国军队就可能在己方阵列最薄弱的地方遭到秦军长铍冲锋的致命打击。

第二个要破除的误解就是秦军不重视防护。在 20 世纪，考古学家们发现了一个奇怪的现象，发掘兵马俑的过程中出土兵器上万，却没有一顶头盔的存在。而《战国策》中又提到秦军"跿跔科头，贯颐奋戟者……捐甲徒裎以趋敌"，因此一些学者认为是秦军为了彰显勇敢而不装备头盔，由此引申出秦军不重视防护。

不过，1998 年，在秦始皇陵墓内发掘出一座大型陪葬坑，里面有大量石质头盔模型，从而颠覆了以往秦军无盔的说法。兵马俑无盔，更多是因为其处于检阅状态，"免胄"是一种礼仪的需求。

其实根据复原秦甲的情况来看，秦军其实十分重视战士的防护。秦甲由前甲（护胸腹）、后甲（护背腰）、披膊（肩甲）、盆领（护颈项）、臂甲（护臂）和手甲（护手）等不同部分组成。不同的兵马俑还因兵种、身份、战斗需要的不同而设计铠甲。比如步兵的前胸、后背和肩部易受伤，其铠甲多由前甲、后甲和披膊等三部分合成。骑兵必须便于骑射，其铠甲比较短小，长仅及腹，没有披膊。车御的臂、手、颈易受攻击，其铠甲不仅有前甲、后甲，甚至还有臂甲、手甲和盆领。

一般来说，秦代处于中国军队由皮质札甲向铁质札甲过渡的时期。中国甲胄修复专家白荣金先生认为，用皮革而不是青铜制甲不能简单理解为防御装备落后。因为青铜的结构强度和硬度并不算理想，并且容易破裂。此外，青铜密度高，也就意味着在同等重量的情况下，皮甲能够提供更好的防护厚度。中国社会科学院考古研究所曾结合曾侯乙墓出土的髹漆皮甲胄进行过复制试验，发现皮甲甲片经过鞣制、合成、髹漆之后，质地十分紧密结实，拥有良好的防护性。此外由于皮革的弹性，其对钝器的打击也拥有较好的防护性。

当然，秦军重装步兵缺乏对腿部的防护，其防御力要弱于装备着"三属之甲"的魏国战士，但这是为了机动性而做出的必要牺牲。

最后一个要破除的是关于秦剑的一些误解。以往有种说法，认为秦剑刃薄、坚硬、锋利，是合理的铜锡比让这种窄而薄的长剑拥有很好的实战性。然而近年来的研究发现，俑坑出土的青铜剑其实很脆，易断易折，并不是实战兵器。由此，也引出一种新的观点。那就是俑坑青铜剑其实是钢剑的青铜模型。

这种观点的理由如下：

首先，秦俑坑青铜剑太长了，接近 90 厘米。青铜长剑确实有，比如希腊迈锡尼地区就出土过 1 米多长的青铜剑。但是中国青铜剑其实没有很长这个传统，战国中晚期的青铜剑最多也就 60 多厘米。也就是说，战国青铜剑和秦俑坑青铜剑之间找不到传承和过渡，这不符合武器发展的正常规律。

其次，秦俑坑青铜剑太窄了。青铜比钢铁脆弱，所以所有先秦青铜剑都很宽，古希腊青铜剑也是如此，都是为了避免折断。更不要说秦俑坑青铜剑含锡 20%，更脆。但是这个形制对于钢剑却不是问题，因为 3 厘米上下的宽度对于钢材来说正合适。

最后，青铜剑是铸造剑。从西周开始，中国制剑就一直是先铸造一个剑条，大致磨好之后，再在上面铸造护手和手柄。但是秦俑坑青铜剑却是后世钢剑的结构——一条扁平的剑条，套接另作的护手、剑柄。这是因为钢剑是锻造的，钢剑条套其他部件才是合理的工序流程。

◎ 秦剑

因此，如果排除秦帝国所装备的长剑都是样子货这种最不可能的情况，就只剩下一种可能，那就是秦军特别是咸阳卫戍军现实中所装备的其实是钢剑，兵马俑里出土的其实是钢剑的陪葬模型——明器。由此引申而来，真正的秦军特别是咸阳卫戍军这样的精锐，已经开始装备钢铁武器。

总之，经过以上的论述，我们可以得到更真实的秦帝国咸阳卫戍军的形象：他们在保证机动性的前提下，拥有良好的防护，已经开始装备钢铁武器；在重视远程弓弩打击的同时，他们更敢于白刃格斗，善于以长铍发动凶猛突击。

当然，以上论述都是基于秦俑一号坑而言。其实按照《孙子兵法》的"奇正"理论，即"以正合，以奇胜"，一号坑的步兵方阵属于"正兵"；二号坑那种步、骑、战车混编，拥有机动力、防护力和远程打击力量，并单独拥有建制的合成军阵，则应该属于"奇兵"范畴。根据其构成，该部军阵具备独立作战能力和相当强的实力，能于敌情不明的状况下前出侦查袭扰，遭遇战时争取先机，双方僵持时进行侧翼打击，敌阵动摇时迅速扩张战果，退却时殿后掩护。做个不太恰当的类比，二号坑军阵有些类似现代美军的装甲骑兵团。

至于那个未完工的四号坑，位于一号坑之左，二号坑之后，三号坑之前，所以应该不会是后勤辎重部队。这个位置恰好是一支战场机动部队所在的位置。

首先，秦之先祖曾在汧水与渭水之间替周天子养马，而其后历代"好马及畜，善养息之"，到了秦惠王时代，已经有了"骑

万匹"的说法。

其次，秦帝国建立后立即对匈奴动兵。秦始皇三十二年（公元前215年），秦军针对匈奴的攻击作战开始了。

第一阶段夺取河南地。秦军预先进行了充分的准备和周密的计划部署，发挥步、骑、车等多兵种大兵团协同作战的优势，出其不意攻其无备，痛击了匈奴。秦军的攻势甚为凌厉，蒙恬率主力由上郡经今榆林北上，迅速攻占河套北部地区，几乎没有遭到什么重大抵抗；同时，驻守北地、陇西两郡的秦军也向河套的南部地区发起进攻。秦军这一东西并进、南北夹击的攻势，很快就将河套以内的匈奴军队击溃，一举收复了河南地，一直推进到北河（今乌加河，当时为黄河的主流道）南岸。

第二阶段驱逐匈奴到阴山以北和贺兰山以西地区。秦军夺取河南地后，稍事巩固和休整，接着于第二年发起新的攻势，战略目标是把匈奴全部驱逐到阴山山脉以北。此时，匈奴的头曼单于已经在集中兵力，试图夺回河南地。不料秦军很快发起第二阶段攻势，头曼被迫应战，双方遂于高阙、阳山、北假一带展开激战。秦军由于具有数量、质量、多兵种协同作战和统一组织指挥的优势，连战皆捷，夺取了整个阴山地区和贺兰山高地。

公元前214年，大秦北征军已踏破贺兰山缺！

如此迅猛地击败以"天之骄子"自称、凭借着大骑兵集团雄霸河朔威加大漠的匈奴人，秦帝国必然要拥有一支精良的骑兵部队。因此以秦帝国最精锐部队为模版的

◎ 秦甲士复原图（杨翌绘）

兵马俑里，却无独立骑兵部队，显然是不可能的。

另外，考虑到四号坑的形制与二号坑车骑步混编小阵颇为相似，并且面积是其四倍，因此四号坑最为可能的布局就是一支骑兵部队，是配合一号坑方阵作战的另一支奇兵。这也符合《孙膑兵法》中"以一侵敌，以二收"的理论。

总体看来，一号坑的步兵方阵如同铁砧，二号坑和四号坑的两支奇兵为铁锤，任何陷入其中的敌人都将被粉碎。当年长平之战，白起就是以主力步兵方阵，抵挡住了赵军的猛攻；以两万五千名车骑步混编的奇兵，包抄到赵军后方，断其归路；以五千骑兵机动部队突入赵军营垒，袭扰其后方，断其粮道。最终，四十万赵军陷入了锤砧之间，成就了秦帝国的累累战功。

因此，当咸阳卫戍军抵挡住了周文的张楚大军时，获得喘息之机的秦帝国一方面征发骊山刑徒，一方面将咸阳卫戍军分散到其中去担任骨干，由章邯统率东进出关与周文决战。

史书没有记载他们作战的详细经过，却记载了他们辉煌的胜利："悉发以击楚大军，尽败之。周文败，走出关，止次曹阳二三月。章邯追败之，复走次渑池十馀日。章邯击，大破之。周文自刭，……田臧乃使诸将李归等守荥阳城，自以精兵西迎秦军于敖仓。与战，田臧死，军破。章邯进兵击李归等荥阳下，破之，李归等死。

"阳城人邓说将兵居郯，章邯别将击破之，……铚人伍徐将兵居许，章邯击破之……章邯已破伍徐，击陈，柱国房君死。章邯又进兵击陈西张贺军。陈王出监战，军破，张贺死。腊月，陈王之汝阴，还至下城父，其御庄贾杀以降秦。陈胜葬砀"[1]。

三战灭周文，两战解荥阳围，两战扫清陈地的外围，两战败陈胜，使之被手下叛徒所杀！短短数月之内，大战九次，每战皆捷！一个气势磅礴、声威满天下的张楚帝国被基本消灭。咸阳卫戍军让山东六国旧民再次见识到了曾令他们闻风丧胆的虎狼秦军！

此后，"破项梁定陶，灭魏咎临济。楚地盗名将已死，章邯乃北渡河，击赵王歇等于钜鹿。"[2]这种一往无前的决死攻击精神，依稀是长平之战、灭楚、灭燕中凶悍秦军的再现。不过就在帝国禁卫军即将挽救帝国于危亡之时的关键时刻，如虎如狼的咸阳卫戍军遇到了他们宿命中的敌人——西楚霸王项羽和他亲手组建的楚国精锐——八千子弟兵！司马迁对这支军队的评语为"楚兵冠诸侯"。等待着吞噬血肉的虎狼同样遇到了"猛如虎，贪如狼"的饕餮巨兽。

秦二世三年（公元前207年）十二月，巨鹿之战爆发。史载，"楚战士无不一以当十，楚兵呼声动天"，"与秦军遇，九战，绝其甬道，大破之，杀苏角，虏王离"，"军

---

① 见《史记·陈涉世家》。
② 见《史记·秦始皇本纪》。
③ 见《史记·项羽本纪》。

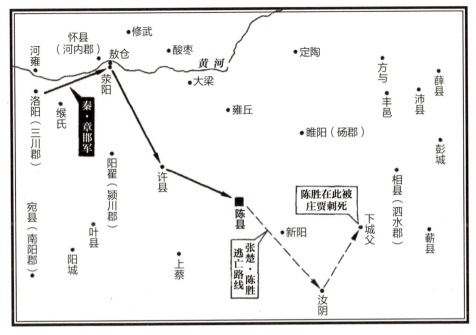

◎ 章邯击败张楚军，陈胜被刺

漳南，与秦战，再破之。项羽悉引兵击秦军汙水上，大破之"③。

当时作壁上观的诸侯军见此残酷杀场无不人人丧胆。等到秦军已破，项羽召见诸侯众将，他们入辕门，"无不膝行而前，莫敢仰视"。

秦军素耐苦战，他们虽然数次败北，却总是死战不降。他们苦苦支持着，希望能得到帝国的支援。然而此时历史却发出了最沉重的叹息，赵高、胡亥猜忌弄权于内，章邯要市谋上于外。咸阳卫戍军，这支帝国军队最后的精华，最终没有等来帝国的支援。他们或战陨于之后的激战，或被项羽坑杀于新安城南。他们以自己的生命、荣耀和军功，殉于自己亲手缔造的帝国。

而随着咸阳卫戍军的消逝，刘邦率军乘虚进逼洛阳。其后数月，项羽的大军入关灭秦，屠咸阳，焚宫室。秦帝国的辉煌与威势，以及横扫六国的气魄，就这样消亡于屠杀和大火之中。

……

但我们从历史的缝隙中却看到了这样的记载：

楚汉战争时，刘邦手下的骑士多自称"故秦民"、"故秦骑士"或秦"里中子也"。这说明，秦帝国咸阳卫戍军的血脉很可能就这样流入了大汉帝国的军队之中。不过，那是属于另一个强悍帝国的故事了……

汉羽林骑兵

文 矢锋

汉高后八年（公元前180年）九月初十，长安城外，未央宫北，秋风肃杀。

巨大的军阵覆盖在平原上，一色的绛甲将大地染得血红。没有人说话。数万将士如同沉默的雕像，将时间凝固在这强汉之红当中。二十年来，这些将士曾经跟随高祖刘邦——那位已经踏入传说的帝王——南征北讨。项羽、臧荼、陈豨、英布、卢绾……这些曾经威名赫赫的传奇，都已经覆灭在他们的刀锋之下。"铁打的营盘、流水的兵"，在西汉王朝的普遍征兵制下，军阵中的将士换了一茬又一茬，流传下来的是作为王朝禁军、皇帝近卫的无上荣耀。他们，就是西汉禁卫军的主力——北军。

但如今，钢铁般的军阵之中却是暗流涌动。高祖死后，吕后专权，吕氏一族长期窃取朝廷大权，胡作非为。八年前，年仅二十四岁的汉惠帝郁郁而终，吕后一手遮天，废立幼帝，迫害刘姓诸王与大臣。七月三十日，吕后病死，吕禄、吕产等人密

◎ 周勃像，
程十发作品

谋政变，欲尽杀刘氏诸王，夺取汉家天下。齐王刘襄首先发难，发兵讨吕。吕产令颍阴侯灌婴率军迎击，但刘邦禁卫军出身的灌婴不愿为吕氏一族卖命，不仅不进军，反而联络各诸侯王准备一同讨吕。局势危如累卵。刘氏与吕氏之间的决战即将爆发，每一个持剑者都必须做出自己的抉择。

这个阅兵台上曾经矗立过那些为这个王朝开天辟地的名将：张良、韩信、彭越、樊哙……数十年腥风血雨之后，太尉周勃是这曾经灿烂的星河中仅存的孤星。周勃和刘邦一样是沛县人，他身材高大，自幼习武，弓马娴熟，孔武有力。刘邦起兵时，他作为材官（步兵）随军起义。司马迁记述说，作为一个军事家，周勃没有韩信那样的天纵之资。他文化不高，才能平庸，但是作为军人，他质朴、刚强、忠诚，任何时候都能不打折扣地完成任务。历经反秦、楚汉、削平异姓诸王之战，周勃战功等身，从一个普通武士一步一个脚印地走到太尉这个国家武装力量总指挥官的位置上。

在周勃之后，军正走上阅兵台。军正就是军法官，军中法律的执行者。军正不受将军管辖，即使主将违纪，军正也有权责罚。军正高声宣布：军印已验，从即日起，周勃以太尉亲统北军。

周勃上前两步，直面这强汉之红的森严军阵，下达他即将传诵千古的命令："为吕氏者右袒，为刘氏者左袒！"说完，周勃一把扯下自己的袖子，将肌肉饱满、布满战伤的左臂举过头顶。军阵中传来一阵阵织物撕裂之声，数万北军将士一同祖露出左臂，将自己的抉择高高举起。

西汉王朝的命运，在此刻由军人们决定。

在中国军事史中，汉代是一个特殊的朝代。继承了战国时代的传统，汉代的皇权与军事力量紧密结合，使得古典军国主义在西汉时期走向了顶峰。那些围绕在皇帝周围的禁卫军人：南军、北军、诸郎、期门、羽林，不仅承担着宿卫京畿的重任，还是国家常备军的精锐与核心，更是皇帝本人的左膀右臂，成为皇帝统治帝国、与门阀世族斗争的重要工具。他们，就是汉帝国古典军国主义的具现。

郎中骑兵

作为马上天子，建立汉王朝的刘邦既是一个政治家，又是一个军事家。司马迁基于私怨而刻意放大的彭城之败，不应成为评价刘邦军事能力的唯一标准。但是，彭城之战也成了西汉禁卫军组建的诱因。在彭城之战中，项羽率领他的三万精骑，以强大的冲击力，将刘邦整合五路诸侯而成的数十万乌合之众打得一败涂地。司马迁不无幸灾乐祸地写道："项王乃西从萧，晨击汉军而东，至彭城，日中，大破汉军。汉军皆走，相随入榖、泗水，杀汉卒十馀万人。汉卒皆南走山，楚又追击至灵璧东睢水上。汉军却，为楚所挤，多杀，汉卒十馀万人皆入睢水，睢水为之不流。"

彭城之战，汉军不仅损失惨重，更重要的是诸侯联盟被打得分崩离析。败退到荥阳的汉军立足未稳，楚军已经紧紧追击而来。危急时刻，刘邦痛感楚军骑兵难以招架，必须建立自己的精锐骑兵部队才能与之对抗。于是，刘邦下令集中军中所有擅骑将士，组建骑兵。将士们公推曾经在秦军中当骑兵的李必、骆甲为校尉。李必、骆甲因为自己是秦人，怕不受信任，又报请刘邦指派年少勇猛、长期跟随刘邦作战的灌婴做中大夫，统领这支骑兵。这样，西汉精锐骑兵，也是第一支西汉禁卫军——郎中[①]就建立起来了。骁勇的灌婴几乎不及练兵，就统率着这支新生的部队踏上战场，在京索之战中与楚军骑兵正面交手。这一战，灌婴一血彭城惨败之耻，率领郎中骑兵大破楚军，成功遏制住了楚军战略进攻的势头，将楚汉争霸重新导入战略相持。

郎中骑兵也由此得到刘邦的特别信任，成为刘邦最为重视的亲卫队。在激烈的楚汉争霸中，郎中骑兵屡立战功。在井陉之战中，郎中骑兵拔旗易帜，大败赵军；灭齐之战，郎中骑兵齐破田横，擒齐王广；后又深入楚地，纵横扫荡项羽的大后方。在楚汉最终的大决战垓下之围中，正是郎中骑兵对项羽紧紧追击。根据《史记·项羽本纪》记载，在乌江之畔截取项羽遗体而获得封侯的五名武士——王翳、杨喜、吕马童、吕胜、杨武都是郎中骑。这也说明在乌江之畔与项羽进行最后的惨烈搏杀，并最终迫使楚霸王乌江自刎的部队，正是郎中骑兵。

除了因斩首项羽而获得封侯的五人外，

---

① 郎中，原意为战国时期的宫廷侍卫。因此郎中骑兵也就是禁卫骑兵的意思。

◎ 狮子山汉墓骑兵俑，狮子山汉墓是西汉早期分封在徐州的第三代楚王刘戊的陵墓。其墓葬中的骑兵俑反映了西汉早期骑兵的风貌

◎ 杨家湾兵马俑。杨家湾汉墓位于陕西咸阳，共出土骑兵俑580多件，人物俑近2000件

郎中骑兵因战功获得封侯的人还有很多。如魏其侯周定、宣曲侯丁义、乐成侯丁礼、阳河侯卞欣、汾阳侯靳强等等，均出自这支战功卓著的部队。作为郎中骑兵的首任指挥官，灌婴在楚汉战争及汉初平叛战争中立下很多功劳，成为最受刘邦信任的将领。汉高祖六年，跟随刘邦逮捕楚王韩信的就是灌婴。之后，为了表彰灌婴的功绩，刘邦"剖符为信"，封灌婴为颍阴侯。在平定诸吕之乱中，灌婴旗帜鲜明地站在刘氏一边，成为政治天平上举足轻重的砝码。汉文帝即位后，灌婴被封为太尉，继续担任汉王朝忠实的守卫者。汉文帝四年（公元前176年），灌婴死于丞相任上，谥号懿侯。

汉王朝建立后，战功彪炳的郎中骑兵作为刘邦的亲卫队，被改组为皇帝的宫廷禁军，称为"郎卫"、"郎官"或"诸郎"。郎官由郎中令主管，下辖五官中郎将和左右中郎将三署，每署又分车、户、骑三将，总兵力一千余人，分为议郎、中郎、侍郎、郎中四等衔级。郎官的主要职责是保卫宫

廷，在刘邦出行时担任他的车骑侍卫，在上阵作战时担任刘邦身边的亲卫队。同时，他们也是刘邦的参谋和助手，随时听从刘邦的差遣。很多郎官因此获得皇帝的信任，踏入仕途。历史学家认为，郎官是战国时期"门客"制度的一种发展。大批奇才异能之士，正是通过郎官这一特殊途径在皇帝身边效力。例如司马相如、东方朔、田蚡等人，都是郎官出身。毫无疑问，成为郎官是王朝上下所有年轻人的梦想。在汉初，只有功臣之后方可能得到这样的荣耀。文帝时，采取赀选（捐官）的方式征召郎官。西汉著名文学家司马相如，就是花了数百万钱在汉景帝那里买了个"武骑常侍"的郎官。汉武帝时期，在董仲舒的建议下，又开始招收地方上有才德的年轻人为郎官，称为"举孝廉"。这成为汉朝官僚的重要来源。

为了巩固统治，除了郎官以外，刘邦还需要一支既能守卫京师，又能随时跟随左右作战的野战部队。因此，在汉初绝大部分军队复员的情况下，刘邦保留了两支

强大的中央军戍屯于长安南北。戍守在未央宫以南的称为南军，在未央宫以北的称为北军。南军总兵力大约为两万人，是主要负责宫门外的宿卫防御的警卫部队，由卫尉主管。北军的兵力是长安所有禁卫军中最多的，总兵力达四万至七万人。北军是真正的野战部队，平日由中尉主管，负责长安城内的治安，作战时则由刘邦亲自统率，作为中央军的核心与骨干力量，上阵杀敌。

这样，郎中令、卫尉和中尉分别统领郎官、南军和北军，分别负责宫廷内、宫廷外和长安城的防卫。这三支武装力量互相制衡又分工协作，职责明确，互不隶属，各自对刘邦本人负责，共同保卫长安和宫廷。

这三支部队当中，除郎官外，南军与北军的兵源都来自一个叫"良家子"的特殊阶层。所谓"良家子"，就是"良家"的子弟。"良家"首先要是医、巫、商贾、百工之外的人。《汉书·食货志》载："又以《周官》税民：凡田不耕为不殖，出三夫之税；……工匠、医、巫、卜、祝及它方技、商贩、贾人坐肆、列里区、调舍，皆各自占所为于其所之县官，除其本，计其利，十一分之，而以其一为贡。敢不自占、自占不以实者，尽没入所采取，而作县官一岁。"看来在汉代，工匠、医、巫及商贾被列为一类人。在以农业为重的社会中，他们都被视为末业。

除了要从事农业以外，良家还要求品

行端正，有教养，没有家族犯罪史，更要有一定经济基础。一般认为，良家的经济基础为中民以上。汉文帝说："百金中民十家之产"[1]，可见当时"中民"的财产大约是十金，一金为一万钱。根据《张家山汉简》《居延汉简》等出土的西汉竹简上的记载，汉初一名成年奴隶价值一万至两万钱，马每匹约六千钱，牛每头二千至三千钱[2]。这样基本可以认为，良家子应以中小地主为主，至少为富裕自耕农出身。

正是由于南、北军士兵出身社会主流家庭，具有较为稳定的社会地位，所以他们才有着安定团结的政治追求。在诸吕之乱中，北军将士在关键时刻团结在太尉周勃身边，剪除诸吕，维护了汉王朝的统一。汉武帝时期，太子刘据造反，北军再一次投了反对票，直接导致了刘据的失败。终西汉一世，北军一直是维护国家安定统一最为重要的砝码之一。

南、北军虽然都主要由良家子组成，但来源并不相同。北军兵源选自长安附近的京畿三辅地区，可以说都是长安本地人，而南军则来自全国各郡国。根据西汉兵制，良家子们将在二十三岁时应征入伍。他们的服役期为两年，第一年在本郡的郡国兵中服役，称为材官或骑士（骑兵）。第二年，他们将前往长安，在南、北军中服役，称为卫士。因此，南、北军的士卒都是已经至少服役一年的有经验的士兵。加之政治、经济待遇优厚，纪律严明，装备精良，

---

① 见《史记·孝文本纪》。
② 见《汉代物价新探》，丁邦友。

使得南、北军明显强于各地方上的郡国兵，成为西汉最有战斗力的军队。

在巩固西汉的战争中，禁卫军发挥了极其重要的作用。在平叛战争中，刘邦每每在郎官的拱卫下，亲率北军作为军队的中坚，并征发数十万郡国兵协同作战。汉高祖五年（公元前202年），燕王臧荼首举叛旗。结果，刘邦亲率大军，仅仅两个月就剿灭了臧荼军，臧荼本人逃往匈奴。在后来的诛灭韩王信①、陈豨、英布等异姓诸侯王的战斗中，刘邦无不亲率禁军，连战连捷。经过五次大规模战争，汉初分封的七个异姓诸侯王，除了势力弱小、封地偏远的长沙王吴臣外，其他均被刘邦剿灭。

匈奴的挑战

在剿灭异姓王的战斗中，白登之围无疑是刘邦最为危险的时刻，同时也是对禁卫军最大的考验。汉高祖六年（公元前201年），韩王信在匈奴的军事压力下叛国投降。第二年，震怒的刘邦亲率三十二万大军，讨伐韩王信。韩王信被汉军击败后投奔匈奴。匈奴王冒顿令左右贤王以万骑南下，抢占广武到晋阳之间的有利地形，企图阻止汉军北进。汉军杀至晋阳，在铜鞮、晋阳、广武、离石、楼烦等战斗中连战连捷，大破韩王信与匈奴联军，追亡逐北。鉴于正面作战无法取胜，冒顿率军且战且退，诱敌深入。其时隆冬已至，天降大雪，刘邦急于结束战事，轻敌冒进，仅率少数禁卫骑兵追击冒顿到达平城附近的白登山，不幸陷入冒顿大军重围之中。

司马迁在《史记》中记述说，刘邦率领十万骑兵，在白登山上被冒顿四十万大军围困。但后人考察古战场后发现，白登山平台的总面积仅有一万平方米②左右，根本不可能摆下十万大军。因此，这一仗的实际规模要远远小于《史记》中的记载。当时刘邦手下可能仅有万余禁卫骑兵，他们在登上白登山时，遭遇大雪封山，又被冒顿率军断绝归路。由于大雪封路，汉军后续部队无法前来解围，刘邦和他的禁卫军在优势敌军与恶劣天气的双重夹击下陷入绝境。《汉书》记载，天气极寒，汉军士卒"堕指者十之二三"，有很多人连指头都冻掉了。七天七夜，汉军粮尽援绝，陷入绝境。《史记》载，最终谋士陈平设计，找人画了一张美女图，送给冒顿的阏氏③，说刘邦将把此美女献给冒顿。害怕失宠的阏氏于是大吹枕头风，鼓动冒顿网开一面，放刘邦逃跑。

现代历史学家对这个近乎演义小说一般的说法多觉得不可思议，毕竟冒顿素以心狠手辣著称。他刺杀头曼单于时，曾经以响箭射向阏氏，以训练手下的绝对服从。为了向东胡示弱以骄敌，他毫不犹豫地把自己最喜欢的阏氏送给东胡。说他会因为枕头

---

① 韩襄王庶孙，名信，为了与韩信相区别，一般称为韩王信。
② 见《"白登之围"兵员数目考》，曾宪法。
③ 阏氏并非人名，而是一种称号，类似于"王后"或"贵妃"。

◎ 汉代铁戟，汉代戟矛头部分加长，枝有所缩小，增强了刺杀能力，更加适应骑兵作战要求

风而改变军国大事的决策，很难令人信服。

另一些历史学家认为，冒顿兵围白登山七日，但面对万余汉军却迟迟不敢攻山，可能另有隐情。晁错认为，匈奴有"长技三"，汉军有"长技五"④。匈奴的长处是战马能够上山下涧，士卒擅长骑射，吃苦耐劳；汉军的长处是骑兵和车兵的冲击能力强，有严格的队列纪律，擅长肉搏战、下马列阵作战，步弓手和弩手的射程远、精度高。咸阳杨家沟汉墓出土的汉兵马俑表明，禁卫军骑兵坚铠长戟，是执锐冲坚的重骑兵。在正面作战中，他们能够轻而易举地驱散匈奴骑射手。在铜鞮、晋阳、广武、离石、楼烦等地的一系列作战中，汉军连战连捷，打得匈奴连连败退。加之韩王信的叛军迟迟不来汇合，即使匈奴占尽优势，但冒顿对于正面进攻仍迟迟下不了决心。

最终，被围七日之后，利用一个大雾天，禁卫军们架起上了双矢的强弩，突围而走。冒顿并没有追击。此时，汉军主力也已赶到平城，与禁卫军汇合。刘邦终于脱险了。

从战略上看，白登之战展现出汉初国力与军力上的局限。刘邦动员三十万大军与匈奴交战，不可谓兵力不强；汉军士卒冒着严寒大雪，连战连捷，也可谓三军用命；但是匈奴骑兵利用其强大的机动性，不与汉军正面交战，而是用游击战消耗、迟滞汉军，这样，汉军的庞大兵力与劲弩坚甲均无法发挥作用，而庞大兵力带来的巨大消耗反而成为汉军最大的弱点。从高祖到景帝的数十年间，尽管一直在执行和亲政策，但匈奴仍然多次入寇，杀掠汉朝人民。文帝、景帝多次组织军力驱逐匈奴，但匈奴始终避免与汉军主力交战，使汉军耗费巨大的出征只能做到驱逐匈奴，无法对匈奴造成实质性的打击。历史事实证明，战国时代全民皆兵式的庞大军队，已经不再适应全新的时代与全新的战场。"大风起兮云飞扬，威加海内兮归故乡。安得猛士兮守四方！"时代正唱起《大风歌》，时代正需要新的英雄。

公元前141年，汉景帝去世，年仅十六岁的刘彻继位。景帝留下的帝国，表面上富裕而兴盛，但水面之下却暗流涌动。经过汉初七十年推行黄老之道的无为而治，中央政府对社会经济的干预已经被压缩到极致。农业税仅为3.3%，商业税也只有3%—6%⑤，郡国甚至民间都有自行铸币的权力。较轻的田租虽然减轻了农民负担，但也增强了地主阶级兼并土地的经济实力，加速了小农的破产。低商业税的政策导致商人

---

④ 见《言兵事书》，晁错。
⑤ 见《汉代税史论纲》，洪钢。

收入丰厚，进一步加强了富裕阶层的经济实力。铸币权的泛滥则进一步损伤了中央集权，造成诸侯贵族普遍强大而中央相对弱小。所以纵观整个文景之治，诸侯王叛乱时有发生。汉景帝时期，吴王刘濞所发动的七国之乱，叛军总兵力竟达五十万之巨。如果不是刘濞本人指挥技能拙劣，连续犯下不可饶恕的战略错误，这次七国之乱很可能对汉帝国造成不可弥补的损失。

更令有识之士忧虑的是匈奴的不断南犯。高祖至景帝时期，汉王朝一直在执行对匈奴和亲与互市的政策。但是，无论是和亲还是互市，都无法满足匈奴贵族越发贪婪的胃口。文帝三年，匈奴右贤王率军入侵上郡，劫掠大量人口牲畜而去。文帝十四年，匈奴老上单于亲率十四万大军攻向北地郡，一度深入到皇帝避暑的甘泉宫附近，又一次掳掠大量人口而归。景帝中元六年，匈奴突袭雁门郡的汉朝马苑，掠走大量良马，汉军两千人战死……匈奴右贤王跨过黄河河套地区，其进攻出发阵地

◎ 铜弩机，汉代弩机在秦弩机的基础上又有所改进，结构更加精巧

距离长安仅有七百里地，严重威胁长安的安全。

在此背景下，汉武帝决定废弃黄老之学，采用董仲舒的儒家之学，任用田蚡等青年儒生，强化中央集权，展开了一轮轮改革。通过这些改革，汉武帝削弱诸侯贵族，打击豪强势力，增加中央收入，强化中央权力，汉王朝的面貌也为之焕然一新。

为了加强中央集权，网罗人才，对抗匈奴与旧贵族势力，军事改革尤其是对禁卫军的改革是汉武帝改革中的重要环节。公元前138年，汉武帝即位的第三年，他决定在郎卫内部增设一个叫作"期门"的禁卫组织，拉开了军事改革的序幕。

"期门"的意思是殿门，也就是随时等候在殿门外，听候皇帝的调遣。期门主官称为"仆射"。汉武帝喜欢微服出访，身着便衣巡视长安郊县。他在微服出访时自称"平阳侯"，只带少数随从，骑马出行。期门的主要任务，就是在汉武帝微服出行时担任他的便衣侍卫——至少在刚刚建立时是如此规定的。

最早的期门卫士是在郎卫内部选拔的，但汉武帝很快就把期门作为一块特殊的试验田经营起来。他开始在关东、陇西、天水、安定、北地、上郡、两河等六郡良家子中，选拔新的期门卫士。这六个郡都距离长安不远，而且历来以出优秀骑兵著称，即所谓"六郡骑士"。汉武帝希望亲自训练期门，培育出一支精锐骑兵。

汉武帝如此行事自有其道理。西汉军事制度继承自战国时期的普遍征兵制，每个适龄青年都要在二十三岁开始服役两年，

◎ 新疆鄯善苏贝希墓出土的马鞍，我国现存较为完整的年代最早的马鞍

之后转入预备役。在诸侯王国之间以步兵为主的战争中，这样的兵役制度无疑能够提供庞大的补充兵力。但是，这样的军队却不适应与匈奴之间的战争。兵力强大、行动迟缓的步兵集团尽管无坚不摧，但是却无法在北方的广袤原野上抓住行动快捷、来去如风的游牧骑兵。在人口稀少、粮食全靠长途运输的北方草原作战时，庞大兵力所带来的巨大粮食消耗，则成为比敌军更加难以对付的敌人。审视汉王朝前七十年与匈奴交战的历史，汉武帝认为，汉军必须建立一支精锐的骑兵部队。这支骑兵部队不仅能像传统的汉族骑兵那样执锐冲坚，而且能够像匈奴人一样长途奔袭，大漠猎逐。而期门，就将是这支新型骑兵的孵化场与军事学校。

和只需要学习队列、射弩和刺杀等一般性军事技能的义务兵不同，这种新型骑兵不仅需要精通骑射与格斗，还要学会野外生存、照顾马匹、辨向导航、长途追踪等等高级军事技能和指挥技能。因此，期门没有南、北军中严格限定的服役期限。他们长期服役，反复打磨自己的军事技能，成为远超普通士兵的职业战士。为了训练

期门骑兵，武帝经常率领他们在野兽出没的山林里骑马射猎，甚至亲自示范与熊等猛兽搏斗。

据说，有一次，武帝率领期门骑兵到长安周边打猎。他们晓伏夜行，在田野之间追逐野猪、狐狸，踩坏了很多庄稼。受害的农民不干了，告到县令那里。县令大怒，说哪儿来的"平阳侯"？八成是哪个京城恶少招摇撞骗来了。于是县令点起手下，把武帝一行人围住不放。骑士们好说歹说，最后不得不拿出皇帝的御物表明身份，县令才把他们放走。

从此以后，武帝也觉得老是这样出去打猎实有扰民的问题。于是，他下令修建上林苑，专门作为期门军骑马射猎与军事训练用地。随着上林苑的建立，期门军的训练走上正轨，很快扩充到一千五百人左右。

羽林孤儿

太初元年（公元前104年），汉武帝又在期门之外、光禄勋（原郎中令）属下，新建一支武装力量——建章营骑。建章宫是武帝在长安城外、邻接长安城墙的西侧修建的一座大型离宫，武帝中年以后长期流连于此。建章营骑建立的初衷，就是负责该离宫的警卫。

不久，建章营骑改名羽林军。羽林原本是二十八宿之一，属于北方玄武，在中国的古星象学说中代表军队。羽林军总兵力约两千五百人，羽林军的士卒叫"羽林郎"，首领叫作"羽林令"，副职叫作"羽林丞"。他们全都是汉匈战争中牺牲的烈

士子弟，因此又号"羽林孤儿"。他们从小在军营中长大，接受严格的军事训练，长大后编入羽林军。他们和期门一样，没有服役时间限制。和主要在微服出巡中护卫皇帝的期门不同，羽林军是武帝正式出巡时的正规仪仗队。他们身着华丽的盔甲，手举用牦牛尾装饰起来的大旗，骑马行进在皇帝车驾之前，为皇帝开路。羽林孤儿是西汉王朝厚待烈士子弟的标志，羽林也由此成为一种延续军事传统与家族荣誉的象征，地位得到进一步提高和认可。《汉书·百官公卿表》载："武帝太初元年初置，名曰建章营骑，后更名羽林骑。又取从军死事之子孙养羽林，官教以五兵，号曰羽林孤儿。"羽林军和期门军一样，既是武帝的禁卫，又是特殊的军官学校。

汉匈战争中，禁卫军被大量派上战场。在汉高祖刘邦之后，除了北军之外，由于皇帝不再亲临战场，南军和郎卫已经有几十年没有参与战争，但汉武帝扩充禁卫军的目的，就是增强禁军的战斗力，提升与匈奴作战的能力。经过武帝亲自培训和考察，在期门、羽林当中有大量青年军官进入北军等作战部队服役，率领汉军踏入与匈奴决战的战场。即位的第七年，武帝任命原属禁卫军系统的李广为骁骑将军，程不识为车骑将军，令二人率军屯集于北部边寨，开启了用兵北边的序幕。

此后几十年中，汉武帝发动了三次对匈奴的远征和数次较小规模的出征。在这些远征中，期门军和北军都随军出征，并且作为精锐与中坚发挥了中流砥柱的作用。武帝时期远征汉军的组成方式是从期门中

◎ 西汉高桥鞍，汉代高桥鞍的出现表明汉代骑兵越来越倾向于冲击格斗

抽调军官，从北军中抽调精锐士兵，组成远征军的核心，然后征发陇西、北地等边郡士卒，组成一支十几万甚至几十万人的军队，交由皇帝亲自任命的将军率领，踏上与匈奴之间的殊死战场。

"将军"这种全新的指挥体系也在汉武帝时期得以成型。在武帝之前，汉军的总指挥是太尉（大司马），是代表直接对皇帝负责的最高权力机关的"三公"之一。除了朝廷有自己的太尉之外，各诸侯国也有自己的太尉，作为自身军队的最高指挥官。汉武帝时期，临时任命的杂号将军成为军事体系中新的宠儿。汉武帝常常把"将军"的称号破格授予一些年轻军官，并授予其率领大军的权力。为了指挥作战，将军将会建立起自己的一套指挥、参谋团队，称为"幕府"。"幕府"主要由期门和郎卫中与将军本人交好的年轻人组成。这样，整个"幕府"就成为一个充满朝气的年轻团队，为全军注入了昂扬的活力。

因此，这一时期的汉军和文帝、景帝乃至武帝早期持重慎战的汉军相比，在作战风格上发生了极大的变化。彪悍轻捷的精锐骑兵取代坚韧厚重的集团步兵，成为军队中最受重视的部分。在此后的汉匈战争中，汉帝国以少数精锐骑兵通过长距离隐蔽机动直接打击匈奴指挥机关的作战方式，在汉匈战争中连战连捷，立下不世的战功。

在汉匈战争时期，这种斩首战术可以说正好切中匈奴在军事组织上的最大弱点。匈奴号称"控弦之士三十万"，拥有强大的军事实力。这种强大的兵力资源，来自匈奴作为奴隶制游牧部落联盟王国所建立的全民皆兵式的民兵制度。匈奴由大量小部落联盟而成，在秦末汉初，这些小

部落的首领已经逐渐转化为贵族首领。单于作为全匈奴的国王，自领一支规模最大的部落，可以出动几万兵力，其下有左右贤王至当户的贵族首领，"凡二十四长"，各有几千到一万兵力。作为游牧民族，匈奴每一个男子从小就会骑马射箭，在部落中接受军事训练，并接受贵族的领导，因此随时可以上阵作战，使得总人口只有约两百万人的匈奴可以出动数十万大军。但是，由于游牧民族低下的生产力，绝大部分匈奴士兵的军事装备只有他们的生活用具——粗劣的刀具、弓箭与普通的蒙古马。这让绝大部分匈奴士兵只能作为骑射手参战，即"控弦之士"。但是，大规模骑兵会战的结局通常是由重骑兵决定的。身披坚甲、集群冲锋的重骑兵能够轻而易举地打

◎ 西汉钢剑，西汉南越王墓出土的铁剑，最长一把长达146厘米，显示出高超的铸剑技术

◎ 西汉钢甲，西汉南越王墓出土的铁甲（复制品），金相鉴定表明该甲甲片为渗碳钢制品

散敌方骑射手，然后再由己方骑射手将对方逐一围杀、歼灭。

因此，除了"控弦之士"以外，匈奴贵族们都建立有自己的亲卫队伍，即"侍卫之士"。和"控弦之士"不同，"侍卫之士"拥有相对精良的盔甲，骑着来自西域的优良骑乘马，使用金属箭头的弓箭和刀矛等武器。在匈奴的军事体系中，"侍卫之士"起着关键作用。正是匈奴贵族的亲卫队相对于其他牧民的军事优势，使得牧民不得不依附于匈奴贵族生存。在作战中，匈奴的贵族亲卫队首先保证了其指挥机构的安全，其次他们还是匈奴军队战术行动的中坚力量，是匈奴军队中最为核心的部分。

汉帝国之所以能够一反过去汉军面对

匈奴如同公牛难以对付恶狼一般的困境，正是因为抓住了匈奴"侍卫之士"这一关键点。由于匈奴的生产力水平相对不发达，匈奴贵族的"侍卫之士"数量上相对于汉军禁卫军来说不仅没有优势，反而是劣势。一旦"侍卫之士"被击溃，匈奴指挥机构将受到直接威胁，只能狼狈逃跑。失去了指挥与监督，庞大的匈奴军队也必然变成一盘散沙，四散溃逃。同时，经过长期训练，汉军禁卫军的军事素质完全不比匈奴"侍卫之士"来得差。此外，除了期门骑士的锐气与锋芒之外，汉军精锐骑兵的军事装备的进化起了至关重要的作用。文景时期，中国在金属冶炼技术方面取得巨大突破。随着炼钢技术的成熟，到汉武帝时期，中国已经从秦汉之交的铜铁武器并用时代进化到钢铁武器时代。通过对考古出土的西汉盔甲残片进行金相分析，我们已经可以知道西汉铁甲主要为渗碳钢和炒钢制品，也有铸铁脱碳钢产品，甚至发现过冷锻甲叶[①]。先进的金属冶炼技术，使得汉军精锐骑兵手持炒钢环首刀，身上穿着同样钢制的玄甲，连弓箭的箭镞都是钢制的。相对于仍然停留在铜铁复合时代的匈奴骑兵，汉军在武器装备上已经有了跨代的优势。

但是再充分的物质条件，再精良的兵源，也需要优秀的将领率领才能发挥效能。结果，一次浪漫的邂逅让两位汉帝国最杰出的骑兵统帅登上了历史舞台。

马踏匈奴

汉武帝建元二年（公元前 139 年），武帝前往霸上祭祀先祖。回来的路上，武帝顺道去看望自己的姐姐平阳公主。回宫时，武帝的车队里多了一位秀发如瀑的歌女。她叫卫子夫，中国历史上第一位得到独立谥号的皇后。

一年后，卫子夫怀孕了。而未央宫中的一场风暴却因此爆发。时任皇后陈阿娇②是武帝青梅竹马的初恋，其母不仅是武帝的姑姑，而且对武帝有拥立之功。因此，即使在嫁给武帝多年、花费巨额的医疗费用之后仍然没有子嗣的阿娇依旧独享武帝的宠爱。卫子夫的怀孕使得皇后感受到了巨大的威胁，而她反击的矛头，则瞄准了卫子夫年仅十三岁③的弟弟——卫青。为了保护卫青，武帝宣布将卫青招入宫中，加入刚刚成立的期门军。由此开始了中国军事史上的一段传奇故事。

元光五年（公元前130年），卫青首开记录，长驱直入，攻破匈奴大会诸侯、祭祀先祖的圣地龙城。

元光六年，匈奴南下入侵上谷郡，汉武帝起四路大军，各带一万骑兵迎击。由于战场多在汉匈双方互市的关市附近，因此史称关市之战。在这场战争中，已经在期门军中经过十年训练的卫青作为车骑将军率军出征。由于兵力分散，准备不足，四路汉军中两路战败，一路无功而返，只有卫青果敢冷静，长驱直入，突袭河南地区，

一举击溃了白羊王与楼烦王的武装力量，歼敌数千，缴获牛羊百余万，收复河南地，兵锋直至匈奴王庭，攻占并摧毁了匈奴圣地龙城，获得汉匈战争中第一场战略性胜利。汉武帝大喜过望，立即封卫青为关内侯。

龙城被毁令匈奴军臣单于大为震怒。第二年（公元前128年），军臣单于发兵六万骑，兵分三路攻打辽西、渔阳、雁门，并且一改往日避免与汉军主力作战的传统，主动发起主力会战。汲取了关市之战兵力分散致败的教训，汉武帝令卫青率三万骑兵出雁门，集中力量打击匈奴右路部队。卫青成功击败匈奴军，"斩首虏数千"，挫败了匈奴的攻势。

元朔二年（公元前127年），不甘心

◎ **湖北荆门包山墓地（战国到西汉）出土的马铠复原图**

---

① 呼和浩特二十家子铁甲和满城汉墓铁甲为渗碳钢，广州南越王墓铁甲和吉林老河深铁甲为炒钢，徐州狮子山汉墓铁甲为铸铁脱碳钢①。

② 陈阿娇即为成语"金屋藏娇"的主人公，此典故事见于志怪小说《汉武故事》。

③ 卫青的生年在史书中没有明文记载，学者们根据间接史料推算公元前139年时他在十二岁至十五岁之间。

汉突骑马上长铗攻击复原图（杨翌绘）

失败的匈奴集中兵力，再次入侵上谷、渔阳。这一次，汉武帝决定敌进我进，令材官将军韩安国率领步兵部队在东面坚守壁垒不出，而卫青、李息率领骑兵，利用秦长城的掩护，沿着黄河西岸隐蔽推进，突然袭击了河套、河南地区。驻守此地的匈奴白羊、楼烦二王措手不及，被打得一败涂地，仅带着少数亲兵逃跑。汉军歼敌数千，虏获牛羊百万，占领了河套到陇西的广阔地区。

元朔二年汉帝国闪击河南之战虽然投入兵力不多，但却大大改变了汉匈之间的战略形势。匈奴不仅丧失了一片最为肥美的草场，而且丧失了直接威胁长安的能力。汉军在河套地区筑朔方城，兵锋直指匈奴统治核心——漠南地区。攻占陇西，不仅使汉军拥有了一片上好的马场，还构筑起通向河西走廊、打开丝绸之路的出发阵地。

元朔三年，军臣单于在愤怒与忧郁中去世，其弟伊稚斜杀太子于丹，自立为单于。伊稚斜登基后，连年发动大军，对汉朝进攻。汉匈战争的高潮来临。元朔六年（公元前123年），汉匈双方决定性的战略会战——漠南之战爆发。卫青率领的十万汉军出定襄，向北长途跋涉数百里，在漠南地区与严阵以待的匈奴主力展开决战。卫青沉着冷静的指挥让汉军在初战失利的情况下反败为胜，最终大败匈奴，斩首近两万。伊稚斜单于从此远遁漠北。

在这次战役中，卫青的外甥，年仅十七岁，同样出身期门军的霍去病大放异彩。他仅率八百骑兵，长驱直入数百里，不仅歼敌数千，而且俘虏了大量匈奴贵族，甚至还有单于本人爷爷一辈的王[1]，战果勇冠全军。胜利归来，武帝立刻加封霍去病为冠军侯。

元狩二年（公元前121年）春，在收到张骞所带回的西域信息之后，武帝以年仅十九岁的霍去病为骠骑将军，率领一万骑兵，对河西走廊进行威力侦察，试探打通河西走廊的可能性。结果，胆大妄为的霍去病在匈奴境内隐蔽行军千里，突然袭击了统治河西地区的匈奴浑邪、休屠二王，把二王打得一败涂地，不仅歼敌近万，而且俘虏了浑邪王子、相国等大量贵族，连休屠王祭天的金人都搬回来了。尽管恶劣的敌后环境和匈奴援军的狙击使得汉军"师率减什七"[2]，但这次军事冒险的胜利证明了打通河西走廊完全可行。当年夏天，霍去病刚刚回师，武帝即令公孙敖、霍去病分别从南北两路率军夹击河西。霍去病率领以期门为核心的精锐骑兵，翻越贺兰山，穿过巴丹吉林沙漠，沿弱水通过小月氏地区，远征两千余里，绕到匈奴军背后。在公孙敖因迷路未能会合的情况下，霍去病毅然率军单独发动进攻。尚未从春季的打击中恢复元气的浑邪、休屠二王再一次一败涂地，三万多匈奴人战死，两个部落两千五百人就地投降，一百多名王公贵族被

---

① 《汉书·卫青霍去病传》载："斩单于大父行籍若侯产。"指的就是当时在位的伊稚斜单于的祖父冒顿单于的同辈兄弟。

② 见《汉书·卫青霍去病传》。

俘。霍去病回军小月氏时，武帝送上美酒犒赏。浪漫的霍去病将美酒倾入泉水，令军士共饮。小月氏从此得名"酒泉"。当年秋天，浑邪王杀死休屠王，率众向汉朝投降。汉朝由此彻底控制了河西地区，打开了通往西域的大门。匈奴为此悲歌："失我祁连山，使我六畜不蕃息；失我焉支山，使我嫁妇无颜色。"

元狩四年（公元前119年），汉武帝以卫青、霍去病各率骑兵五万，在十余万步兵的配合下，远赴大漠以北，寻歼匈奴主力。这就是漠北之战。该战中，卫青率军与单于主力交战，以车骑协同战术彻底击败伊稚斜单于，歼敌两万，攻占了匈奴积蓄粮草的寘颜山赵信城，伊稚斜单于仅以身免。同时，霍去病大破此前一直未受重大打击的匈奴左贤王部，歼敌七万余人，俘虏近百名贵族，一直追杀到狼居胥山（今蒙古肯特山），封山祭天而归。

卫青与霍去病的胜利是西汉对匈奴军事胜利的巅峰，也代表着西汉古典军国主义的顶峰。数千年来，"卫霍"不仅是中国军事史上闪光的篇章，更是"强汉"的代名词，代表着中国军人建功立业的顶峰。

元狩六年（公元前117年），霍去病因病去世，年仅二十三岁。元封五年（公元前106年），守护西汉王朝二十多年的卫青也因病去世。历史学家们认为卫青死时不超过五十岁。西汉王朝的两位守护者均英年早逝，让王朝的国运笼罩上不祥的色彩。

卫子夫在元朔元年（公元前128年）为武帝生下

◎ 位于甘肃省兰州市的霍去病铜像，两千一百年前，霍去病率领一万汉军经过这里，这是中国军队第一次到达河西走廊太子刘据，随即成为皇后。尽管她一生克己奉公，不嫉不争，兢兢业业帮助武帝打理后宫，但命运并没有放过她。武帝晚年的巫蛊之祸[1]中，卫子夫的姐姐、女儿相继被构陷、杀害。最终，以仁慈恭谨著称的太子刘据也被陷害，被迫起兵造反，欲以生命为代价，诛杀武帝身边的一众奸邪。征和二年（公元前92年）秋，太子刘据兵败自杀，卫子夫在未央宫内以三尺白绫明志。第二年，汉武帝查出太子造反真相，痛悔不已。他再也没有迎娶过皇后。多年以后，刘据的孙子刘询即位，这就是汉宣帝。卫子夫被重新安葬，并加谥号"思后"。从此以后，中国的皇后，都有了独立的谥号。

良家子的绝唱

如前面所说，漫长的汉匈战争中，郎卫、期门、羽林贡献了大量优秀将领。如卫青、霍去病、李广、李蔡、李陵、程不识、路博德等，这些英雄群像，成为禁卫军们命运的缩影，更是西汉王朝军国体制的缩影。

期门军和北军也因为在汉匈战争中闪耀的表现，使得汉武帝充满了骄傲。精锐骑兵在战争中展现出巨大威力，也使得武帝开始酝酿进一步扩充骑兵力量。元鼎六年（公元前111年），南越国丞相吕嘉发动叛乱[2]，汉武帝以卫尉路博德为伏波将军，动员二十万大军，发动了对南越的远征。在送走路博德后，考虑到禁卫军精锐出征南越，长安空虚，武帝决定新建七支部队，分别由校尉领兵，他们分别是：

胡骑校尉——由通晓匈奴及西域事务的汉族军官担任，所部全部由招募的西域及匈奴士兵组成，驻扎在池阳，故其又称池阳校尉；

长水校尉——和胡骑校尉一样，所部由招募的西域及匈奴士兵组成，驻扎在长水、宣曲；

越骑校尉——由通晓山越事务的汉族军官担任，所部全部由招募的南方山越族士兵组成；

步兵校尉——掌管上林苑内屯兵；

射声校尉——统领在全国范围内招募的射术极高的骑射手；

屯骑校尉——所部为精锐汉族骑兵；

虎贲校尉——所部为精锐车兵。

这七校尉各领军七百人。此外，汉武帝还改组北军，将原来统管北军的中尉改称"执金吾"，令其专管长安城的治安，剥夺了其对北军的控制。原中尉属官，主管北军营垒的中磊升为中磊校尉，掌管北军营垒。中磊校尉与新建的七校尉合称"北军八校尉"，直接对皇帝负责。

---

① 巫蛊之祸是汉武帝晚年大案。由于身体不适，武帝怀疑自己受到巫蛊诅咒，奸臣江充趁机诬陷太子刘据，最终刘据被迫发动政变，杀江充。但由于政变没能得到北军支持，最终被武帝镇压。皇后卫子夫与太子刘据双双自杀，长安城血流成河。第二年，汉武帝查出真相，痛悔不已，建思子宫纪念皇后与爱子。

② 由秦军南征大军建立的南越国，在汉朝建立后宣布臣服于汉朝。汉武帝时期，南越国内部分为亲汉派和拒汉派。拒汉派在丞相吕嘉的领导下发动叛乱，杀南越王及汉使，武帝遂发兵平叛。

这几支新建的野战禁卫军不再是基于普遍征兵制的义务兵部队，而是以军事素养被招募而来的雇佣兵，其中有三支部队还是外族雇佣兵。这是中国历史上第一次出现成建制的雇佣兵部队。他们的出现，意味着汉王朝的军事制度即将发生翻天覆地的变化，良家子的时代即将步入黄昏。

李广及其家族的命运成为良家子黄昏时代的最好例证。李广出自陇西武将世家，是秦国大将李信的后人。汉文帝十四年（公元前166年）匈奴入侵中，李广以"良家子"身份从军，展示出过人的武艺。战后，李广作为郎官加入禁卫军，成为一名骑常侍。七国之乱期间，李广随军出征，显示出过人的作战才华。于是景帝调用李广为边郡太守，分别在上谷、上郡、陇西、北地、雁门、云中等地与匈奴作战。

武帝即位时，李广已经在与匈奴之间的小规模摩擦战中赢得显赫的声名。如前面所说，武帝后来将边郡将领中声名最盛的李广和程不识重新调回禁军，李广任未央校尉，程不识任长乐卫尉。对于汉武帝来说，这既是加强禁军建设的举动，也是对这两位将军的考察。

《史记》载，李广和程不识两人的治军方式截然相反。李广的队伍纪律散漫，平时看上去如同乌合之众，行军途中遇水草而息，大家随便倒卧，将军幕府里也不设文书管理文案。但是，李广武艺高强，与士卒同甘共苦，每战必身先士卒，所以士兵们都乐意在李广麾下服役，作战时无一不效死奋战。程不识的队伍则军纪严格，部队行伍和军垒条例清楚，幕府里的文案表格也十分严谨。有人问程不识两种带兵方式孰优孰劣，程不识十分谦逊地说没有优劣之分，但李将军带兵简单，难免受到

◎ **李广射虎，史殿生作品**

敌军的偷袭。

在元光六年的关市之战中，李广部一万人被匈奴集中主力围歼，全军覆没。李广重伤被俘，但他趁敌不备，忍着伤痛夺取了一匹好马逃了回来。公平地说，李广的失利并不完全是他的过错。关市之战汉军四路平分兵力，彼此又不能救应，如同张开五指打人，被敌人各个击破也是情理之中。卫青借匈奴围攻李广之机攻破龙城，反倒有侥幸的成分。汉武帝大概也清楚这一点，因此虽然在诏书中严厉指责李广带兵不严，但也同意李广交钱赎罪，不再追究丧师之责。

不久，汉武帝再次启用李广为北平太守，后来又调入禁军担任郎中令。元朔六年的漠南之战中，李广率领禁卫军加入卫青的大军。但是命运再一次与李广开了玩笑，漠南之战中很多将领建功封侯，李广却因为种种原因没有取得足够的敌军首级而未获封侯。元狩二年，为了掩护霍去病攻打河西，武帝令李广、张骞出右北平，进攻匈奴左贤王部。途中李广再一次交上厄运，张骞率领的主力部队竟然在行军途中迷失了方向，与李广率领的四千骑兵失去联系。此时，左贤王率领的四万大军气势汹汹地包围了李广。李广令三子李敢率数十精骑杀进匈奴阵中，三进三出，杀得匈奴兵一片大乱。于是汉军士气大振，排成圆阵御敌。四万匈奴大军攻打了一整天，竟然完全奈何不得这支小小的部队。战至

深夜，汉军将士们个个疲惫不堪，而已经六十多岁的李广却像没事人一样气定神闲。到第二天，张骞率领的主力终于赶到，匈奴撤围而走。此战李广部虽然杀匈奴三千多人，但是自身也受到惨重损失，"是时广军几没"[1]。

元狩四年，汉武帝派卫青、霍去病出征漠北。考虑到李广年纪已经很大了，汉武帝本来没有安排李广随军出征，但在李广的一再要求下，武帝最终任命李广为前将军，加入卫青大军。卫青将先锋之位交予公孙敖，令李广与右将军赵食其合军从东路迂回。闷闷不乐的李广与赵食其率军上路，却不慎在沙漠中迷失方向，未能按期与卫青会和。卫青击败单于后回军南返，在半道上遇上李广与赵食其，责问其为何迷失道路，准备上书向皇帝汇报。年逾花甲的郎中令李广，被迫到幕府称述过失。在这里，绝望的李广引刀自刎，结束了充满悲剧色彩的一生。

李广有三个儿子，分别是李当户、李椒和李敢，都自少年时就加入禁卫军。李当户和李椒英年早逝，李敢就是在右北平一战中在匈奴军中三进三出的勇士。漠北之战中，李敢随霍去病出征，立下战功，获封关内侯。因李广自杀，武帝令李敢代父担任郎中令。

听闻李广因卫青而死，悲愤难当的李敢与卫青发生冲突，打伤了卫青。卫青没有声张这件事，但是年少气盛的霍去病却

---

① 见《史记·李将军列传》。

大发雷霆，借狩猎之机以弓箭射杀李敢。武帝没有追究霍去病的责任，而是赶紧将他调往边疆，并掩盖李敢的死因称其在狩猎中不慎被鹿抵死。一年后，霍去病因病去世。

李广长子李当户去世时，留下一名遗腹子，这就是李陵。李陵的性格和祖父李广很像，最终的结局也同样悲剧。天汉二年（公元前99年），汉武帝派贰师将军李广利出征匈奴，让李陵负责后勤。李陵急于立功，自带五千步兵，向皇帝允诺以少胜多，出居延一千里与李广利共击匈奴。结果，李陵的五千步兵与三万匈奴骑兵相遇。与二十年前右北平之战中的李广一样，李陵率领汉军死战，三万匈奴骑兵竟然被杀得大败。单于大惊，急忙调集八万大军增援。李陵且战且走，逐步退向汉朝边境。匈奴紧紧追击，但每次进攻都被李陵杀败。尽管李陵坚持的时间比李广长得多，却没有等到李广利的救援。最终，矢尽粮绝的李陵部全军覆没，仅四百人逃回，李陵本人被俘。

之后，投降匈奴并为其练兵的原汉军校尉李绪被误传为李陵，这条消息令武帝大为震怒，下令对李家执行族诛。但是，以司马迁为首的一批士人却为李陵辩护，认为李陵以数千步兵御敌数万，转战千里，杀敌无数，虽败犹荣，他虽不死，必是想寻机立功以报国。司马迁的辩护激怒了武帝，被武帝付之腐刑。

一些历史学家认为，司马迁的辩护，不仅仅是因为司马迁本人与李陵交好，更代表着西汉王朝政治斗争的风向。卫青、

霍去病之后，武帝逐渐开始宠信外戚，疏远李广、李陵这些"良家子"出身的禁卫军。贰师将军李广利，既没有卫青的公正无私，也没有霍去病的英勇无畏，仅仅因为其妹李夫人得宠，就得以青云直上，每每率军出征。他每战必败，丧师无数，却从未被问罪。李陵、路博德等"良家子"出身、没有外戚贵族背景的禁卫军将领，即使战功无数也难得重用，稍有过失，就获罪受罚。司马迁为李陵鸣冤，既是替友人不平，更代表了整个"良家子"阶层不甘的呐喊。

汉武帝晚期的巫蛊之祸还有一个尾声。

◎ 司马迁像，王西京作品。司马迁在记述汉朝历史时不可避免地沾染上个人情绪，但却从另一个角度记录了尖锐的政治斗争

汉武帝在查出巫蛊之祸的起因后，对诬陷太子的江充一党予以灭族的惩罚。但这一行动却导致了一场著名的刺杀。侍中仆射马何罗曾是江充党徒，惧怕被武帝查出，于是铤而走险，于后元元年（公元前88年）谋刺武帝。幸得武帝身边的一个匈奴侍卫金日磾[1]十分警惕，发现了马何罗的阴谋，并勇敢地与之搏斗，这才使武帝化险为夷。从那以后，禁卫军们被赶出了内廷，宦官取代禁卫军成为帝王最亲近的人。

后元二年（公元前87年），雄才大略的汉武帝病逝。死前，武帝指派霍去病同父异母的弟弟，以为人小心做事周到著称的霍光为顾命大臣，总领禁卫军系统。汉武帝不会想到，尽管霍光确实极力尽心地辅佐刘家天下，但他仍然开启了外戚控制禁卫军乃至整个朝政的先河。从此以后，外戚专权成为西汉王朝的常态，直到王氏外戚的王莽彻底篡夺了政权。

到东汉王朝建立时，王朝的禁卫军已经与汉武帝时代完全不同。西汉禁卫军主要由"良家子"构成，而东汉禁卫军则完全成了外戚、勋贵们的游乐场。无论光禄勋、卫尉，还是执金吾、北军中侯、城门校尉，所有的禁卫军官全部由外戚控制，士兵则由募兵充任。虎贲[2]、羽林逐渐变成父死子继的世兵，实战机能完全退化，成为纯粹的仪仗。郎官变成官僚预备队，成为外戚贵族们安插门生控制朝政的手段。良家子作为一支政治力量，完全退出了政治舞台。外戚与贵族的胜利，意味着中国封建社会走向成熟。古典军国主义的时代远去了，贵族地主的时代宣告来临。

良家子的时代结束了，但羽林的故事却远未结束。羽林军制度成为很多后世君王效仿的榜样，其中诸如唐初的左右羽林军、首领北衙禁军，也是高宗、则天等朝的重要军事力量，直至明朝仍有羽林卫。羽林也成为中国历史上"不死的浪漫"——持续时间最长、最为知名的军队名称。

---

① 金日磾是匈奴休屠王王子。元狩二年，休屠王意图与浑邪王投降汉朝，后又反悔，被浑邪王所杀。金日磾降汉后沦为官奴，被送到黄门署饲养马匹。后升马监、侍中驸马都尉光禄大夫，赐姓金，深受宠爱。
② 虎贲原为周代禁卫军中的精锐，王莽时期，将期门军改称虎贲。东汉建立后，延续了王莽时期的做法。

文

陈峰韬

东晋北府军

公元 383 年的初冬，已经扫平了北方的前秦天王苻坚站在寿阳城的城楼上，向城外八公山远远望去。江淮之间的气候不同于寒冷的北国，这个时节山上的草木依然葱茏，冷风吹来，草木随风摆动，从远处眺望，竟然分不清到底是人还是树。苻坚再一看城下淝水对岸的晋军，这支衣甲鲜明的部队严阵以待，发出逼人寒气。苻坚想起出征前，慕容垂、姚苌等人曾说东晋军兵少力弱，此时他下意识地对身边的弟弟苻融说："此亦勍敌也，何谓少乎！"

之后，对岸的晋军提出一个要求，为了速战，请在淝水北岸的秦军稍稍后退，腾出一片空地好让双方开战。苻坚鬼使神差地同意了这个请求，命令苻融亲自指挥大军后退，等待晋军过河决战。然而他显然低估了对面这支军队的战斗力和把握战场时机的超一流功力。秦军大阵缓缓后撤，由于数万人的大阵前后通讯较慢，后队见到前队后退，不知到底是败了还是要调换阵型，开始出现一些混乱。对面的晋军抓住时机，不等全部过河，立即发起攻击，瞬间冲乱秦军大阵。庞大的秦军军团无法组织有效的反击，战场局面急转直下，几乎变成了单方面的屠杀。激战半天，秦军仍然无法挽回局面，被晋军杀得尸横遍野，溃不成军。无奈之下，苻坚仓皇逃出寿阳，志在必得的伐晋之战，就此以失败收场。

断送苻坚灭晋美梦的这支军队，正是称雄东晋南朝百余年的超级军团——北府军。

北府军是组建于东晋初年、以北方流民为主体的一支军队。因为其基地所在地京口历来是征北、镇北、北中郎将府所在地，简称北府，所以这支军队被称为北府军。

◎ 淝水之战，
刘凌沧作品

◎ 京口今貌

这支带有军阀性质的地方军队几经演变，从最初的私人武装变化成最后的中央军主力。这支传奇的军队以其超强的战斗力，对支撑摇摇欲坠的南渡政权，维持中国历史上绝无仅有的大族共治局面，以及开启南朝二百七十多年历史，起到了巨大的推动作用。同时该军也以淝水之战、二次北伐的辉煌战绩光耀史册，是名副其实的强军。

乱世流民军——郗鉴第一次开创北府军

总体来说，北府军大致经历了几个不同的阶段。划分的标准，一则以时间为线，一则以统军的大将为区别。

公元322年，随着八王之乱的扩大化，西晋被蜂拥而入的五胡灭亡，大量汉人跟着晋室南迁。山东一带的大族郗鉴率领族人和私人武装南逃，在逃亡的过程中不断招募青州、徐州一带的流民入伍，他的私人武装渐渐扩大，变为一支具有相当实力的军队。郗鉴的初衷和大多数南渡的汉人一样，只不过是为了躲避战乱，但是他没有想到，自己无意中创建的一支私人武装最后竟然演化为左右东晋政局的举足轻重的力量。

东晋南渡后，开国之君晋元帝并没有自己的军队，全靠琅琊王敦、王导兄弟的武装帮助其立国。因此后来东晋的形势，在政治上表现为大族共治，"王与马，共天下"是其典型形态。田余庆先生将之总结概括为门阀政治，因其概括到位阐发精微，遂被治史者奉为圭臬。晋元帝司马睿的政治班底是其受封琅琊王时的势力，渡江后得到琅琊王氏的大力支持。王氏之后，颍川庾氏、谯国桓氏、陈郡谢氏等士族相继控制东晋政局，在皇室与大族对抗妥协的斗争中，各士族之间还存在千丝万缕的联系和斗争。同时，以顾、陆、朱、张为代表的江南土著士族被北来的皇室和大族压制，两者之间也存在不同程度的对抗。这些政治矛盾一直在不断酝酿积累，有时爆发为士族内部的战争，有时转化为对外战争。

就在北府军刚刚具备雏形时，东晋内部便爆发了内乱——王敦叛乱。晋元帝刚立国时，王敦、王导兄弟一内一外夹辅朝政，王敦控制了荆州（今湖南湖北）、扬州，王导则在朝中主政。王敦为

◎ 晋元帝画像

人嚣张，晋元帝不甘为其所制，遂在建康外围征发和部署军队，命令亲信周顗、戴若思分别掌握两支部队。王敦对这种赤裸裸的挑战行为不能容忍，于公元322年自荆州举兵东下，攻陷都城建康，晋元帝无可奈何，于当年底忧愤而死。王敦虽然在军事上完全压制了皇室和其他士族，可以凭借武力篡晋自立，但是当时南渡士族为维护自身利益，都不希望王氏一家独大。王导也明白王氏还没有具备禅代的条件，他在叛军进攻建康时，亲率王氏一族子弟在皇宫外请罪。王敦看到这样的局面，深恐陷于众叛亲离的境地，只得返回荆州，继续遥控朝局。这是王敦第一次叛乱。

当时郗鉴已将其部曲迁移至合肥，并在实质上获得东晋政府的承认，因而专心在合肥编练军队。得益于东晋初年军队和行政体制的崩坏，郗鉴实际上成为合肥的军政一把手，统管当地的军事、人事、财政大权，这为北府军扩充力量带来极大便利。当时晋军力量体系主要分为中军、外军、州郡兵和私兵部曲。中军的职责主要是保卫皇帝和中央，其驻扎地在皇城内部和京城外围，其主管将军是中军将军。外军的主要职责是弹压地方，对外征战，主要接受都督的管辖。都督制始于曹魏，西晋沿袭这一制度，晋武帝出于防范外军都督拥兵作乱的考虑，曾一度将属于军队系统的都督和属于行政系统的刺史分开，实行都督管军，刺史管行政。这一制度，同时也与州郡兵的罢废有关。西晋建立后，国内没有大的战事，中央统治力、威慑力很强，晋武帝决定罢州郡兵，但实际上州郡武装

力量仍不同程度地存在。所以有争论说，晋武帝罢州郡兵实质是剥夺刺史管军制度，因而出现了短暂的都督与刺史分治军政的局面。但到了晋惠帝时期，随着宗室诸王对各王国控制的加强，诸侯王与中央分庭抗礼，都督的权力逐渐加大，很多地方出现都督兼管军政的局面。这种趋势，推动西晋走向内乱，同时也规范形成了贯彻东晋历史一百多年的军事体制。

在东晋时代，作为中央政权基本实力的皇帝宿卫军和京师主力部队早已衰弱不堪，取而代之的是由各大州士族所掌握的外军，在实力配置上也变为外军强而中军弱。所以当王敦叛乱时，缺少中央宿卫军的晋元帝丝毫没有抵抗能力。

至于北府军这种由士族建立的地方军队，则带有州郡兵和私兵部曲的双重属性。郗鉴此人对晋室怀有忠义之心，他对王敦叛乱之举痛心疾首，但苦于自身实力太弱，没办法南下帮助建康讨平叛乱，于是加强北府军的建设，开始更大规模地招募北来流民。这更促成了东晋兵制由世兵制和征兵制向募兵制转变。晋代的兵役制度，起初继承三国的世兵制，即从军者世代为兵，父死子继，兄亡弟补。到了后来，世兵军户地位逐渐卑微化，很多世兵实际上成为贵族和大将的奴仆，世兵户逃亡现象愈演愈烈，兵员难以补充，这种征兵制度难以为继。晋军于是不得不用征兵来补充，征兵制是一种面向全体成年男丁的兵役制度，但是这种制度能否施行取决于国家的控制力。东晋时户口隐匿和人民流亡现象严重，在籍的民丁数量很少，而且在征战频繁的

条件下，临时征集的民丁训练时间少，作战能力很弱，所以征兵制度此时也不是主流。诸般形势演化，使得募兵制成为北府军征兵的主要方式。募兵制即面向广大成年民丁，设置较高的入伍条件，募集想从军而体质又较强的兵员。郗鉴最初在山东组建本家部曲，包括其后在合肥招募流民为兵，其主要来源是从山东、河北、河南、两淮逃亡而来的汉人流民。郗鉴开出较高的应募条件，同时又保证这些流民的生命安全，为他们提供可以生活的环境，军队规模越来越大。可正当北府军实力逐步壮大时，东晋再次爆发了内战——第二次王敦叛乱。

晋元帝死后，其子司马绍即位，是为晋明帝。晋明帝对父亲被王敦气死一事耿耿于怀，图谋消灭王敦。他惩于晋元帝手中无兵因而失败的教训，希望引入一支强军来对抗王敦。于是便想借助郗鉴的军事力量，他任命郗鉴为兖州刺史，都督扬州、江西诸军事，镇合肥。

王敦对晋明帝的意图洞若观火，再次举兵东下进攻建康，顺便还上书中央，迫使朝廷召郗鉴到建康任职，从而使北府军将帅分离，阻止其渡江参战。郗鉴自己的部曲都远在合肥，无法引军入援，但他知道流民部队战斗力较其他部队为强，于是建议召苏峻、刘遐等流民帅带兵入援。

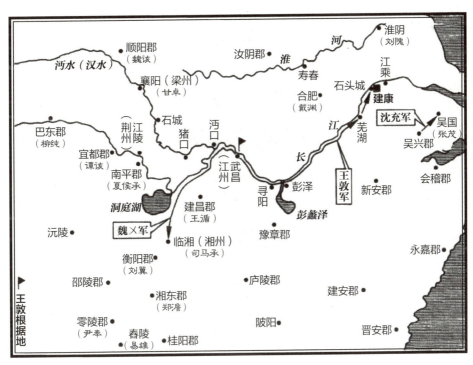

◎ 王敦之乱地图

当时形势依然严峻，无论是北府军，还是苏峻等人的流民军，都没有实战经验，谁也不知道他们能否挡住王敦大军。不料天赐其便，已是风烛残年的王敦不久病死。王导在建康，不敢回荆州领军，荆州军由此群龙无首。苏峻、刘遐趁势发起进攻，取得了一系列胜利，王敦经营多年的荆州势力遭到毁灭性打击，第二次王敦叛乱以中央胜利告终。

这场仗打完，晋明帝深感手中无兵的痛苦，于是任命郗鉴都督徐兖青三州军事，任兖州刺史、假节，镇广陵。郗鉴在合肥的部曲遂得以迁至京口。晋明帝的意图再明显不过，以北府军为皇室外援，防范再次发生王敦式的叛乱。然而晋明帝对流民部队的猜忌并不因郗鉴的忠诚而稍有减少，郗鉴的北府军一直不能过江入驻建康。这也是晋元帝父子对流民军的一贯态度。以祖逖之忠，凭收复河南之功，尚且不见容于晋元帝，何况他人？事实上这种态度也不无道理，晋室没有强大的中军，这使得皇帝不可能对任何一支外军放心。而这种担心，在北府军刚刚到达京口后，就变成了事实——流民帅苏峻叛乱了！

在平定王敦之乱后，苏峻因功被任命为历阳（今安徽和县）内史，即历阳郡守。王敦死后，王氏领军人物王导虽然没有被杀，但地位大不如前。政治新星颍川庾亮以帝舅身份（庾亮妹妹系

晋明帝之妃，晋成帝之母）执政。庾亮对这支与建康近在咫尺的流民军很不放心，想削去苏峻的兵权，苏峻立刻联合祖约（祖逖之弟）起兵反叛。庾亮发各州州兵勤王平叛，但出于防范其他流民军借平叛再度控制中央的考虑，他严令北府军不得渡江参战。郗鉴只能隔岸观火，眼见苏峻、祖约攻陷建康而不敢南下入援。后来庾亮联合温峤、陶侃合力打败苏峻，庾亮则引咎自责，不再居朝执政，请求出镇豫州，王导又执掌了中央权柄。

郗鉴和北府军没有参与战争，反而趁机进一步加强自身建设，通过不断训练逐步提高战斗力。军队训练内容，除演习列队阵法外，还要进行实战演习，其历时从七八天到十天不等。同时，因为地近建康，北府军的后勤军械供应也较在合肥时期有了进一步改善。

北府军所需的物资主要有两大类，一是兵器和车船等装备，二是粮秫。中央力量较强时，这些物资本应由中央政府统一供应。然而东晋时代迥异于前代，中央政府力量衰弱已极，所控制范围不出三吴，因此制造兵器、装备的"作部"，主要由各州当政的士族控制。当时军器被制造完毕后，除极少部分上交中央外，大多数存入地方州郡的武库，一旦战争爆发便自行取用。粮秫供应也是如此，北府军所需粮食、被服多为青州、徐州、兖州（以

◎ 东晋武士俑

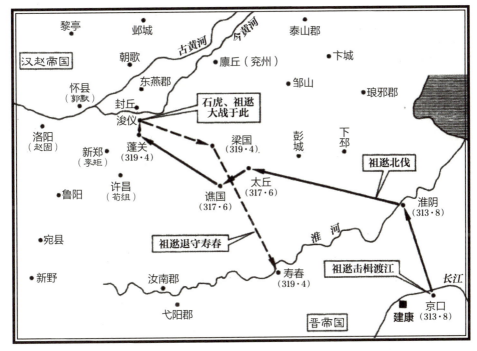

◎ 祖逖中流击水北伐地图

上皆为东晋侨置州）本地所产。当然京口地近京师，中央政府有时也供应一部分，但大多数情况下，东晋政府是无力顾及外军的。例如南渡之初，祖逖请求北伐，晋元帝心有余而力不足，虽然口头同意祖逖北伐，但一不给兵，二不给粮。祖逖慨然应允，自筹钱粮，自募兵士，居然也组建起一支数万人的北伐军，打下了黄河以南的广大土地。北府军此时的情形，与祖逖是别无二致的。

纵观从王敦到苏峻的三次叛乱，郗鉴及北府军实质上是置身事外的。东晋立国之初，各大士族分别握有强兵，互相征战，都是朝不保夕。而这三次叛乱，客观上将东晋各派兵力进一步削平，各派互相制衡

的态势越发明显。北府军在这一过程中却没有受到丝毫削弱，反而在郗鉴的苦心经营下，从一支名不见经传的小部队，慢慢成长壮大为能够左右政局的重要力量。

事实也证明了这一点。庾亮出镇豫州，对居中执政的王导很是不满，欲谋举兵入京废掉王导。荆州刺史陶侃，平定苏峻之乱后实力膨胀，也想东下入京废王导。但二者的军事实力已远不如当年的王敦，而北府军多年养精蓄锐，已不能再视若无睹了。陶侃、庾亮在决策之前均向郗鉴咨询废王导之事，一则试图与之联合，二则探明北府军的政治态度。郗鉴为维护大族共治的局面，坚决反对再度举兵反抗中央。陶、

庾忌惮北府军的实力，虽蠢蠢欲动而终不敢举兵。北府军不发一兵而屈人之兵，足见其潜力之深、影响之大。

公元 339 年，北府军的开山人物郗鉴病逝，军权由其子郗愔接掌。此后遂成为惯例，掌握京口兵权的不是郗氏子弟就是故将。东晋中央为了保持局面的稳定，对徐兖青三州特别是京口的人事并不多做干预，而是刻意保持郗氏势力在京口的存在，以使中央始终能够借助这支忠于中央的军队威慑各士族。

但这一形势随着桓温的崛起发生了急剧的变化。这种变化的源头是士族力量的消长。庾亮兄弟去世后，其势力也渐渐衰落，曾是庾氏门下将领的谯国桓温势力逐渐壮大。桓温担任荆州刺史，全盘继承了庾氏在荆州的力量，但因为其宗族子弟没有人在朝中任显职，虽然实力强劲，却没有达到王敦当年军政皆专的局面。桓温为提升其威望，先后两次率荆州之众北伐。第一次在公元 354 年，北伐前秦，桓温率晋军一度打破长安城，因为粮运不继和诸路协同出现问题而退兵；第二次在公元 356 年，桓温北伐姚襄（割据河南山西一带的羌族势力），并成功收复旧都洛阳。其声望渐渐超越诸士族，与中央的矛盾也越发显现，但桓温忌惮北府军这一存在，不敢贸然举兵威胁建康。

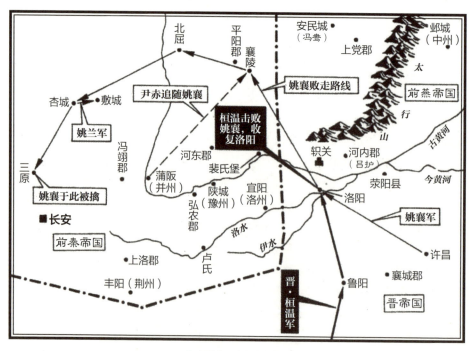

◎ 桓温第二次北伐路线图

北府军虽未参与东晋历次内战，但徐州流民历来骁勇好斗，其所组成的流民部队战斗力非常强悍。桓温就曾说："京口酒可饮，兵可用。"因而解决京口的异己力量，扫清控制中央的绊脚石，成了桓温念兹在兹的心结。

公元369年，桓温发动第三次北伐。这次北伐的真正重心其实仍在于解决桓温和中央的矛盾，一方面，桓温企图再次通过北伐提高威望，为篡夺帝位积累资本；另一方面，借这次机会彻底解决北府兵的问题。大军出发前，桓温邀请徐州都督郗愔一同襄赞北伐事宜。此前，庾氏忌惮北府势力时，也曾要求北府兵向北移驻，以便更直接地与北方作战，但郗鉴始终不同意北移。此次，桓温的意图与庾氏相同，然而郗愔政治野心不大，不欲与桓温相争。最终在桓温的裹挟和儿子郗超的怂恿之下，郗愔让出了京口的兵权，北府军被分解编入桓温军中。京口的镇守权也落入桓温手中。至此，这一阶段的北府兵告一段落。

应运而生——谢玄重建北府军

北府军的第二个阶段大致处于公元377年至公元402年。此时陈郡谢氏的旗帜人物谢安开始进入东晋中枢决策层，标志着谢氏成为新一代当轴士族。

同时，北中国渐渐被前秦统一，前秦天王苻坚伐晋意图非常明显，东晋国防压力越来越重。重新组建一支强大的军队成为东晋的当务之急，新的北府军就是在这一背景下诞生。但要论其缘由，还要从桓温第三次北伐说起。

桓温第三次北伐的对象是前燕，此次北伐声势虽然浩大，但由于东晋内部的掣肘，没有形成一致对外的力量。桓温攻入前燕境内，出现了严重的持重守成心态，黄河水道方面和后勤补给线方面都出现了问题。关键时刻，前燕起用了鲜卑族的传奇名将慕容垂与桓温对抗。桓温一再失策，屡战失利后，大军自枋头（今河南浚县）南撤，慕容垂率骑兵尾追七百里，在襄邑大败晋军，桓温一败涂地。

桓温撤军回到姑孰，于公元371年废海西公立简文帝。两年后，简文帝死，皇帝临崩前，桓温希望简文帝遗命能禅位于自己，但限于王、谢两大士族的抵制，皇位最终没有被桓温篡夺。孝武帝即位后，风烛残年的桓温仍然没有放弃篡位的打算，他在重病中仍在时不时地暗示皇帝授予他九锡。授予权臣九锡历来是禅位的前奏，居中辅政的王坦之、谢安运用门阀政治的约束力，极力拖延，抵制这一图谋。桓温此时已经掌握建康周围所有中央军，再加上他荆州大本营的军事力量，单论实力而言，他已经远远超越当年的王敦。王谢两家这么抵制，实在是在刀尖上走路，一个不小心，就会殒身毙命。所幸，桓温在等待九锡的期望中病死，王谢两家得以转危为安。

经历了这样一场虽然并不残酷却异常惊心动魄的斗争，已经走在时代潮头的陈郡谢氏感到，不掌握一支军事力量，而任由方镇大族手握强兵任意凌割，终有一天

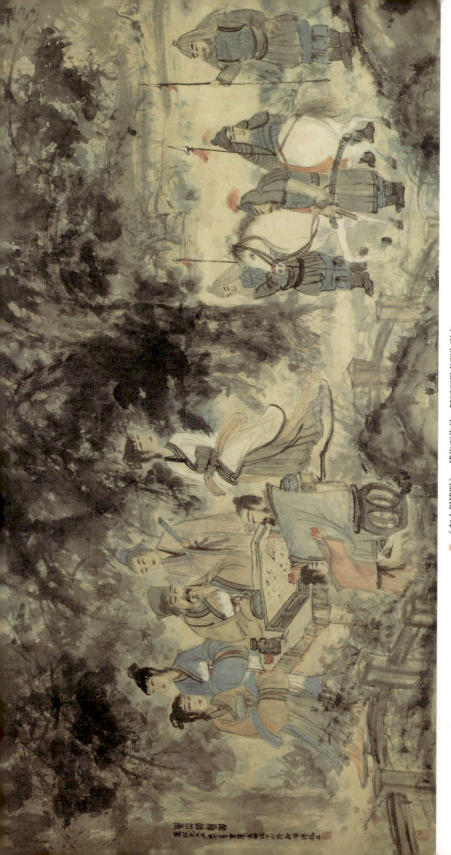

◎ 《东山报捷图》，傅抱石作品。偏冠而思者即为谢安

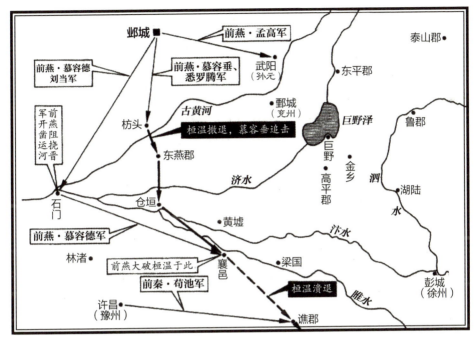

◎ 枋头之战示意图

会再次出现王敦、桓温逼宫的局面。陈郡谢氏必须掌握一支绝对可靠的军队，这样才能确保当前政治秩序的稳定。与此同时，前秦兵力逐渐逼进至淮河沿线。曾经是抗敌主要力量的桓氏军队，因为北伐失败和桓温去世，已经全面缩回荆州，两淮防线几近真空。再不建军，国将亡矣。

双重需求之下，公元 376 年，谢安推荐侄子谢玄出任兖州刺史，重掌江北的军权。徐兖青三州都在江北，是建康的门户，徐兖青三州的军事历来由一人通盘掌握。谢玄到任后，借鉴郗鉴当年组建北府军的经验，大规模招募北方逃亡来的流民，彭城人刘牢之、东海人何谦、琅邪人诸葛侃、乐安人高衡、东平人刘轨、西河人田洛及晋陵人孙无终等后来名重一时的猛将，都在这时应募入伍。谢玄以刘牢之为参军，命他率领精锐部队为前锋，与南侵的前秦军队接战。刘牢之等人率领的部队作战勇猛，与前秦作战胜多败少，号称"北府兵"，这也是北府兵这个专门称号首次出现。

由于得到东晋中央的大力支持，这支全新的北府军的编制和装备比郗鉴时代更加规范和有力了。晋军的编制，以军为基本单位，其规模大小视军种而定。一般来说，中央军一军兵力较多，地方王国和郡国兵一军兵力较少。中央军一军兵力，最大记载有两千五百人，例如《太平御览·职官部》云，积弩、积射二将军营"各二千五百人"；最少的只有一千人，如《晋书·职官志》云：

"其卫、镇四军如五校，各置千人"。晋武帝分封诸王，为宗室王们规定了一军的兵力。当时宗室封国的大国置上、中、下三军，上下军各一千五百人，中军两千人；次国置上下二军，各两千五百人；小国仅置上军一军，兵两千人。军之下有幢、队、什、伍等编制，一军有若干幢，一幢大致有十队，一队有十什，一什两伍，一伍五人。各个级别的长官分别是幢主、队主、什长、伍长。如宋武帝刘裕时代的白直队主丁旿，也就是"勿跋扈，付丁旿"的那位刘裕的亲兵队长。

两晋时军队主用兵器，通行说法是步骑五兵，即枪、刀、剑、弓矢和盾牌。这与汉末三国大体相同，但也出现一些新的变化。比如由于冶铁技术和士兵防护能力的发展，晋军的枪（也被称作矟）更考虑穿甲能力。

当时的刀比较流行的还是环首刀。该种刀的刀身窄而直，刀尖下斜，刀柄一般是在铁芯外包裹木把，缠绕丝绳。这种刀属于短刀的范畴，既适合劈砍，也可用来击刺，使用非常灵活，是一种非常适合步兵的兵器。同时也有长柄大刀，如《宋书·武帝本纪》载，刘裕在镇压孙恩叛军作战时，"会遇贼至，众数千人，高祖便进与战。所将人多死，而战意方厉，手奋长刀，所杀伤甚众"。所谓长刀，即柄特长而刀身宽的刀，这种刀不是主流，只有少数军官或勇力非凡的人使用。

剑，由于剑身细窄，实战中用以劈砍，其强度不如刀，因而不再大范围装配到部队，只是作为将领防身使用或名士装饰用品。

远射武器主要是弩。东晋时期的弩机与汉代的制式弩机相比没有多大演化。之所以没有太大改进，不是时人创新程度不够，而是汉弩机已达到冷兵器时代单兵弩机的技术巅峰。李约瑟博士赞誉汉代的弩机："中国人很早就使弩臻于高度的完善，他们用青铜制作的弩机，在任何古代文明中，都可以立于冶金和机械实践的最高成就之林。"两晋军队用弩很普遍，例如《晋书·舆服志》中记载，中朝大驾卤薄，以神弩二十张夹道，其五张神弩置一将；陇西羌人发生叛乱后，将军马隆请募勇士从军，其中的一条标准是，应募士兵能够以腰力拉开三十六钧（1钧等于30斤，晋代1斤大约220克）的弩，或以臂力拉开四钧。

当时单兵用弩主要用于战阵中的防御，特别是立营以后的固定防御，或是步兵阵中的防御。这与北府军以步为主的编制特点是相伴相生的。但北府军时代弩的使用处于一个转折期。北方少数民族军队惯于马上骑射，远射武器主要是弓，弓完全靠人力发射，相较依靠弩机发射的单兵弩，弓力量较小，稳定性和精确度也差，然而弓使用

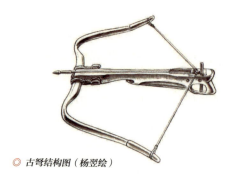

◎ 古弩结构图（杨翌绘）

◎ 明光铠持盾武士俑

灵活，机动性强，单位时间射击数量多。在与少数民族对抗中，弓的便利性也渐渐得到北府军的重视，使用范围逐渐扩大。这也使得单兵弩的使用渐渐弱化，仅仅到了南北朝后期，主流远射武器便成为轻便的弓了。

大型弩具方面，北府军还装备了万钧神弩等大型弩。这类弩多是安装在战车或固定机架上，弩力可达到1500斤，弩弓长度可达5米，需要多人合力、依靠绞机才能张弦。大型弩所用弩矢也相当惊人，其尺寸两晋南北朝没有确切的数字记录，但唐时车弩弩矢可供参考。该车弩所用最大的弩矢，矢长90厘米，镞长21厘米，矢身周长15厘米。其所用小矢的最大射程可达1000米！可以想见，东晋时即使弩矢还

没有这么夸张，其威力也相当惊人。例如，《宋书·本纪第一》记载刘裕北伐南燕后与卢循义军在石头城对垒，"（卢循）遣十余舰来拔石头栅。公（刘裕）命神弩射之，发辄摧陷，循乃止，不复攻栅"。可见其威力足以击毁木质的楼船。

铠甲方面，晋军仍然沿用三国时期的黑光铠、明光铠、两当铠等甲具。两当铠形制最为简单，由一片胸甲和一片背甲在肩上用革带前后扣联而构成，主要的功能就是保护前胸和后背。明光铠形制较为复杂，一种说法，该甲在前后心都安装了一大片明亮的金属片，能够像镜子一样反射日光，俗称"护心镜"；另一说法，该甲其实是铁制扎甲，因在阳光下甲片耀眼而得

名。总之这种铠甲防护力较好，除了胸甲和背甲，还有护颈的盆领，更有保护肩臂的披膊和保护大腿的膝裙。这种铠甲在南北朝后期东西魏争霸时仍在使用，而且能够配属到低级军官身上，可知在北府军时代，这种铠甲当有广泛使用。此外，还曾出现过一种据说诸葛亮所制的筒袖铠和铁帽，但是这种装具在刘宋时期已经沦为仪仗之用。这类能够抵御25石弩的超级硬甲，必然十分笨重，即使北府兵曾经装备过，估计也不会大规模推广。

除了人穿铠甲，战马同样装备有马铠。三国时代，曹植就曾经自述有"马铠一领"。马铠有的简陋，比只配有防护马头、马胸的；有的完备，由一系列的面帘（护马头）、鸡颈（护颈）、当胸（护胸）、马身甲（护躯干）、搭后（护臀）和竖在马臀上

◎ 甲骑具装俑

的"寄生"（遮挡来自后面的流矢）组成。战马装上完备的马铠，马上的骑士再穿上明光铠之类的重甲，配备弓矢和马稍，这便是名震一时的"甲骑具装"。这种重型骑兵在北方少数民族军队中较为常见，战场防护能力强，冲击步兵战阵的能力也比较强，宛如一座小型的移动堡垒，是东晋十六国时期名副其实的骑兵之王。东晋虽然地处南方缺少战马，骑兵部队较少，但由于北方政权重装骑兵的兴盛，以北府军为代表的东晋军队也逐渐装备马铠。比如，东晋霍承嗣墓中便出现了甲骑具装的壁画。

其他装备方面，马镫也是一个不得不提的划时代的装具。西晋之前骑兵没有马镫，只有一种类似马镫的帮助上马的器具，这种器具也具有双马镫的一些基本形态，可以供人上马时蹬踏助力，但不能用于骑行过程中的踩踏。成熟的双马镫，最早的考古证据见于南京象山东晋墓（约公元322年）出土的陶马俑。双马镫供骑兵前进时使用，使得骑士能够借助腿力保持身体稳定，即使高速冲锋时也不必再手抓缰绳，同时还可以在马镫上站立，使骑士得以发挥全身力量进行格斗。这件装具的出现，极大地提高了骑兵的作战效能。

北府军除了步骑之外，还有强大的水军，这与大型楼船的出现密不可分。西晋时水军便已有发展，西晋灭吴前，王濬在蜀地大造楼船，木屑顺流而下，直到下游还能看到。东晋南渡后，造船和使船的技术更加完善。孙恩、卢循叛乱时，晋军为了对抗叛军的大型楼船，在刘裕一力推动下，北府军也大规模建造能容纳多达两千

人的大型楼船。这种大型船只多在内河航运，一则体积巨大，防护能力强；二则运输能力强，不论运送兵力还是输送后勤补给物资，效率都是陆地交通的数倍。

东晋时期还出现了车船。车船使用了轮桨，轮桨与旧式直桨相比有很多优点。一是动力连续，直桨划水，在桨出水时没有动力，而轮桨可以连续产生动力；二是协作容易，直桨船要增加动力，必须尽量多地配置人力，但是直桨越多，多人同时划桨，很难做到步调一致，造成人力浪费，而轮桨连续转动，不存在协同和人力浪费问题，极大地提高了动力输出效率。北府军北伐后秦时，王镇恶所率先锋部队沿渭河进军，"镇恶所乘皆蒙冲小舰，行船者悉在舰内，羌见舰溯渭而进，舰外不见有乘行船人，北土素无舟楫，莫不惊愧，咸谓为神。"①不知王镇恶部所乘蒙冲仍用老式直桨还是轮桨，但从其舰外不见有人的特点来看，或许就是车船。

凭借着种种便利条件，北府兵被再次组建起来。由于北府军掌握在对中央极度忠诚的陈郡谢氏手中，中央的威权得以再次树立起来。外镇士族势力最大的桓氏，由于其领军人物桓冲野心不如兄长桓温，同时又有顾全大局的心胸，在前秦大兵压境的情况下，能够搁置矛盾一致对外，这使得东晋内部诸股力量达到前所未有的协调。

就在这一形势下，前秦与东晋的全面战争爆发了。

淝水大捷——击破前秦的虚火

要跻身强军之列，辉煌的战绩是硬标准。与历史上其他强军相比，北府军的战绩自然也非常过硬。谢氏北府军诞生之初，东晋的军事形势是相当严峻的。此前，后赵石勒攻逼山东、淮北和河南，四川又被成汉所占，东晋的防线退至淮南、江北。其间虽有祖逖、庾亮、桓温等北伐，但面临北方新兴民族一波又一波的强大攻势，北伐的成果都没有最终巩固下来。东晋的国防压力始终严峻异常，特别是前秦统一北方后，更是到了前所未有的危急时刻。然而越是在这种时刻，越能显出北府军这支传奇军队的巨大威力和光辉。

公元378年，前秦天王苻坚先后攻灭了前燕、前凉、代国、姚羌等诸少数民族势力，逐步夺取了东晋汉中、四川等地，形成西、北夹击东晋的战略态势。屡战屡胜的苻坚不听王猛死前的劝告，分兵数路从襄阳、彭城两个方向大举进攻东晋。

襄阳方面，秦将苻丕率七万大军进攻东晋的襄阳，加上诸路配合作战的部队，兵力达到十七万人。襄阳是长江以北的重镇，守将朱序属于荆州刺史桓冲系统，但桓冲畏惧秦军势大，虽有主力七万，却不敢离开大本营上明（今湖北松滋）去救援襄阳。朱序指挥部队坚守城池行有余力，甚至有时还能出城挑战。苻丕认为前秦军

①见《宋书·列传第五》。

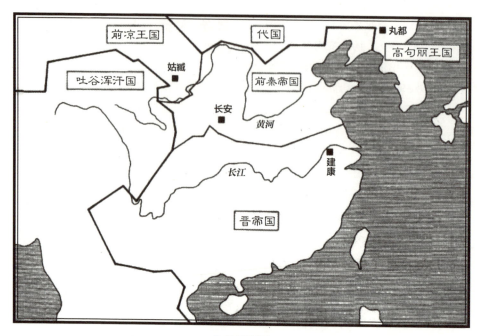

◎ 前秦疆域图

十倍于襄阳晋军，因此围而不战，企图困死襄阳。直到次年，前秦军在苻坚严令催逼之下才发力进攻。在巨大的压力之下，城中出现了叛徒，襄阳督护李伯护招诱秦军入城，襄阳因而沦陷，朱序本人被生俘送到长安。苻坚赞赏朱序为主尽忠的气节，封他为度支尚书。襄阳丢失之后，东晋在长江中游外围再没有稳固的战役支点，桓冲只好沿长江设防。

在襄阳大战的同时，前秦调十万大军展开了对淮北方向的进攻，这里正是北府军的防区。战争首先在彭城打响。彭城是淮北第一大重镇，是两淮地区的捍蔽。晋将戴禄率兵数千人驻守于此，前秦方面则由兖州刺史彭超率军五万围攻彭城。当时

前秦同时分别进攻下邳、淮阴、盱眙，铁蹄踏遍淮北和淮南。前秦的战略非常强势，以优势兵力在南北纵线上同时进攻淮北和淮南，让晋军无所适从，首尾不能相顾。眼见淮北淮南同时受敌，前秦军又在每个方向上都是绝对优势的兵力，东晋的决策方认为要想同时救援淮南淮北，对兵力寡弱的东晋来说是不可能的任务。两下相权，东晋做出了抉择，先救淮南。晋将毛武生率军五万出镇扬州，加强了北府军方向的兵力，与前秦军相持于盱眙以南的淮南地区。同时，谢玄紧急招募徐兖青三州流民，扩充北府军兵力，全军迅速增至五万余人。

远在淮北敌后的彭城非常艰难，淮南的救兵过不来，戴禄又不敢弃城。前秦彭

超志在必得，反而不急于进攻，企图逼迫戴禄不战而降。这时，奇变出现了。一支数万人的军队，突然进至泗口（今江苏淮阴西南）附近，来势汹汹，意图救援彭城。此时南边盱眙的攻守正酣，盱眙是淮南要津，对江南来说，保盱眙更重于保彭城，晋军何以突然舍盱眙而不顾，难道盱眙方向有变？秦将彭超有点丈二和尚摸不着头，但是不管晋军要什么花招，彭城之围坚决不能撤。当务之急，是摸清晋军的虚实，他迅速派出了斥候探听情况，结果报回来——是谢玄的北府军！

彭超久在山东镇守，也听说过北府军的名声，但两军还未交手，不知究竟战斗力怎么样。彭超加紧彭城外围的防务，决心在彭城打一个歼灭战，把城内守军和谢玄的北府军统统吃掉。谢玄也摆出一副不救彭城不撤的拼死劲头，他派小将田泓下水潜游，偷偷进城告知戴禄援兵已到。不料田泓被围城的秦军截住，彭超威逼利诱田泓，让他在城下告诉戴禄晋军援军已被打退。田泓假意答应，届时却在城下大喊，援兵已经来到泗口，城中一定要固守。彭超一怒之下杀了田泓。

此时又一个消息传来，谢玄已派北府大将何谦率兵偷袭留城（今江苏沛县附近）。留城是彭超大军的后勤补给中心，所有粮秣辎重都在那里，留城一旦失守，自己将退无所据。彭超不敢怠慢，立即率军驰援留城。

事实上，这又是谢玄的诡计。彭超赶到留城后扑了个空，何谦所部虚晃一枪，早已杀奔彭城。城下前秦兵力不多，晋军内外夹击成功破围，稍后又放弃彭城，大军迅速南返固守淮南。这一系列战术动作干净利落，把前秦军打得晕头转向。从全局来看，谢玄的真正目的只在于救出彭城的有生力量，在淮南受敌的情况下，固守彭城事实上已没有意义。谢玄成功进行了战役欺骗，可以说在两淮遍地狼烟中增添了一抹亮色。

彭超眼睁睁看着晋军破围南返，一脸尴尬地占领了彭城这座空城。此时秦将俱难攻下了下邳，淮北全境沦陷。彭、俱两军会合，与襄阳方向赶来的援军一同南下，合力进攻淮南重镇盱眙，盱眙顶不住压力也被攻下。仗打到这个份上，再像彭城之战那样玩虚招已无条件，秦晋两军只能硬碰硬地打了。

前秦军乘胜进围三阿（在今扬州西北），谢玄率北府兵自扬州出击救三阿，两军遭遇。北府兵大破俱难的骑兵，前秦骑将都颜当场阵亡。俱难、彭超再整大军来战，又被北府兵击败，只好退守盱眙。谢玄一鼓作气，与三阿守军合兵一处猛攻盱眙，再次大败秦军。秦军退守淮阴，北府军穷追不舍，又打下淮阴，阵斩秦军大将邵保，秦军接连败退，一直逃回彭城才勉强稳住阵脚。淮南大战遂告结束。

淮南的胜利，有力遏制了前秦南侵的势头，北府军以五万余兵力逆推秦军十余万人，表现堪称惊艳。前秦在襄阳和淮南一胜一败，由此感觉灭亡东晋的条件还不成熟，于是没有贸然再次发动大规模进攻。直到公元382年，苻坚打理了内部一系列矛盾后，方始再次调集大军进攻东晋。

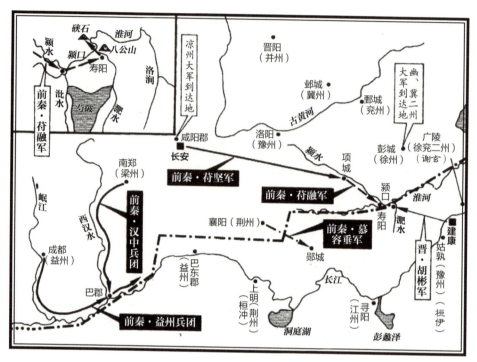

◎ 前秦夺取寿阳之战地图

此次前秦的总兵力相当惊人，达九十万，共分四路进攻。第一路是前锋，由苻融率领，兵力共计二十五万人，攻打寿阳方向（今安徽寿县），这是秦军的精锐，但是因为东晋桓冲先组织反攻襄阳，前锋序列的慕容垂部五万人实际还在救援襄阳，到达寿阳的只有二十万人；第二路是苻坚主力军，由长安出发，各州兵陆续与苻坚在项城（今河南沈丘）聚集，这路兵力的目标也是寿阳；第三路是幽冀二州的军队，自彭城南下，兵力不详；第四路是梁益二州的军队，主力是水师，自蜀地顺流而下，先打荆州，后至建康会攻东晋老巢。

前秦的主攻方向比前次稍作调整。鉴于前次淮南的惨败，前秦不再从彭城南攻，而是避开两淮的水网，从河南直插淮河中游，企图在这里打开缺口。很快，寿阳的晋军抵挡不住苻融进攻，城池陷落。苻融派出尖刀部队五万人前据洛涧，由大将梁成统领。东晋以谢玄、谢石统率北府军迎击。由于互不知虚实，双方在洛涧对峙。

从洛口（今安徽怀远）赶赴寿阳救援的胡彬所部五千人被苻融阻隔在硖石，胡彬遣使向谢玄报信，不料信使被苻融截获。苻融遂将内容告知还在项城的苻坚，一方面派兵去围攻胡彬所部，一方面劝苻坚尽早集齐大军，在寿阳附近抓住晋军主力决战。苻坚大喜，遂只带八千轻骑，驰赴寿阳苻融部。为防晋军得悉这一消息，苻坚严令军中："敢言吾至寿春者拔舌"。

东晋合荆州和北府兵力还不到二十万，实力悬殊显而易见。但苻坚犯了轻敌的毛病，在战略部署上分别三路虽属中规中矩，但对东晋荆州方面扼守长江的战略无可奈何，益州方面水军还未建成，进攻荆州的部队也被桓冲死死抵住，幽冀二州部队还远在彭城，苻坚主力大军远在项城，构不成战役支持。也就是说，作为重中之重的进攻方向，淮南的秦军实际上只有前锋军在孤军作战。这还不算。秦军进至寿阳的部队只有二十多万人，苻融又分出五万①前赴洛涧，还分出一股部队包围胡彬的五千偏师。所以，看起来声势浩大的秦军，对晋军实际上只有不到三倍的兵力优势。而在局部，梁成这个突出部已然弱于晋军力量。

然而前秦统帅苻坚却还沉浸在兵多将广的美梦中。他派东晋原襄阳守将朱序去劝降谢玄。朱序身在前秦却仍旧忠于东晋，他将前秦军的部署情况向谢玄和盘托出，并劝谢玄急速出击，否则等秦军各路大军云集于淮南，再想打胜就不太可能了。

谢玄得知这一情报，速派刘牢之以精兵五千人直击前秦梁成所部，刘牢之指挥部队强渡洛涧，前秦军迎战大败，主将梁成及其弟梁云当场阵亡，梁他、王显、梁悌、慕容屈氏等大将被生擒。北府军四下控制

洛涧渡口，将溃乱的前秦军赶入涧中，俘斩达万余人。此战北府军硬碰硬地以少打多，完胜前秦精锐中的精锐。梁成是前秦独当一面的大将，曾参与灭前燕、攻襄阳之战，此战打刘牢之完败，可见北府军的战斗力已然超越前秦军。

洛涧之战后，前秦军并未伤根动本，北府军进至寿阳城下，寻机攻击苻融本部。苻坚登上寿阳城头远望北府军的军阵，于是出现了本文开头草木皆兵的一幕。

北府兵与前秦军隔淝水对峙，前秦前锋主力仍有十五六万之多，晋军如果贸然强渡淝水并且以少击多，必然不利。谢玄心生妙计，他致信秦军主帅苻融，请秦军稍作后退，让出淝水对岸的战场，两军痛痛快快地打一仗。

若是有王猛在，谢玄之计必然不能得逞。现在前秦军中只有苻坚能做主，这位虽然开明却开明得有点过头的君主，不顾战场牵一发而动全局的紧张态势，居然命令大军后撤。当然苻天王也有他的打算，他想趁晋军半渡而击之，让淝水成为谢玄的坟墓。

这位理想化的天子显然没有充分料到庞大的军阵是多么不容易控制，前秦军前军后移，后军还不知道是怎么回事，大阵开始变得混乱。没等命令巡行过来，朱序趁机大呼："秦军败矣！秦军败矣！"这几个字，无异于晴天霹雳，秦军后军马上乱

---

① 《晋书·苻坚载记》云梁成和扬州刺史王显、弋阳太守王咏所部共五万，《刘牢之传》则云梁成部共两万人，史无明证，姑且存疑。

作一团。在这千钧一发的时刻，北府军迅速抢渡淝水，不等全军渡河就趁乱发起攻击，秦军彻底陷入崩溃。苻融急得团团转，亲自骑马略阵，大声呼喝后军不要乱，但是大阵一动，任你嗓门再大、官位再高，一个人也控制不住十多万人。乱军之中，苻融的战马被冲倒，北府军赶上，当场杀死苻融。

前秦军可怕的大乱在北府军的猛攻下变成无序的逃亡，苻坚本人也被流矢射中，寿阳城中的辎重全都丢弃不顾，诸军一路狂奔，数十万大军星落云散。襄阳、彭城等方向的晋军闻讯都发起反攻，前秦军诸路皆溃，唯有郧城的慕容垂全师而返，护送苻坚回到了洛阳。

以少胜多，以弱胜强，北府军这场大战打出了声威，奠定了自己在中国古代强军队伍中的一席之地。然而胜利还不仅于此。

苻坚败回长安后，战前苻融等人关于诸族酋长不服的分析和预测，都变成了可怕的事实。鲜卑族慕容冲、慕容垂、羌族姚苌分别拥兵反叛，鲜卑族拓跋部在代北复国。东晋趁机发起大反攻，蜀地、襄汉等地区都被晋军收复。作为抗击前秦的主力，北府军也乘胜北攻，谢玄指挥大军收复淮北失地，彭城重新归东晋所有。北府军继续北攻，相继打下兖州、青州（这是北方的真兖州、青州，而非南方的侨置州郡），刘牢之率前锋相继攻占鄄城和碻磝津（在今山东茌平），北府军的兵锋像一把尖刀，深深扎进前秦的腹地。苻坚的儿子苻丕此时正据守邺郡孤城，与反叛前秦的慕容垂激战，北府军趁势拿下黄河南岸

广大地区。前后受敌的苻丕打不过慕容垂，转而向晋军求救，刘牢之因此得以进驻邺城，与慕容垂直接对抗。然而打到这个地步，已经是北府军的极限了。虽然谢玄在彭城堰起吕梁之水，使得河道畅通，但邺城远处河北，已超出水运的范围，不管是后勤补给还是部队机动，北府军步多骑少的劣势开始显现出来。慕容垂抓住时机，主动后撤引诱北府军，刘牢之轻敌冒进，在五桥泽被慕容垂伏击，刘牢之所部溃败，深入河北的北府军前锋部队大部被歼灭，刘牢之本人仅以身免。

虽然有此失利，但纵观东晋前后历史，除了之后的刘裕北伐，谢玄主持北府军的这次带有反攻性质的北伐，取得了前所未有的辉煌战绩。除关中、陇西和河北，东晋几乎恢复了西晋时代的其余所有领土。这无疑极大地鼓舞了东晋士人对兴复北方的信心。特别是北府军强悍的战斗力，让南方军队重新树起了战胜北方少数民族骑兵部队的强大自信，这对此后刘裕北伐无疑起到了积极的推动作用。

总之，淝水之战的大胜使北府军的声势达于极点。然而盛极则衰，作为北府军的掌门人，陈郡谢氏却遭到了司马氏皇室的猜忌。门阀士族共治的局面之下，任何一个大族一枝独秀都不见容于其他大族和皇帝，谢氏也是如此。北府军如日中天，又与建康近在咫尺，作为制衡力量的王氏力量弱小，桓氏又远在荆州，都无法有效约束谢氏的力量。孝武帝和中枢重臣司马道子，不仅没有褒赏谢安淝水之战的功劳，反而对谢安渐加约束，其他大族也不断在

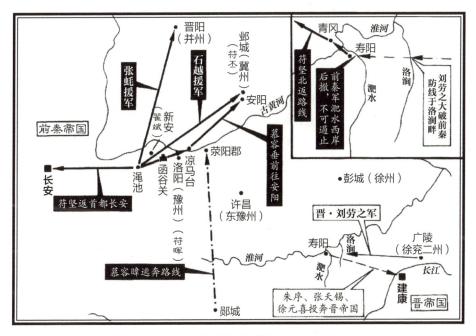

◎ 淝水之战示意图

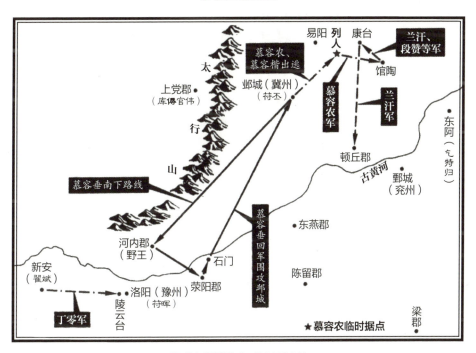

◎ 慕容垂背叛前秦，抢占河北之地

背后诋毁谢氏图谋不轨。在此形势之下，谢安主动退避，不欲与中央和其他大族产生纷争。

最关键的，则是谢玄让出北府军的兵权。司马道子在谢安退避后，逼迫谢玄主动解除兖州刺史、都督江北诸军事的职位，北府军的领导权归于司马氏皇室之手。不久后，谢安、谢玄相继病死，这一系列事件，标志着谢氏执政地位的衰落。虽然东晋后期以迄南朝，谢氏仍不断有人物活跃在朝中，但再也没有出现谢安、谢玄这样能够左右政局的人物。

然而与郗鉴北府军瓦解有所不同的是，谢氏虽然离开了京口，北府军的基本力量仍然存在，刘牢之等北府旧将还是军中骨干。缺少了士族引导的北府军，虽然仍保有强大的战斗力，但在波谲云诡的东晋政局浪潮下，它已无法稳稳掌握自己的命运之舵了。

随波浮沉——东晋局势对北府军的影响

北府军的第三个阶段大致处于公元404年至公元424年，代表人物是宋武帝刘裕。

谢氏失掉中枢执政权和北府兵权后，晋孝武帝的弟弟司马道子掌握了中枢政权。孝武帝与司马道子不久便产生矛盾，为了制衡司马道子，孝武帝任命外戚王恭（孝武帝王皇后的哥哥）出镇京口，控制北府军以支持皇帝。孝武帝死后，司马道子一手遮天，与王国宝、司马尚之等人合谋削

◎ 刘裕画像

弱外镇实力。王恭自以为手握北府兵便有恃无恐，伙同荆州刺史殷仲堪、南郡公桓玄（桓温之少子）起兵进攻建康。司马道子手中无兵，于是杀了王国宝向王恭等人谢罪，王恭没有识破司马道子的缓兵之计，暂时退回京口。然而双方矛盾并未解决。公元398年，王恭再度联合殷、桓起兵，兵锋直指建康，其所用主力，自然是北府军。

北府军将领、王恭的司马刘牢之劝王恭不要对抗中央，但王恭不听，刘牢之因此对王恭产生了异心。加之王恭自视甚高，看不起流民出身的刘牢之，二者早有嫌隙。司马道子看准了这一点，派人策反刘牢之，并许诺，如果刘牢之帮助中央平叛，事成之后，中央将任命刘牢之为北府军的最高长官。刘牢之心动，和儿子刘敬宣密谋，

不料被参军何澹之告发。但是王恭不信刘牢之要背叛他,一如既往地信任刘牢之。刘牢之遂起兵归顺中央,并反戈一击,将王恭打得败逃,随后王恭被司马道子俘虏后杀掉。刘牢之遂被任命为都督徐、青、兖等州军事。此时王恭的盟友殷仲堪、杨佺期、桓玄举兵威逼建康,上表为王恭申诉冤屈,刘牢之率北府军渡江驰援建康。殷、杨等人没有打败北府兵的把握,因此在司马道子承诺不再侵犯荆州、江州等方镇的利益后,纷纷退兵。

王恭之乱标志着北府军开始介入东晋士族内斗,然而作为北府首领的刘牢之既没有足够威望,也没有士族根底,在诸多大族争斗中,他显然没有充分的准备和足够的政治素质,这使得北府军的命运开始走向衰败。

桓玄、殷仲堪、杨佺期等人随后也发生了内斗,最终桓玄凭借桓氏在荆州的积威,先后攻灭殷、杨,将荆州、江州等八州的军政大权收归己有,桓氏的势力又恢复到桓温时代的规模。这一问题引起东晋中央的警觉,晋孝武帝采取诸多措施意图遏制桓氏势力。恰巧这时三吴地区发生了孙恩、卢循领导的叛乱,桓玄借口帮助中央平定叛军,起兵东下威胁建康。看到政治羁縻已经无法阻止桓玄的野心,司马道子和他的儿子司马元显遂起兵讨伐桓玄,所用军队,自然是刘牢之统率的北府军。

桓玄兵多地广,实力强盛,北府军则挟有战胜前秦的余威,麻秆打狼两头怕,桓玄和司马元显彼此都颇为忌惮,一时对峙下来。正在此时,北府军又出现了问题。

这次问题又出在了刘牢之身上。他和司马元显素来不和,生恐司马元显哪天夺去自己的兵权。因此他虽然出兵,却逗留不进,意图让桓军攻进建康,借桓玄之手除掉司马道子、司马元显父子,他再出手干掉桓玄,从而夺取更大的权力。这位四肢发达却头脑简单的将军把如意算盘打得啪啪响,但他却太低估了桓玄这个枭雄的智慧。

火中取栗的事不是每个人都能干的。北府军虽然有实力,但与桓玄、司马道子等掌握数州之地的大族相比,北府军没有可资凭借的士族力量、土地、人民和财富,其实力仅停留在战斗力层面上。即使曾经通过背叛王恭成功地取得数州军权,刘牢之和桓玄仍有云泥之别。这一点,北府军将领何无忌、刘裕等人都看得非常清楚,力劝刘牢之不要再次叛变。刘牢之一意孤行,举全军投降桓玄。如此一来,全局形势顿时形成一边倒,桓玄以压倒性优势打进建康,废杀司马道子父子。与此同时,桓玄又迅速夺取刘牢之兵权,任命他为会稽太守。刘牢之明白桓玄的意图,他拒不受命,企图返回江北与桓玄对抗。然而刘牢之的反复无常早已让北府军将士心灰意冷,参与到士族内斗本非下层将士所愿,现在首领又朝三暮四,于是官兵拒不听从刘牢之的安排。此后桓玄遣军进攻刘牢之,刘牢之万念俱灰,自缢而死。桓玄随后以其弟桓修统领北府兵,北府军权再次易手。桓玄为了彻底瓦解北府军,从建制和驻地上打乱北府军,将其配给桓氏诸兄弟。值得注意的是,北府军经历了谢玄、刘牢之组建与统领,更取得过淝水大捷,自有一

股向心力存在，这种向心力不因主将变化而改变。因此即使桓修、桓谦等人领有部分北府旧兵，他们对北府兵实际上并未实现真正控制。

桓玄眼见建康周边形势都已落入他的控制之中，便于公元403年篡晋自立，建号大楚。东晋南渡已八十多年，司马氏统治虽然腐败，但限于门阀政治的约束，没有哪一家士族能够打破藩篱代晋自立，各家都希望在晋室这一共主的维持之下保住自己的利益。尽管王、庾、谢等高门大族都已趋没落，但大族的利益诉求和江南土著士族日益高涨的政治意图，仍然在顽强地遏制着桓玄一家独大的努力。要想真正代晋自立，其前提条件除了掌握相当强大的武力外，还要彻底削平各大士族的力量。桓玄分割北府军后成为晋朝唯一强大的势力，但在消灭士族这件事情上，他显然还

远远没有做到。

也正是在这样的形势下，北府军旧将刘裕联合何无忌、刘毅、诸葛长民等人，以恢复晋室为名起兵讨伐桓玄。北府军强大的向心力，使得刘裕的召唤得到了广泛响应。他们在历阳、京口、广陵各自起事，杀死京口镇将桓修等诸桓人物，随即起兵渡江进攻建康。

桓玄在建康附近并没有稳固的根基，刘裕复晋的旗号很有杀伤力，同时刘裕作战勇猛，在北府军中很有威信，而桓玄所用部队有很多北府将士，他们素来佩服刘裕，不愿为桓玄卖命。桓玄派桓谦迎击刘裕，结果覆舟山一战，桓谦大败。桓玄在建康城闻讯大惊，立即与其亲信、子侄逃回荆州大本营。

此时京口的北府兵因为桓玄的拆解没有多少现兵可用，刘裕一边讨伐桓玄，一

边效法谢玄，重新招募京口附近的流民入伍，再次组建北府军。与此同时，刘裕派军西上追击桓玄，桓玄聚拢起荆州兵力意图再战，但建康的失败彻底击溃了荆州的人心。北府军以少胜多，在峥嵘州大败桓玄水军，桓玄再度西逃，最终被益州刺史毛璩所杀。北府军迎回晋安帝在建康复位，桓玄篡晋的闹剧终于被平息。

这场大变乱，可以算作是东晋门阀政治自身不可调和的政治矛盾的一次总爆发。士族共治无法再行维持，东晋政治局面终于向一家独大转变。桓玄在东晋百年历史上第一个尝试走向独大，然而却没有将各方面关系理顺，究其原因，有复杂的政治因素，也有荆州的方镇势力没有及时转移到建康的缘故。然而没有妥善处置北府势力，特别是没有彻底掌控徐兖青诸州流民潜在的武装力量，是桓玄失败的一个重要原因。刘裕起兵之所以能够取得胜利，也在于他很好地利用了京口流民力量，这股近在肘腋的武装力量打得桓玄措手不及，进而引发荆州方镇和桓氏大族势力的多米诺式坍塌。

气吞万里如虎——刘裕北伐的鼎盛战绩

刘裕消灭桓玄后，东晋政坛第一次出现了非名门人物掌握中枢的局面。刘裕以北府军之力控制朝政，各地士族手中的武力都不足以和刘裕抗衡，东晋从此进入了刘裕时代。这也标志着门阀政治的终场。当了近百年傀儡的晋室司马氏，失去了赖

以生存的共治局面，它的生命自然也快终结了。北府军也终于不再为其他士族卖命，转而成了刘裕夺取皇权的支柱。这之后，刘裕扩建北府军，对内平定孙恩、卢循、徐道覆的起义，打平刘毅、诸葛长民等旧日盟友，对外击灭四川的谯蜀政权。可以说，他已超越王、庾、桓、谢等任何一家士族，成为东晋事实上的第一号人物。自然而然地，刘裕把目光转向了外部。

淝水之战后，前秦内部积累的民族矛盾大爆发，军事上的失利直接导致前秦政权的总崩溃。前秦灭亡后，慕容垂在河北、山东、河南、山西一带建立后燕；姚苌在关中和陇右地区建立后秦；拓跋珪在山西北部和蒙古复立代国，后称北魏。北魏勃兴后和后燕展开大战，参合陂一战，后燕国力大衰，最终被北魏灭掉，鲜卑慕容部硕果仅存的英雄人物慕容德（慕容垂之弟）逃到山东半岛建立南燕。公元409年，南燕第二任皇帝慕容超派兵南下侵扰淮北之地。

东晋与南燕、后秦接壤，两国对东晋的威胁以南燕为大。南燕的主要势力范围在今天的山东省中东部，东晋与之接壤地区是淮北，这里是保卫淮南、江北的战略要地，如果任由南燕侵扰，江北的国防安全便不能确保。出于这样的考虑，在刘裕的提议下，东晋决定北伐南燕。

东晋国内的形势相比淝水之战后也有了很大的改变。首先是桓玄势力被削平，国内再没有可以挑战刘裕的方镇势力，东晋政治环境出现前所未有的稳定；其次是以刘裕为代表的政治集团是寒门士人的杰出群体，门第劣势压抑之下的政治诉求和

长期底层实践的丰富经验，使得他们具有王谢大族不具备的朝气和活力。两者结合，使得以刘裕为核心的东晋焕发出新的光芒。

东晋义熙五年（公元 409 年），刘裕出师北伐，目标直指南燕。此次北伐主力当仁不让又是北府军。全军由淮河入泗水，一个月后到达下邳。鉴于再往北进没有足够宽大的河道可供舟师航行，北府军留下船只和辎重，徒步行军进至琅琊（今山东临沂），然后继续北进，目标直指南燕都城广固（今山东青州）。琅琊以北是连绵不断的沂蒙山区，道路起伏不平，这种地理条件下，无论军事支援还是后勤补给都有一定难度，为了防范发生当年桓温枋头之战那样的失败，刘裕命北府军在沿路重要的地段留兵驻守，并筑起城垒，防止南燕骑兵切断后路。

南燕对如何应对刘裕进攻发生了分歧。尚书公孙五楼认为，从双方形势来看，晋军远道来攻，在丘陵地区作战失去了水军优势，后勤补给是个大问题，晋军必须速战速决。燕军据守本国，占据了地理优势，以骑兵为主的燕军，既可以据险固守闭门不战把晋军耗死，也可以拒敌于国门之外，以骑兵在大岘山之外与晋军决战。这其中大岘山非常关键，大岘山在今山东沂山，这里是雄关穆陵关所在地，山口以南是沂蒙山区的丘陵地带，以北则是临朐和青州，地形平坦，利于作战，如果把晋军放进来，燕军除了后勤保障方面略有优势，在地理条件上就拉平了差距。

基于这样的考虑，公孙五楼提出上中下三条建议：第一条是包抄困敌，燕军主

◎ **穆陵关遗址**

力据守大岘山不出，将晋军挡在大岘山外，然后派精锐骑兵沿海边南下，再派驻守兖州的部队沿沂蒙山东下，绕到晋军背后掐断退路。届时再前后夹击，消灭晋军。第二条是据险不战，燕军以主力部队坚守都城广固，各地防守部队统统实行坚壁清野，使晋军在燕军境内得不到物资补充，等到晋军粮食耗尽无以为继时，再乘虚出击消灭之。第三条则是任由晋军通过大岘山，燕军在临朐、广固城下与晋军决战。慕容超不采纳前两条合理的建议，决议不守大岘山，以主力部队和晋军在临朐城下决战。

平心而论，公孙五楼前两条计策都切中了晋军的要害。如果慕容超照计实施，北府军很可能会陷入当年桓温在枋头的窘境。刘裕决策北伐前，就曾有人向刘裕建议说，如果南燕扼守大岘，或是坚壁清野，那么北伐将不易取得成绩，甚至还可能全军覆没。刘裕分析南燕慕容超的特点说，南燕一向目光短浅，以往进攻淮北，不重夺地，只在乎掠夺人口和钱财；退守的时候，以他们贪鄙的性格，必然也不舍得毁掉粮食。

客观来说，刘裕此举实在有些冒险。

然而战场征伐，有时偏偏足够大胆才能出奇制胜。所谓不入虎穴焉得虎子，刘裕赌博式的冒险战略居然收到了奇效。北府军到达大岘，果然如刘裕所料，燕军并没有凭险据守。他们不费吹灰之力就越过大岘山，大军略事休整后，直逼临朐城下。

慕容超拒绝公孙五楼的建议后，将燕军主力近十万人猥集在临朐城。闻听晋军已迫近临朐，慕容超命公孙五楼率骑兵四万去占据四十里外的巨蔑水（山东境内古弥河，疑在今临朐城南约四十里处的冶源水库附近）。不料刘裕已先派孟龙符占据了该取水点，公孙五楼与战不利，退回临朐城。

刘裕敢在战略上冒险，在战术上却部署得十分谨慎，从巨蔑水一战中即可看出。稍后，针对燕军骑兵多的特点，刘裕命令将四千辆战车放在大军两翼，以防止敌骑冲突，战车上都张挂布幔，以遮挡敌军的弓矢。同时再以轻骑兵在外围游走，作为步兵的支援。

相比刘裕的充分准备，慕容超的战术显得简单粗暴。燕军闻知晋军已到，便倾巢而出以重甲骑兵猛攻晋军。北府军刘藩（刘裕北府起事二十七将之一，刘毅之弟）、刘道怜（刘裕之弟）、刘敬宣（刘牢之之子）等部合力迎击。北府军以车阻骑的战术布置收到了良好效果，燕军铁骑虽然势大，却不能冲破北府军的步兵方阵。两军交战半天未分胜负，刘裕看出燕军后方命门所在，命大将檀韶（檀道济之兄）、向弥、胡藩等人率轻骑进攻防守空虚的临朐城。临朐的燕军此时都在城南与晋军大战，城内

守军数量少得可怜。檀韶等人一击得手，打破临朐城，拔掉慕容超的牙旗，俘获慕容超所用御马、步辇、玉玺、豹尾等，慕容超遂逃向城外的段晖部。燕军后院起火，无心恋战，北府军趁势猛攻，遂将燕军击溃，当场斩杀南燕兖州刺史段晖等十名大将。

慕容超率残部逃回都城广固，北府军尾随追击，将广固团团包围，随后轻易攻克其大城。慕容超退回小城固守。小城坚固而守兵多，北府军一时不易攻下，于是沿城筑起围墙，墙高三丈，又在墙外挖三道堑壕，摆出一副长期围困的架势。

南燕都城被围，其余各地守军纷纷投降。北府军因而得以就地获取补给，不再从江南、淮北长途运输后勤物资。在军事进攻的同时，刘裕在南燕境内大规模招降封赏以收拢人心。这一招，不仅使南燕的汉人遗民非常高兴，其官员军将也不再抵抗，大将垣遵、垣苗率众归顺，这无疑极大地减轻了北府军的军事压力。

围城之战过程中，北府军意外抓获了南燕的攻城专家张纲。张纲本来受命去后秦求援，在其返回途中被晋军截获。北府军将张纲升到敌楼上，让张纲扬言后秦军主力被夏国（赫连勃勃所建）大败，已无力来救，城内燕军大惊，固守的意志开始动摇。

事实上后秦虽然在与夏国的战争中屡屡失利，但并未伤根动本，只是对赫连勃勃的游击战无可奈何而已。南燕去向后秦求救的人除了张纲还有韩范，当时后秦已派出姚强率一万骑兵出关中救南燕，韩范正在姚强军中。不料援军刚到洛阳，后秦

◎ 古代云梯复原图

军被赫连勃勃大败，关中形势危急，后秦皇帝姚兴追回姚强的援兵。韩范悲叹天亡南燕，因而投降刘裕。南燕彻底断绝了外援，军心更加涣散。八个月后，张纲主持制造的冲车、飞楼、云梯等攻城器具都已完成，北府军利用这些精妙的装备加紧攻城，愤怒的慕容超将张纲的母亲肢解。绝望的南燕军掘地道进攻北府军，都被击退。很快北府军攻破城池，慕容超逃跑不成，被北府军生擒，不久后被斩于建康。东晋因之收复山东泰山以东的疆土。

至此，存在了十一年的南燕宣告灭亡。自慕容廆崛起开始，慕容皝、慕容俊、慕容泓、慕容垂、慕容德，四代人建立前燕、后燕、西燕、南燕四国，涌现出慕容恪、慕容垂、慕容德等称雄一时的一流人物。九十年的光荣与梦想，随着慕容超在建康东市人头落地被北府军画上句号。此后鲜卑慕容部彻底消失在历史舞台上。

平定南燕后，刘裕又率北府军彻底击灭孙恩的余部，消灭意图割据荆州的盟友刘毅，并派朱龄石收复了益州，国内形势

更加巩固。刘裕的眼光再次投向北方。北魏刚刚复国不久，硬碰硬将后燕击灭，显示出勃勃的生机，实在不可小觑。后秦自姚兴死后，诸子都才能平庸，在强敌环伺的危境之中，不仅没有奋发图强攘敌兴国，反而热衷于内斗。北不能拒夏，西不能灭诸凉，南不敢侵东晋，这样一个软柿子，自然逃不过刘裕锐利的眼睛。

义熙十二年（公元416年），刘裕决策伐秦。

后秦的版图像一个不规则的矩形，陇西地区以兰州为西界，关中地区以延安为北界，山西一带以介休为北界，河南一带则只据有黄河以南的洛阳、郑州、商丘一线，南则以信阳、南阳和陕西商南汉中为界。刘裕的计划是，首先切割河南洛阳以东的矩形地区，然后合兵进攻关中。这个计划比较稳妥而科学，河南东部是后秦力所不及的地方，击之易取；后秦的北界正好有宽阔的黄河水道，利于北府军舟师行进。具体的行军安排：

第一路，北府军头号大将王镇恶、檀道济出寿阳攻项城、颍川方向，目标是洛阳。这一路兵是主力，其行军路线斜向切入矩形地带，所经路途最长，面对的后秦部队也最多。

第二路是偏师，兵力万余人，由傅弘之和新兴的吴郡将领沈田子率领，进攻武关（今陕西丹凤）方向，目的是牵制关中的后秦军主力。

第三路由朱超石、胡藩率领，从新野北攻阳城（今河南登封）。

第四路是水军，由沈林子（沈田子之

弟）、刘遵考率领，从石门入黄河。以上第三、第四两路部队的战役意图都是确保通向关中的黄河水道的安全。

第五路由王仲德率领，从山东后方开巨野泽（在今山东巨野，今已无水泽）河道入黄河，为前面四路大军提供战役支撑，以确保顺利拿下河南，并为进攻关中做好准备。

同时，刘裕还派遣蜀地方面的偏师姚珍、窦霸率数千兵力分别从子午谷和骆谷进攻汉中方向。一时间后秦国境线四面闻警，局势大坏。

檀道济和王镇恶攻入河南，北府军锐不可当，连克新蔡、项城、颍川，俘虏颍川太守姚坦、大将杨业、新蔡太守董遵等。颍川以北的后秦部队无不望风而降，第一路军成功打到成皋附近。此时沈林子、朱超石两部也打到荥阳、成皋一带，与檀部会合。王仲德的后军也打通了巨野泽进入黄河水道，并在沿河重镇滑台（今河南滑县）与北魏守军遭遇。魏军弃城而逃，王仲德得以继续西进。就此，刘裕切割河南东部的计策此时收到成效，后秦对河南东南形势更加没有信心，一度欲将洛阳以东的军民迁入关中以集中兵力、收缩防线。

北府军稍后逼降成皋、荥阳等地的后秦军，大军逼近洛阳。洛阳守将姚洸的部下姚禹与檀道济暗中勾连，意欲投降晋军，极力怂恿姚洸出城与北府军决战。忠于后秦的将军赵玄力劝姚洸不要贸然出战，被拒后赵玄带兵与檀道济在柏谷坞大战，结果当场被杀，所部全军覆没，姚洸见势不好便举城而降。消息传到后方，本来要来救援洛阳的后秦军纷纷后撤。

面对前线的不利形势，后秦皇室的诸王们不仅没有团结起来对敌，反而又翻起当年诸子争位的老账。后秦皇帝姚泓的弟弟姚懿、姚恢先后发动叛乱进攻长安，企图趁乱夺取帝位。正所谓堡垒先从内部攻破，后秦这口大油锅本来就被北府军煮得滚沸，二姚之乱则是直接把锅里的油给点燃了。姚泓顾不上潼关外黑云压城的北府军，反而让叔父姚绍率大军抵挡已经杀到长安城下的叛军。所幸二姚兵力不多，先后被姚绍平定。但是如此一来，后秦不仅又消耗了一部分有生力量，还丧失了打击潼关之外立足未稳的北府军的大好时机。

后秦内乱期间，北府军前锋诸军不顾后面王仲德等军尚未会齐，抓住时机快速西进。王镇恶西出洛阳拿下宜阳、渑池等地，檀道济分兵进攻晋南的蒲阪。因为地形失利和准备不足，檀部被后秦守将姚成都所败。姚绍是后秦中唯一一个尚有能力的大将，他平定二姚之乱后，率五万援军急驰赶到潼关，与檀、王诸部接战。北府军连克要地，士气正盛，沈林子率大军衔枚夜袭一举击败姚绍军，姚绍力不能支，败退回定城（潼关西三十里处）死守不出，分派诸军各扼险要，企图耗尽北府军的粮食后再寻隙出击。檀、王各部从洛阳西攻时携带粮草本就不多，王仲德的后军又没有跟进，北府军的军粮发生危机。王镇恶亲自到弘农等地劝当地百姓捐献粮食，他本是关中人，在当地甚有号召力，百姓于是竞相捐献军粮，北府军军势复振。

就在定城相持时，刘裕主力大军在黄

河打了一场以步制骑的传奇之战。

当时刘裕大军在沿河西上之时，出于礼节，遣使向北魏借道伐秦。北魏君臣动起了心思。此前东晋伐后秦，已在北魏中央掀起一场争论，有的认为应该联合后秦抵抗东晋，有的认为不能招惹新兴的刘裕集团，最终在崔浩等大臣的建议下，北魏明元帝拓拔嗣决定坐山观虎斗。此时刘裕下书借道，再次刺激了魏帝敏感的神经，虽然截至目前东晋并未表露出北攻的趋势，但其大军就在国门之外，难保其不会趁势北攻。出于这样的考虑，明元帝派大将长孙嵩率骑兵三万沿河备御，双方在黄河沿岸畔城附近（今山东聊城西）发生摩擦。刘裕的水军沿河而行，拉纤的士兵有被河水漂到对岸的，都被魏军所杀。刘裕气不过，便派兵上岸攻击，但是北魏军一击则走，不击复来，北府军不胜其扰。

刘裕望着黄河北岸狼一样的鲜卑骑兵，终于忍不住杀气，祭出了千古一见的"神器"——却月阵。

刘裕先遣白直队主丁旿率七百步卒上岸，将百余辆战车沿河布设，车阵两头抱河，队形弯成弧形，因为形似新月，故称却月阵。每车上有七名战士，又竖起一根白耗。北魏骑兵不知晋军是何用意，暂时按兵不

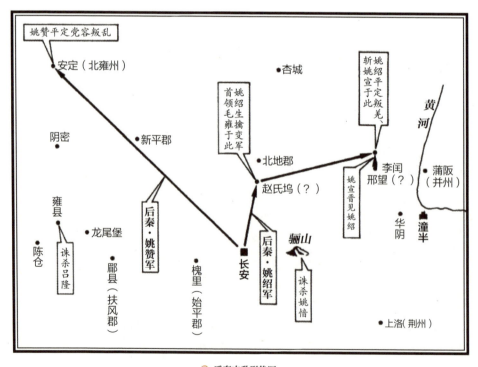

◎ 后秦内乱形势图

动。刘裕又派猛将朱超石（朱龄石之弟）率两千人，每车增加二十人和一张大弩，车外竖起盾牌。北魏骑兵此刻方才明白，原来晋军这是结阵来着，于是麾骑进攻。朱超石命令诸车先以力弱的单兵弓弩射击，北魏骑兵见晋军兵少箭弱，便放心大胆地加速进攻。此时迫近却月阵的北魏骑兵已达三万多骑，朱超石遂令诸车用大弩发箭，魏骑纷纷中箭。但此时魏骑既多，距离又近，大弩近距离的杀伤效果已经不能遏制魏军的进攻。朱超石急中生智，遂命将士把手中的千余支矟截成三四尺的短矟，"以锤锤之，一矟辄洞贯三四虏，虏众不能当，一时奔溃"。关于《宋书·列传第八》中的这段记载，一种解释大概是，这些断矟是当作大弩的箭矢发射出来的，弩力强劲，足以击穿三四个骑兵的身体。但另一种解释是当时北魏重装骑兵防御良好，晋军士兵缺乏破甲手段，只能手握一段断矟，后面另有人用大锤锤击，向前突刺贯穿北魏骑兵的身体。因为却月阵的正面狭窄，数万北魏骑兵当时已经是拥挤不动，所以只能眼睁睁地看着晋军扎上来。当然，不管朱超石是怎么用矟的，这种战术很是有效，魏军死伤惨重，大将阿薄干当场被北府军斩杀。魏军退回畔城，刘裕派朱超石、胡藩追击，再败北魏军一场。自此北魏不敢再袭击北府军，刘裕得以顺利沿河西上。

却月阵是以步制骑的经典阵型。它凭恃的是水军优势，以河中的舟师保障战车的后方，岸上则以战车阻滞骑兵的冲击速度，又以大型弩箭杀伤敌军，再加上北府军强大的战斗力，因而创造出以少量步兵杀伤数倍之多的骑兵的记录。这辉煌的战绩使得却月阵名垂千古。但这个阵型因为其条件苛刻，除了北府军使用过一次，竟再也没有别的军队或别的战例使用过。阵型是死的，人是活的，却月阵的成功，只是刘裕和北府军灵活的战术思想的一个集中体现。也正是靠着这种优势，北府军才成为历史上的强军。

北府军一战击败北魏部队，随后沿河西上，与定城诸军会合。姚绍抵挡不住北府军的犀利攻势，又忧又气，病发而死。姚绍一死，后秦军失去主心骨，仗打得更加狼狈。沈田子、傅弘之的偏师打进武关。秦主姚泓自引大军要援救定城，见这支晋军偏师攻入，便想先灭沈、傅再救定城。沈田子趁秦军刚到立足未稳，以己部兵力猛冲猛打，后秦军措手不及，大军被杀散，姚泓的御用器物都被北府军缴获。沈田子诸部遂继续进攻关中，郡县多降。

仗打到这个份上，后秦已经没有希望了。姚泓将诸军收合在长安周围，企图做困兽之斗。北府军一时攻不进，王镇恶便以舟师溯渭水而上。北人不惯坐船，看到王镇恶所部的舟师行动迅速，船外都看不到使船的人，都以为南军有神明相助，军心更加溃乱。王镇恶到达长安城外，把船都扔到渭河里顺流冲走，他激励将士，事已至此，绝无后路，唯有猛攻长安才能有活路。北府将士奋勇冲杀，打败姚丕的防守部队，突入长安平朔门。长安其他防守部队纷纷来攻，均被北府军击败。姚泓无可奈何，只好率宗族出降。姚泓本人被押送至建康斩首，宗族子弟皆被杀。后秦遂告灭亡。

刘裕北伐南燕、后秦，收复山东、河南、淮北和关中大片失地，将东晋疆土扩至极大。其赖以成事的，都是北府军。刘裕代晋建宋后，北府军完成了最后的蜕变，由地方部队升级为中央军，成为皇帝直接控制的军事力量，是皇权政治的基础。北府军重镇京口也结束了东晋年间由大族势力控制的状态，改由刘宋皇室子弟直接镇守。自此之后，南北形势逐渐趋于稳定，作为北府军基础的北方流民逐渐减少，兵员渐渐枯竭。特别是刘宋立国前后，随着刘敬宣、王镇恶、檀道济等一批北府旧将逐渐凋零，北府军在刘宋文帝后已慢慢不再存在。

纵观汉魏以来历史，从未有哪支部队像北府军这样，对王朝政局影响如此之大，反过来又被政局操控着命运。回顾自郗鉴组建北府军以来，其三个阶段虽然互不联系，但它先后发挥了震慑士族、平定内乱、抵御敌国的作用，尤以在政治上起到的作用为重。郗鉴时欲参与士族共治而不得，谢玄时以抗秦而威重一时，刘牢之时迷失于政争中，刘裕总其成而克成帝业，可以说不同阶段的政治实践总体来说是连续的，它们构成了北府军完整的政治路线图。

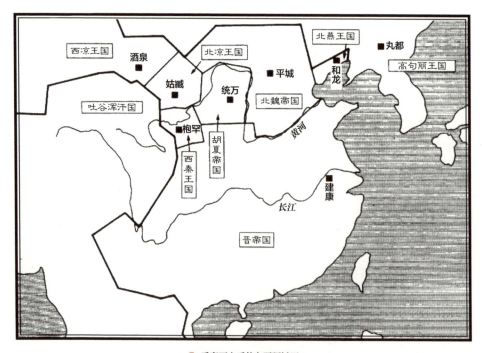

◎ 后秦灭亡后的东晋疆域图

北齐百保甲骑

 文 廉震

甲骑具装的身影

"五星出东方利中国"织锦护臂，可以说是丝路所出土的最为珍贵的一件汉晋时期文物。这件精美的丝绸制品，承载了中原皇室对其统治稳固的祈祝，也承载了护臂主人对中原王朝兴盛的祈望。但就在古墓与织锦被黄沙掩埋后，护臂主人的祈望却没有立刻降临。

自永嘉之乱，衣冠南渡之后，南朝士人"思治而不得，苟全性命于乱世"，上演了放浪形骸的魏晋风度，只有少数人还能记得北定中原的大业。曾经是中原王朝生存根基的北方大地，完全变成了游牧民族的演兵场。北地百年战乱过后，数不清的旧势力被消灭，又有无数新的势力登台。直到出身鲜卑族的北魏王朝统一中原，推行均田、三长制才给北方人民带来了短暂的安宁。

北方少数民族政权建立的同时也带来了军制和兵种的全新变化。其中最为著名和最具标志性的莫过于前面章节提到过的人马都配备铠甲的重装骑兵——甲骑具装。历史记载中也多次出现北魏王朝在一次战役中出动上万"铁马"的字样。比如北朝末年具有转折性与决定意义的沙苑大战中，东魏方面"丧甲士八万"[1]。除了庞大的数量，

◎ "五星出东方利中国"织锦护臂

甲骑具装还是最具战斗力、主宰战场的精锐部队。

南朝少有的军略天才刘裕北伐南燕时，南燕朝廷上下都认为东晋兵势强盛当坚壁清野，逼其锋锐，待机而动。然而后来成为南燕末代皇帝的慕容超则主张："今据五州之强，带山河之固，战车万乘，铁马万群，纵令过岘，至于平地，徐以精骑践之，此成擒也。"[2]主动将敌军引到最能发挥骑兵优势的平原战场，以甲骑为核心，用多次冲击的模式来击败其步阵，直观地说明了在正面对战中，南燕国铁马（甲骑具装）对东晋的步卒具有绝对优势。

在北魏阻击后秦的柴壁之战中，拓跋珪"诏毗陵王顺以精骑冲击，获兴甲骑数百，斩首千余级"[3]。北魏太武帝时期，秦州大

---

① 八万是阵亡、被俘以及逃亡总数。这里"甲士"一词的意义，与先秦时期的兵车"虎贲甲士"有所不同，更多是指骑兵。八万的数字里既包括了甲骑具装，也包含人着铁甲、战马未装备马铠的重骑兵。按照北朝军队通常的编制情况来看，其中比例大概为1:3，即东魏方面损失了两万左右的甲骑具装。

② 见《晋书·载记第二十八》。

③ 见《魏书·列传第八十三》。

◎ 北齐墓室壁画中的轻骑兵形象

族杨难当起兵反魏，围攻上邽城，北魏镇将元意头率领千余名骑兵"直冲难当军，众皆披靡"④。

北魏攻打后燕的战役中，后燕一方"出步卒六千余"攻击拓跋氏的屯田。拓跋珪"诏将军长孙肥等轻骑挑之，帝以虎队五千横截其后，斩首五千，生虏七百人，宥而遣之"⑤。其中，北魏的"虎队"甲骑具装直接以"横截"的战术，将敌军一分为二，使其失去照应而败。

北魏末年，柔然入寇，入侵凉州，北魏将军费穆"简练精骑，伏于山谷，使羸步之众为外营以诱之。贼骑觇见，谓为信弱，俄而竞至。穆伏兵奔击，大破之。斩其帅郁厥乌尔、俟斤十代等"⑥。

《北齐书》记载："诏以彼徒我骑，且却且引，待其力弊，乃遣下马击之。短兵始交，周人大溃。其中军所当者，亦一时瓦解"，"长恭为中军，率五百骑再入周军，遂至金墉之下"。"诏司徒潘相乐率精骑五千自东道趣青山。辛丑，至白狼城。壬寅，经昌黎城。复诏安德王韩轨率精骑四千东趣，断契丹走路。癸卯，至阳师水，倍道兼行，掩袭契丹。甲辰，帝亲逾山岭，为士卒先，指麾奋击，大破之，虏获十万余口、杂畜数十万头。"⑦

《隋书·卷三十九》记载，北周末年，宇文亮叛乱，"以轻兵袭孝宽。孝宽窘迫，未得整阵，为亮所薄。景山率铁骑三百出击，破之，斩亮传首。"

可见甲骑具装即是当时战场上最主要的突击力量，往往起着"战场消防队"或"一锤定音"的作用。比如，魏晋南北朝经常使用的骑兵战术中，甲骑具装不光可以从正面直接冲击敌阵；还可以以其机动能力突击敌阵背后，或从敌阵的结合部突进，一举摧毁敌军的指挥系统与建制关系，让敌军丧失组织能力，成为一盘散沙。

另外，《宋书·卷九十七》记载，南朝刘宋军队在讨伐"沔北诸蛮"时，"军以具装马夹射，大破之"。可见甲骑不但可以实施冲击任务，也可以凭借其绝佳的防御力，建立稳固战线，用其他战术灵活击败

④ 见《魏书·列传第三十九》。
⑤ 见《魏书·帝纪第二》。
⑥ 见《魏书·列传第三十二》。
⑦ 依次见《北齐书》卷十六、卷十一、卷四。

◎ 西魏壁画中的甲骑具装

夏铁骑、北魏虎纹具装骑兵，都是一时名震天下的精锐铁骑，不过纵观魏晋南北朝这三百余年间，甲骑具装战斗力最为强悍者，莫过北齐的"百保鲜卑"甲士了。

南北朝时期，北魏为了应对草原新崛起的游牧势力——柔然（史书中又称茹茹、蠕蠕），在其边疆地区设置了六个军镇。而后六镇军士因为自身境遇每况愈下，认为是朝廷待遇不公正，愤而起兵作乱，史称六镇之乱。大乱中有俩堪称宿命的对手脱颖而出：高欢、宇文泰。他们各自建立了自己的王朝：东魏—北齐、西魏—北周。曾经作为北魏帝国最强大武力的六镇军，也被二者瓜分。

两国在历经数场死伤逾十万的大战之后，趋于稳定。占据富庶之地的东魏，朝堂之上的斗争却愈发激烈起来：高欢病逝，侯景作乱，高澄遇刺，东魏帝禅位，最后高欢之子高洋正式建立北齐王朝。北齐文宣皇帝高洋对军事颇为看重，亲自选拔军士，组建一支名为"百保鲜卑"的精锐部队。"又以三方鼎跱，诸夷未宾，修缮甲兵，简练士卒，左右宿卫置百保军士。每临行阵，亲当矢石，锋刃交接，唯恐前敌之不多，屡犯艰危，常致克捷。"①

说来颇为有趣，关于"百保鲜卑"一词最为明确的史料记载，并没有出现在《北齐书》中，而出现在了《隋书·食货志》中："文宣受禅，多所创革。六坊之内徙者，更加简练，每一人必当百人，任其临阵必死，然后取之，谓之百保鲜卑。"

敌人。但是必须注意：此战中敌方缺乏冲击力量，也是实行该战术的前提。东西魏的邙山河桥大战中，由于双方都拥有大量骑兵，缺乏优质步兵，导致了双方的战线多次被对方所冲破，高欢和宇文泰二人也因此数次遇险。

既然甲骑具装在战场上如此重要，五胡十六国以及南北朝时期的各个少数民族政权，莫不把甲骑具装作为己方的重要军事力量。其中诸如石赵黑槊龙骧军、凉州大马、慕容鲜卑铁甲连环马、赫连勃勃胡

---

① 见《北齐书·卷四》。

◎ 北朝甲骑具装攻击步兵复原图（根据敦煌壁画创作，杨泓绘）

两段记载中都特别强调了"百保"一词，以凸显这支部队的强横战斗力——独一人可当百人。早在高欢当权时期，高欢本人就特别组建了一支精锐的骑兵卫队，其选拔标准是以一人之力可搏杀熊虎，可以说这支精锐卫队正是百保鲜卑甲士的雏形。同时，我们也要注意到一个名词"六坊"。六坊原本是北魏王朝的中央军，主要驻守在洛阳一带，而后为高欢所控制。同时，高欢也将其所收降的六镇军事力量与原有六坊军士一起重新整编，而后继续以"六坊"为名，驻镇晋阳、邺城。

六坊军士基本是鲜卑族武士，也是东魏在建立之初一直所仰仗的主要军事力量。在战场上，百保鲜卑经常以少击多，并获得大胜："帝率麾下千余骑，遇茹茹别部数万，四面围逼。帝神色自若，指画形势，虏众披靡，遂纵兵溃围而出。虏乃退走，追击之，伏尸二十里，获庵罗辰妻子及生口三万余人。"[1]以千余人对抗数万敌人，并且大破之，由此可见这支重装骑兵部队确实不愧"百保"的称号。

铁甲、马铠、长槊、环刀

那么，这种强有力的兵种到底从何而来呢？结合史料与出土文物，现代比较公认的情况是南北朝时期北方少数民族政权那种人马均披挂铠甲的重装骑兵，较早的源头是前面章节提到过的北方少数民族中的"侍卫之士"，而最早的源头则是来自纵马中西亚的斯基泰人王朝、帕提亚帝国（今伊朗），以及之后的波斯萨珊。比如在斯基泰人的墓葬中发现了最早的重甲骑兵形象。一些学者认为，盛行于我国南北朝时期的甲骑具装是沿丝绸之路，从帕提亚帝国传来的。当然，还有很多人并不认同这一观点——认为重甲骑兵是我国军事技术自行发展的结果。

比如就重装骑兵标志性的马铠进行探究，从提高战马防护力的角度来看，我国"甲马"的出现可以追溯到东周时期。中原战场尚为兵车所统治的时期，诸侯国的甲士们不但身穿"三属之甲"，同时也给战马披挂上了厚重的皮革护甲。这一点，在河南、湖北、湖南等地已被发掘的诸多春秋战国时期楚、曾等国的贵族墓葬中，得到了考古证实。比如湖北省荆门市包山楚墓中，就出土了一整套十分完备的战马护甲。另外，从出土的三国到西晋期间的兵马陶俑上，我们也可以看到"马当胸"（实物可能为铁质）已经被大量装备（从文献记载来看，至少东汉时期，我国已经给骑兵装备马当胸了）。西汉时期建立的"北军八校尉"中的越骑校尉部[2]，也被一部分学者认为是装备了马铠的重装骑兵。三国时期，

---

① 见《北齐书·卷四》。

② 史学界关于越骑校尉部的性质，一直存在争议。一种观点认为，相对于由投降汉王朝的北方游牧民族人员所组成的胡骑校尉部骑兵，越骑校尉部则是由三越地区的降兵所组成的骑兵部队。另一种观点则认为，三越地区向来不以骑兵闻名，越骑校尉部应该是遴选"才力超越"者所组成的精锐骑兵部队。相对于屯骑、胡骑、长水三部骑兵，越骑校尉部应该是披挂马铠的重装骑兵。

◎ 越骑校尉部骑兵

◎ 画像砖上的南朝甲骑形象

曹魏最为精锐的"虎豹骑",更被认为是一支成建制的重装甲骑部队。

其实,纵观中国古代军事发展史,可以发现存在着两个重甲骑兵盛行于古战场的高潮。第一个是从魏晋南北朝直到唐朝:唐统一后,不着马铠的突击骑兵逐渐替代了具装重骑在战场上的核心地位。第二个高潮则是宋辽金时期:北方游牧民族转化为新式的农牧帝国后,重甲骑兵再度成为战场的主宰,辽国的鹰军、西夏的铁鹞子、金国的铁浮屠都曾在战场上与宋朝军队死战。仔细观察,我们可以发现这两次重甲骑兵发展的高峰,都是游牧民族势力冲破长城线之后,在中原地区逐步建立起封建国家的时期。

从最直观的角度来看,这两者的关系是这样的:当草原民族进入中原建立封建国家后,会将自身的军事优势与在中原新获得的生产技术进行结合。表现在军事科技上就是骑兵的"护甲化、重装化",以便在骑兵部队对中原王朝的步兵坚阵发起冲锋的路上,保护其精锐免遭弓弩箭矢的迟阻杀伤;同时,也使之在近战肉搏中发挥强大的战斗力。实际上,在整个魏晋南北朝时期,南朝也保有相当数量的甲骑具装部队(这一点在南朝画像砖中有着大量的反映),不过其为北朝甲骑的光辉所掩盖。因此稳妥地说,魏晋南北朝时期崛起的甲骑具装是由北方草原传播而来的西亚军事技术与中原军事传统相融合的产物。

这种军事技术的融合,根源在于魏晋南北朝时期是我国古代军事技术史上一个重要的发展和过渡期。已知确认的最早最完备的实用硬质马镫实物[3],正是这一时期

③ 虽然在很多出土的西晋兵马陶俑上马镫已经出现,但主要是用于上马的单边马镫。真正的双边马镫实用器,则出土于辽宁北票的北燕冯素弗墓中。这副马镫,通高23厘米、宽16.8厘米,镫环以三棱体的桑木条揉成,形状近似圆角三角形,木条两端向上合成镫柄,分裆处再填以三角形木楔。这样的设计,让马镫在踏脚承重时不致变形。镫环和柄的外表都包钉了鎏金铜片,镫环内侧则加钉了一层薄铁片,其上还涂有黑漆。据《晋书》记载,冯素弗死于公元415年。以此推断,这对马镫距今已近1600年,比发现于欧洲的年代最早的马镫还要早300年以上。

的产物。再加上高桥马鞍在东汉已经得到广泛运用，这两者结合并一同发展，使得骑兵与战马的结合更加密切，使得"人马合一"的时代到来了。完备的马具让骑兵的机动能力与打击力日益增强。

当骑兵的打击力与机动力增强之后，如何增强骑兵防御力的问题，也浮现出来。我们可以再来看看同样出自辽宁北票市的考古发掘成果。1995 年至 1998 年所发掘的北票喇嘛洞十六国时期三燕文化墓地中，出土了一批随葬的铁甲实物。经过我国知名考古学家、甲胄复原专家白荣金先生的修复，我们可以充分了解这一时期甲骑具装所装备的全套铠甲的真容。不但马上的骑士装备了钢铁盔甲，战马也拥有防护完备的马铠。终于，在南北朝时期，甲骑具装成为战场上的统治者。

可以说南北朝甲骑具装的武器装备与防护，要超过数百年后的欧洲中世纪骑士。要知道，一直到 13 世纪中前期，欧洲中世纪骑士仅由一套俗称"铁毛衣"（这一俗称十分传神地描述了当时锁甲的型制）的锁子甲来提供防护。同时，当时欧洲骑士的战马是没有防护装备的。当装备着重型札甲、人马俱装的蒙古人[1]从东方袭来之后，钣金甲片才作为加强锁子甲防御力的附件开始在欧洲被大量运用。另外，十字军东征也带来了新的风俗：骑士们在穿着铠甲的同时，也会穿上一件布料制作的罩衣，在使铠甲穿着更为舒适[2]并在增强一定防御力的同时，也提供装饰与敌我识别的功能，最后发展为战马的防护装备。

13 世纪末，西欧骑士首先使用护腕、护胫增强对前臂、小腿的保护，接着护肘、护膝、护肩、大腿甲叶开始应用，当时，腿甲和臂甲往往是半开的。之后，一种通过覆盖在表面的织物将几块甲片进行连接的胸甲（coat of plates）出现了。这种铠甲一般被称为铁甲衣，其形制类似于蒙元和明清时期东方（比如中国、李氏朝鲜以及一些东南亚地区）军队大量装备的布面甲。

14 世纪之后，在铁甲衣的基础上，欧洲人发展出了防御力更为完善、被俗称为山贼甲的板链甲（Brigandine）。最后随着金属加工技术的发展，在 15 世纪初期，真正意义上的"欧洲板甲"才正式登场。

那么，甲骑具装的铠甲到底是什么样的呢？

让我们首先来说说马铠。正如我们上文所提到的，中国古代在很早的时候就考虑到为战马提供防护。在诸多春秋战国时期的贵族武士墓葬（以楚国居多，主要原因在于南方的气候与土壤环境利于一些文物的保存）中，就出土了多套武士盔甲与战马护甲。

---

[1] 一提到蒙古骑兵，相信很多人脑海中首先浮现出"骑射无双"这个有些不文不白的词语。事实上蒙古人战斗力的核心是其重骑兵，而非大部分人认为的骑射。西征时期，蒙古重骑兵的装备防护性远强于同时期的欧洲骑士，当然蒙古人远胜于其他草原政权的强悍战斗力，根源来自其彻底军事化的社会组织以及具有士官培养性质的怯薛军。

[2] 在夏季灼热的阳光暴晒下，或在冬季的严寒中，裸露在外的金属铠甲会成为一件令穿戴者苦不堪言的刑具，罩衣的出现解决了这一问题。

河南省淅川县下寺春秋楚墓中出土过彩绘马甲残片，其中贴金彩绘马胄保存得比较完整。同样的马甲与贴金马胄，在曾侯乙墓中也有出土。上文曾说过，在湖北荆门包山楚墓中，还出土了一套保存十分完好的东周时期马甲，并被复原。整套护甲由三部分组成：马胄、马颈甲、左右马身甲。与后世比较完备的具装马铠相对比，这一时期的马铠虽然可以为战马提供相对完善的保护，但是其缺点是很明显的——没有马当胸且侧面身甲为整体式。在高速跑动中，这种老式的马铠会妨碍战马的动作，甚至会因为剧烈运动而暴露出需要防护的部位。

到了汉末时期的官渡之战，曹操曾说："本初马铠三百具，吾不能有十具"。（《后汉书》中也有明确的对马当胸的记载，这

◎ 铁甲衣

◎ 板链甲的外观

◎ 板链甲的内部结构

里用马铠一词，显然是指包括当胸在内的完备战马护具。）比较袁绍的骑兵总兵力而言，三百比一万，此时甲骑的比例还是偏小。另外要说，汉代"铠"字特指铁制甲，而且特用量词"具"，也可以说明此时的马铠已经是比较完备的战马具装铁甲了。

辽宁北票市喇嘛洞十六国时期鲜卑墓地中出土了现存已知年代最早，同时也最完备的一整套铁质战马具装铠甲与重骑兵盔甲。

甲骑武士墓中所出土的马具装由六个部分组成：马胄、鸡颈、当胸、马身甲、搭后、寄生。这一点与后世文献中对马铠构成的描述基本一致，可以说我国的甲骑具装形制在东晋十六国时期已经基本定型。当然，后世的马铠也经历过改进，比如优化甲片造型与编缀方式，提高马铠组件的防御能力。本套马铠的铁甲片均是细长的柳叶甲片，而出土的可考宋金时代马铠，则使用了更多的长方形铁甲片。改进各组件形状，更能贴合战马体型，方便战马运动，减轻战马负担。

至于骑兵的盔甲，由裲裆铠甲衣、左右披膊、左右腿裙、盆领和铁盔组成，全部使用铁质札甲片缀合（串联材料为皮绳或麻绳）而成。并且理论上，铁甲之下应该附有可以提高防箭能力的皮革制衬里。

不过，现场出土时，所有铁质铠甲组件散乱堆积在一处可以推断这套马具装与骑兵盔甲应该是墓主人生前使用的物品，在被分解后，被放置于木箱中埋入墓中作为陪葬。其中骑兵盔甲与同期发掘墓葬中（已发掘的墓葬中有三座出土了比较完备的铁质盔甲）所出土的铁甲相比，虽然甲衣形制都属于裲裆铠，但甲骑武士墓中的铁甲在制作上更为精良。虽然所有铁质甲片厚度基本在1—2毫米之间，但从具体形制上看，甲骑武士的铁甲全是由小札甲片编缀，仅身甲部分就耗费甲片846片。而其他两座墓葬中的铁甲使用了大札甲片与部分长条甲片相结合。显然单从甲片的制作工艺上来看，甲骑武士的铁甲更耗费工时，而且活动性与防御力也最好，同时盔甲组件更为完备。可以明确地推断几座墓葬中墓主人之间身份高低。据此也可以看

◎ 东周时代马甲

◎ 魏晋南北朝时期铁质马胄

出，北朝甲骑在战场上绝对不是单独出现的，每名甲骑都会配属几名普通骑兵护卫（甲骑与苍头），这一点也与后来西欧的骑士扈从十分接近。还有一点十分有趣，三座墓葬中，只有甲骑武士墓中出土了铁盔，而另外两个武士墓中出土的铠甲仅有身甲，缺少腿裙、披膊与头盔，不能确认是并未陪葬还是原本铁甲主人生前没有装备。

那么北齐百保鲜卑甲士的盔甲是什么样子的呢？考古工作者在北朝邺城朱明门遗址中发现了大量的北朝时期铁质盔甲遗存。由于这里曾经是北周灭齐战争的重要古战场，而且这批铠甲残片出土的具体位置是在当年的护城河内，基本可以断定是战死士兵所穿戴的盔甲，由于掉入护城河中未能被回收（在古代，铠甲是十分宝贵的物资，战后胜利者都会组织回收被遗弃的武器装备，尤其是铁质盔甲）。与古墓中出土的盔甲不同，该遗址所出土铁质铠甲都比较残破且锈蚀严重。除了部分头盔保存得比较完整之外，基本没有发现保存完整的铠甲组件。

该遗址出土了两种铁质头盔，其中一种是用皮绳串联长条甲片组成的透顶式软壳胄体，另一种是由五块胄片铆合为一个硬式的胄体。第一种铁盔是汉代一种铁盔（西汉齐王墓中就出土过一件比较早期的该型铁盔）的直系后代，在北朝步兵陶俑上十分多见。第二种铁盔显然是冶金技术进步的产物。一般来说，古代铁匠难以制造出整块铁质钣金。铁质甲片也是先冶炼出铁条，然后按一定长度截断，再锻打成片，而后钻孔成品。与喇嘛洞三燕墓葬出土的铁盔相比，这种头盔防御力更强、重量更轻、佩戴也更加舒适。这一种铁盔在出土的北齐骑兵陶俑中有大量反映，因此第二种铁盔正是百保鲜卑甲士当年佩戴过的头盔。

◎ 魏十六国时期甲骑具装武士头盔

◎ 现代复原的十六国时期甲骑武士铠甲

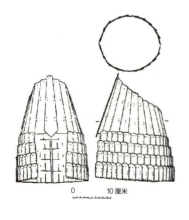
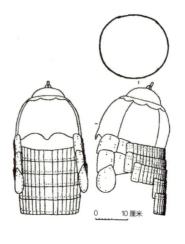

◎ 邺城遗址出土铁兜整结构复原图，左侧为II型，右侧为I型

很可惜，在该遗址中未能发现成套的铠甲。

既然防护良好的甲骑具装成为魏晋南北朝时期精锐部队的核心，那么如何击破敌方甲骑具装的铠甲，就成为甲骑具装所配备武器的首要要求。

因此，拥有良好破甲能力的马槊（"槊"有时也被写作"矟"），就成为甲骑具装骑兵手中最重要的兵器。马槊这种武器，在《三国演义》《隋唐英雄传》《水浒传》等我国古典小说中多次出现。比如当阳长坂桥夺槊三条的赵子龙、横槊赋诗的曹操、使用金钉枣阳槊的好汉单雄信，又比如唐太宗李世民年轻还是将领时，曾豪言，他亲自执弓，尉迟敬德持槊，天下无可当者。

不过在近几年的网络上，槊逐渐被神话。尤其在某些小说中，骑兵长槊由于柄杆使用"积竹秘"导致其成为一件昂贵到夸张的兵器。事实上，"积竹秘"的制作工艺并不那么昂贵，实际工期也没有多漫长。其中，包裹竹篾的目的是为了防止长柄被敌方砍断，用织物包裹上漆是为了防止其受潮损坏，并增强整体结构强度。

在西汉长安武库遗址以及我国其他地区所出土的汉代钢铁长矛中，就发现了大量的该种长柄。实际生产中，该种长柄完全可以使用类似流水线式的生产模式。每一个步骤有专人负责，大批量地一批接着一批地制造，可以有效地提高产量，降低平均成本，而且还能保证随时向军队提供充足的武器。总而言之，在现代人看来会觉得很昂贵的"积竹秘"，在古代其实是一件优质但很理所当然的消耗品，其成本甚至要低于优质的纯木质秘。

真正使得长槊成本较高的主要原因在

◎ 南北朝槊锋与明清时代枪头对比，可见槊锋长度极大

◎ 出土钢铁槊内残存的积竹柄痕迹，可以清晰地看到木柄周围包裹着竹篾

◎ 在我国南方出土的汉代钢铁长铍。可见其插入式链接方式，另外用一个金属套筒增加牢固程度，并提供一定装饰效果

于钢铁制造的槊锋。锻造一件钢质槊锋需要消耗较多的优质钢铁材料，当时生产条件下，优质钢材很多时候甚至比金银还要珍贵①。同时，锻造长而锋利的槊锋更需要经验最为丰富、技术最为熟练的优秀铁匠②。从工艺流程上看，积竹柲完全可以被拆分成多道简单工序，由许多水平一般的工匠们合作大批量制作；而一个钢铁槊锋必须由一个优秀的铁匠从头到尾不间断地完成全部工序才能造好。两者的生产效率与成品率高下立判。

另外，必须说明的是，槊是汉代钢铁长矛进化的产物，并非由铍这种长柄兵器发展而来。尽管扁平的槊锋看上去是继承

---

① 由于当今中国钢铁工业的发达，现代人很难理解金属对于古代社会的宝贵性，做个最直观的比较：哪怕是现代的一个小型钢铁厂，其年产量也远高于南北朝时期全中国的钢铁年产量。

② 在古代，铁匠是技术含量最高的工匠，其培养难度远胜于木匠等其他工匠。由于其特殊性，很多时候铁匠往往受到官府严格的人身控制。

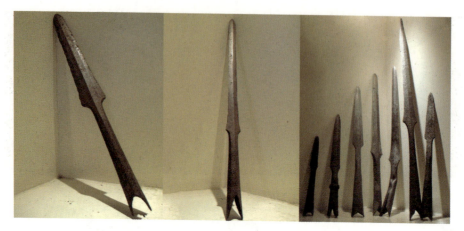

◎ 出图实物中汉代钢铁长矛发展过程

了铍的造型，但是铍的插入连接方式与矟的套接完全不同，实际上汉代也有钢铁长铍存在。

两汉之际，使用长兵器的突击骑兵首次出现于中原，当时骑兵的主要兵器还是环首刀与长戟。随着技术的发展，钢铁铠甲逐渐普及装备，戟作为旧时代流传下来的兵器，面对新的战场已力不从心。骑兵平端长兵冲击时，戟的小枝失去其意义。钩、啄、推、叉的杀伤方式对于冲锋中的骑兵没有太多意义：既不方便出招，也容易因钩挂造成兵器的遗失。同时由于钢铁锻造中，其小枝与套筒的锻造工艺麻烦，导致了成本上升。刺杀类的长柄兵器更适合骑兵的作战方式，也利于击破日益坚固的铠甲。因此枪矛类刺杀兵器在汉代的发展十分迅速，在考古发掘中，出土了大量汉代的长铩、钢铁长矛和钢铁长铍。

我们可以从出土文物看到汉代钢铁矛头演化的过程。

第一个发展趋势：矛锋由八面（截面为八边形）逐渐转变为六面、四面，这一点是与材料性能和锻造工艺紧密相连的。早期铁矛头简单地沿用了青铜长矛造型，由于青铜材料性能的限制，不得不采用八边形或六边形截面的造型来提高结构强度，同时其造型也比较圆润。改用钢铁材料后，由于锻造工艺的大量运用，矛头锋部分的造型变得扁平。同时由于材料性能的提升，矛头不再需要复杂的多面体截面结构与相对很大的厚度来提高强度。并且锻造多个平面的工艺过于繁杂、费时费力，逐渐被简化为四面结构。

第二个发展趋势：金属矛头的长度越来越长，从早期的铁质矛头长度不过20厘米左右，发展到后期全长已经超过半米。一些出土的南北朝时期的矟锋，其全长甚至达到了84厘米！导致这一现象出现的原因是多方面的。直观来看，尺寸较长的金属矛头可以防止因木柄被敌方刀剑砍断而

◎ 清代透甲锥枪头

失效（这一时期刀的发展十分迅速）。锻造一个较长的锋比锻造一个长的套筒工艺难度低很多。同时也要看到，这样长的锋可以用来挥砍，还可以利用其重量砸击。同时，造型细长的矟锋对坚固铁铠的穿透能力也十分强悍。与之对比，明清时期的金属枪头普遍偏短，为解决对重甲目标穿刺力不足的问题，出现了一种锋刃细长的"透甲锥"枪头来专门对付重甲。

可以看出，制造一柄南北朝甲骑具装的长矟，其矟锋就必须用优质的钢铁来锻造——材料性能必须兼顾强度（保证其在突刺过程中不会弯曲变形）、韧性（保证细长的矟锋不会折断）与硬度（破坚甲的先决条件），这样的优质钢铁兵器在古代自然价值不菲，更何况马矟还会被当作标枪来投掷使用。南朝猛将萧摩诃成名之战，就是掷矟杀死了一名敌将而获大胜。

题外话：其实欧洲中世纪骑士的骑枪在很多时候也会被当成标枪来投掷的。比如我们在反映黑斯廷斯战役的巴约挂毯中可以看到，诺曼骑士常用的战术就包括奔马掷矛。在其他一些欧洲骑士小说中，我们也可以看到这一战术。比如波兰著名作家、诺贝尔文学奖获得者显克维支所著《十字军骑士》中就有大量相关描写，可见奔马掷矛这一骑兵战术在东西方都是通用的。

除了马矟之外，甲骑具装的另一个重要武器就是著名的环首刀了。环首刀堪称汉代兵器的代表作，一直被沿用到唐代。刀的出现与骑兵在战场上地位的提升紧密相连。早期骑兵缺乏合适马具，在使用兵器刺击时，很可能被反作用力推下战马。因此，利用马速劈砍一直以来都是骑兵最有效的杀伤手段。据出土实物证明，环首刀出现的早期也曾出现过用青铜制造的，但青铜铸造的长刀不适于劈砍，故很有可能是陪葬用的明器，或者专门的礼器。

与影视作品中经常出现的"大片刀"[1]不同，环首刀显得非常细长。就大多数出土实物来看，出土环首刀最大全长可达1.2米，刀条的宽幅都在3厘米以下！那么，如此细长的刀在战斗中难道不容易折断吗？答案是否定的，多数人只看到了环首刀的细长造型，而忽略了环首刀刀刃的厚度。环首刀刀刃最大厚度普遍在8—10毫米之间，作为对比，14世纪欧洲骑士佩剑平均剑刃厚度则为4毫米左右。

在对任何刀剑进行研究的时候，不能割裂使用技法而单独去看型制。可以说，使

---

① 历史上，大片刀是清末民初才大量出现的民造刀具，直系祖先是清代衙役装备的牛尾刀——造型看上去威风十足，实则杀伤力贫弱。与现代警用手枪理念相同：非致死性的警用武器。

用技法是软件系统，刀剑型制是硬件基础，两者必须相互结合才能发挥出最大的杀伤力。环首刀的细长造型隐藏了背后的原理，我们需要从其型制上找到更多信息。

环首刀最大的特色就是长度大、刀条宽幅小，刀背脊厚度大。这些特点不由得让人联想到另外一样兵器——色雷斯逆刃大刀（rhomphaia），色雷斯民族[1]的成名兵刃。在西方，它的大名如雷贯耳；在它的面前，罗马士兵胆战心惊。曾有记载，在几次重要的会战中，剽悍的色雷斯战士奋力挥砍，一刀将罗马士兵的盾牌[2]和手臂一同卸掉。当年逆刃大刀曾经迫使罗马人不得不在盾牌内侧再钉一圈铁条，以避免被色雷斯战士砍得缺胳膊少腿。而这个"成就"，就连一向以蛮勇著称的日耳曼野人都没达成过。

通过对比，我们会发现环首刀与逆刃大刀的设计思路十分近似。虽然刀条宽幅狭窄、体态细长，但刃体厚实得夸张，实际重量也较后世的战刀大，其横截面如同斧头一般敦实，在面对有防护的目标时，其劈砍能力远远强于长剑。汉朝人称赞环首刀："陆断马牛，水击鹄雁。"

不过，早期环首刀还存在着一些问题。最严重的一个问题就是，刀条刃部前后厚度几乎一致，这就不可避免地造成了环首刀重心过于靠前，使用不便。当然技术是不断进步的，国内曾有一位环首刀收藏者，

◎ **色雷斯逆刃大刀**

对其收藏的一把全长约1.2米的环首刀进行了研磨。根据其研磨笔记我们可知：刀体全长120厘米，刃长约90厘米，握柄长度约为30厘米（典型的双手刀剑类型），刀脊最厚处在9毫米上下，然后向刀尖慢慢过渡到5毫米左右，刃部最宽处大概2.8厘米。刀体厚度的变化有效控制了刀整体的重心位置，使得如此沉重的环首刀（比后世的宋代手刀、戚家刀、雁翎刀都要沉重）手感并不"蠢"。

另一个问题是，越长的刀剑，其重心位置越是不可避免地靠前。然而重心太过靠前，就会造成刀剑手感变差，不利于精确快速地出招。一般而言，控制刀剑重心的最简单手段，就是在握柄末端增加一个配重球。但是这样做有两个缺陷：首先，配重球在使用的时候时常会和手腕相互干涉，把剑直直伸向前的时候格外如此；其次，这使得整剑的质量分布更靠近两端而不是中心，这造成了转动惯性大幅增加，刀剑的反应速度因此下降。出于同样原因，18世纪之后的欧洲刀剑不再使用配重球。

---

[1] 西方著名的奴隶起义领袖斯巴达克斯所属民族。
[2] 这也与罗马军团盾牌的设计缺陷有关。为了获得较大面积，不得不削弱一定的防御力，威慑力远比杀伤力更重要。

而历史更加悠久的环首刀，则使用了一个比较隐蔽的方法来解决上述问题：使用较大的根部厚度，向前段逐渐收窄，刀尖变得薄而锋利。实际上环首刀是靠刀条自身的质量分布来控制重心的。这样做的好处显而易见，重心靠后，旋转惯性变小，刀会更趁手——当然，这样做也有缺点：这样的刀身不能做得太大太长，尤其是对单手刀剑而言。不过对于环首刀而言这不是大问题，环首刀是单双手都可以使用的。

环首刀那9毫米（很多现存样本的刀背更厚）的刀背，采用了这样的逻辑，造就了环首刀优良的劈砍手感。环首刀十分适合正反手上撩的进攻招式，这也正是骑兵对步兵最有利的杀伤招式，配合其较大的长度，可以说环首刀非常适合骑兵使用。而环首刀的这个厚度变化影响了东亚后世的各种长刀剑。另外，环首刀的开刃角度大约25度，这个开刃角度在刀具里面算是比较锋利的③。随着冶金与锻造技术的发展，环首刀的劈砍能力又上了一个新的台阶。建安时期的著名才子，堪称文武双全的曹植在其赋中，也盛赞环首刀："陆斩犀象，水断龙舟。"这也是生产技术的发展促进军事水平提高最鲜明的例子。

俗话说"刺死砍伤"，戳刺的杀伤力要远胜于劈砍，尤其是面对穿着铁甲的目标。具备恐怖劈砍力的罗姆菲亚逆刃大刀，同样是一种戳刺能力很强的武器，尤其是其中相对较直的版本，直刺的威力毫不逊色于一把短矛。环首刀，如果我们仔细观察并且认真思考也不难察觉，30毫米的宽度和8—10毫米的厚度，以及窄而厚的刀身、笔直的外形，显然也是利于戳刺的形制。

当然，也有人认为环首刀缺乏明显的护手（或者说刀格），这种形制的刀装不利于猛烈的戳刺，理由是手可能滑到刀刃上去。举个不太恰当的例子，没有护手的水果刀用来戳刺也是很方便的。刀镡的出现更多是出于防护持刀手和装饰上的考虑。

更何况相对水果刀，军用刀剑的握柄更粗更长，同时还有缠绳，更适合使用者的双手稳定抓握。此外，我们也应该注意到，环首刀的刀尖除了常见的几何形状外，也不乏流线型的弧形刃刀尖存在，而这种形状的尖端显然也是为了优化戳刺而特意为之。

另外，国内著名刀剑收藏家皇甫江，曾经对其所收藏的汉代环首刀实物进行过研磨研究与韧性测试。得出结论，由于东汉时期百炼钢技术④的应用，刀的钢材质量十分优秀，所含杂质成分较少；同时刀体韧性优良，在弯曲到30度时依然保持良好韧性！此外，环首刀也运用了局部淬火的工艺，刀身截面各处硬度不同，更利于劈砍与突刺。通过观察我们可以发现：出土的部分环首刀是带有一定反曲的（与后世的刀身向后弯曲相反），这也是环首刀采用了局部淬火工艺的明证：为了保证淬火

---

③ 现代战斗匕首和生存刀一般只开40度的刀锋，菜刀一般开15度的刀锋。
④ 即折叠锻打，可以调控钢材中的含碳量，并将杂质排出。

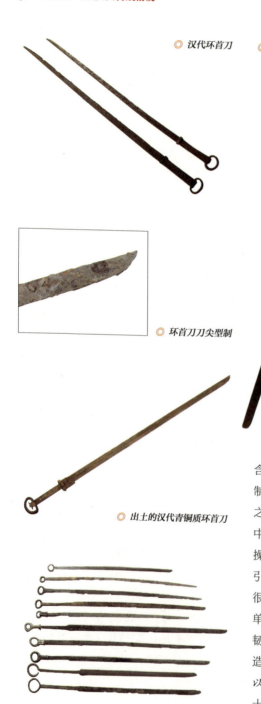

◎ **汉代环首刀**   ◎ **南北朝时期环首刀**

◎ **环首刀刀尖型制**

◎ **出土的汉代青铜质环首刀**

◎ **汉朝到南北朝时期环首刀的演进**

后的成品线条笔直，锻造时专门为淬火而产生的变形留有余量。

中国的冶炼技术在进入南北朝时获得了巨大的进步，尤其是相对富庶的北齐。据《北史·卷八十九》记载，侍奉过北齐神武皇帝高欢的道士綦母怀文，发展出了全新的制钢技术——灌钢法，又称宿铁法："其法，烧生铁精，以重柔铤，数宿则成钢"。这种方法是将生熟铁条交替夹杂，以泥封闭放入炉中加热，利用生铁熔点较低的特性，将生铁液熔渗到熟铁中，然后再加以锻打，即可得到品质精纯的钢材。这种方法可以很好地控制钢中含碳量的多少，可以得到不同性能的钢材：制作刀刃的高碳钢、制作刀背的低碳钢。与之相对比，虽然炒铁法也可以在冶炼过程中控制铁的含碳量，但十分依靠工匠的经验，操作困难，成品率低。另外綦母怀文造刀时引入了夹钢工艺包钢："以柔铁为刀脊"，很好地解决了在只有碳素钢材的情况下，单一材料性能不能同时满足长刀在硬度与韧性之间的矛盾要求。同时，他还在刀剑锻造工艺中使用了双介质淬火剂，即刀剑"浴以五牲之溺，淬以五牲之脂"，使得北齐武士可以装备上"斩甲过三十札"的神兵利刃。说来有一点颇为有趣，魏晋北朝时期，有几位名人很喜欢用环首刀的刀环来打人。其中就包括了北齐皇帝高洋，其酒醉后的一大消遣就是用刀环殴打他的大臣、弄臣以及奴仆。

高洋统治时期，北齐政府曾铸造发行质量很好的"常平五铢"钱。一般在动荡的时期，各种滥铸私铸的劣质铜钱甚至是质量更差的铁钱泛滥（魏晋南北朝时期尤甚），民众多以物易物；只有政治相对清明、经济相对发达、国家控制力稳定的时期，官府才会铸造发行优质金属铸币。常平五铢钱正是这一时期北齐强大国力的体现：政府不但拥有充足的物资储备，也控制了大量精通金属加工手艺的优秀工匠。更何况从三国时期开始，邺城就以发达的手工业著称。

总之，在统治者的重视与优秀工匠的辛劳的共同作用下，可以说每一位北齐的"百保鲜卑"甲士，都披挂着整个北朝时期最坚固的铠甲，手持锋利无比的环首刀与长槊，宛如神话故事中的神兵天将。"百保鲜卑"骑兵不但拥有最优良的铠甲与武器，还能骑乘最好的战马。北齐官府一直保有一些面积不小的专用军马场。《北齐书·卷十七》记载，名将斛律光曾经抵制佞臣穆提婆侵占马场："此田神武帝以来常种禾，饲马数千匹，以拟寇难，今赐提婆，无乃阙军务也？"

来自坞堡和部族的职业武士

从上面的介绍可以看出，我国南北朝时期的甲骑具装和欧洲中世纪骑士有一个最大的相同点——武装两者的花费都是十分巨大的，不仅要置办整套武器铠甲，还需饲养战马与乘马至少各一匹。这样的花费基本等同于一座坞堡（城堡）治下领地数年的产出。

换一个角度来看，五胡十六国和南北朝的具装重甲骑兵与欧洲的中世纪骑士，有着近似的经济基础。

在南方，经济制度以地主庄园经济为主要表现，这一点与欧洲骑士生存的条件可以说完全相同。要阐述清楚这一点就需要回溯到两汉时期了。众所周知，西汉的强盛建立在国家拥有大量自耕农的基础之上。汉武帝时期的频繁征伐导致国力消耗过度，大批的自耕农破产不得不依附于"豪强"势力[1]。尽管西汉自建国起就大力打击豪强，采取严刑峻法，甚至不惜重用酷吏，动辄采取"夷三族"[2]的措施。然而豪强如

① 西汉王朝自建立之初就严厉打压豪强势力，其中比较著名的事件就是汉武帝诛杀灌夫、窦婴。《史记》中对灌夫的描述是"家累数千万，食客日数十百人。陂池田园，宗族宾客，为权利，横于颍川"，可见灌夫家族在地方势力之强横。灌夫家族所在的颍川郡，正处于汉朝统治核心的中原腹地，而非天高皇帝远的边远地区。豪强是先秦时期贵族的遗存。秦末混战中，旧时代的大贵族们已然消逝，许多小贵族们虽然丧失了贵族的称号，却躲过了浩劫。同时，很多在楚汉战争中立下战功的汉军军官们，因战功获得土地成为地主。秦的统治太过短暂，对贵族势力的打击力度不够，而上千年的贵族统治传统，让民众在耳濡目染中，只要获得一定经济实力，就会去追求贵族时代的经济特权与政治权力。这些新旧小贵族们，也就是所谓的"豪强"，没有贵族之名，而有贵族之实。他们利用自己在地方的经济力量，与汉朝政府的官僚机构争夺控制地方的政治权力，必然会被政府所打击。
② 汉代三族指父族、母族、妻族，涵盖了一个人的所有血亲，比后世的诛九族还要酷烈。

同春天的野草一般，烈火烧之不尽，风吹又生。终于，新莽之末改朝换代时的大血战中，豪强势力摆脱了被政府打击的命运，一跃成为实质上的国家统治者，在东汉之际发展为门阀士族。

东汉政府军初期可以说是一支豪强地主联军，其成分复杂致使东汉政府不得不依靠其势力来维系统治。在军事上，东汉郡县政府的贫弱导致其无法组建并供养法理上的地方军。同时，大量的土地、财富与劳动力被豪强门阀掌握，官府控制下的户口流失，也使得东汉政府丧失了实行西汉时期广泛征兵制的基础。地方权力的相对真空，导致豪强门阀逐渐加强了自身的经济与军事实力。事实上，汉末三国战乱从一开始就是各门阀、军阀、豪强势力之间的混战。

后汉三国时期，曹魏帝国的创始人曹操，一生致力于对世家门阀势力的压制。他期望国家政权能够恢复到西汉时期的样子，中央在整个社会占据绝对权威的地位。然而世家大族一直进行着反扑，最终夺权篡位建立晋朝的河内司马家族，就是当时世家门阀中的佼佼者。曹操所创立的九品

◎ 汉墓中出土的明器陶坞堡模型

中正制的命运，正反映出士族的反击：由不拘一格选拔人才的捷径，转化为了士族大家把持人才选拔的工具。

西晋短暂的统治在八王之乱与五胡乱华的战火中崩塌，司马睿在南迁士族的支持下，联合南方士族，建立了东晋。如前面章节所说，"王与马，共天下"实际的意义是，政权是皇家与其他士族门阀共同建立的。司马主祭，士族主政——司马氏皇族作为大义上国家权威的象征，门阀士族则共同组建了维持国家机器日常运作的政府机构。在某种程度上，这样的情况类似于一种民主制度的萌芽。只不过这民主只限于门阀士族之间，和平民百姓们毫无关系。最终这些虚幻的民主，在流民帅孙恩领导的大暴乱中破碎。数百座坞堡被攻克，江南士族一蹶不振，淝水之战中的英雄谢琰也战败被杀。刘裕那个出身于流民的北府军小兵，借平乱平步青云，后又借平灭恒玄的机会逐步掌握军政大权，最后成了南朝宋的开国皇帝。

士族统治的根据在于庄园经济的繁荣，而这种地主庄园经济与封建时代欧洲的经济体制几乎如出一辙。士族的坞堡①就是贵

---

① 我国传统民居中的"客家土楼"，堪称魏晋南北朝时期坞堡的现代活化石。当然，作为坞堡的直系后代，现存于山西省内的那些始建于明末的宗族城堡，例如晋城市阳城县内著名的"皇城相府"，其面积更大，防御设计更加完备。明末乱世中，这些城堡甚至在李自成数万大军的围攻之下仍屹立不倒，远胜那些孙恩之乱中被攻破的前辈。

族领地中的城堡：平时，士族成员居住在坞堡之内管理庄园，佃农辛勤劳作供养士族的悠闲生活。遭遇战乱，士族家族成员与依附于士族的荫户佃民依靠坞堡自保。坞堡既是士族们的居所，又是士族统治地方的根基。

虽然在表面上，国家政权是由政府建立的官僚体系维持运作，但实际上，官僚都是出身于各世家大户的贵族子弟，政权为士族暗中掌控。九品中正制也是这种条件下的产物，士族垄断了知识的传承，把持了任命官职与人才选拔的途径，占据着政府职位，形成了一套有中国特色的封建制度。

举一个直观的例子，书圣王羲之出身琅琊王家，历任秘书郎、宁远将军、江州刺史，后为会稽内史，领右将军（这也就是王羲之被世人称为王右军的原因）。可见士族子弟不但充任封疆大吏，在朝中为官，还身兼军职掌握了国家武力，整个封建国家政府为士族充斥。

士族控制着国家政权的同时，也掌握了国家的军权。作为当时战斗力最为强悍的甲骑具装，自然不会被士族放过，也只有士族才能以财力武装起一名甲骑具装武士。能够充任甲骑的必然也是世家旁支子

○ 皇城相府。整座城池依山而建，分内外两城，建立起了一套在冷兵器时代堪称最为完整的防御体系。内部的高墙大院，也将城市内部划分成了一个个相对独立的小空间。这样的设计不但有利于巷战防御，还能防止火灾的蔓延。照片最中心的河山楼也是最后防御的核心，当城池被攻破之时，这里就是守卫者最后的依仗。每个楼层都有窗口可向外投射火力，楼层之间也便于梯次防守。河山楼共有七层，其中地下一层十分隐蔽，能够储存大量粮食，并挖有水井，据说水井之下还隐藏有一条逃生地道

◎ 南朝甲骑

弟以及最为忠诚的家仆（即"客"），只有他们能够在饮食上摄入足够的营养，形成精壮的体格。为了保护这些世家子弟，家族也会花费巨大财力为之装备优质盔甲。虽然我国古代一直以来对盔甲管制颇为严格，不许私人持有，但对于世家而言，保存几套盔甲并不是不可能的事情。军队的装备由国家提供，但国家的实际权力掌握在士族手中，士族子弟自然是充当军官的第一人选，为军队配发装备时，自然也会对士族子弟倾斜。

北方的情况与中世纪欧洲更为接近：原来的"蛮族"[1]进入了文明核心区，迅速吸收了文明地区先进的技术。在战场上取得了对"文明国家"的胜利后，在政治上则出于自身的惯性，没有直接采用国家官僚体系制度，而继续沿用了自身的"贵族政治"体系。"蛮族"刚从部落社会的时代走出来——酋长和勇士们用武力建构了

政治的权威、垄断了资源的分配。这也就是贵族的起源，没有那么高贵，也没有什么神圣性，更没有美丽的童话故事，有的只是冰冷的武力。

北朝的贵族政治体系，在其官职架构上已经透露出了底细——领民酋长、第一领民酋长这样的官职屡屡出现于史册。相对于南朝由士族门阀建立的统治体系，北朝的统治根基是各个游牧部落的联合体，与未南迁的汉族门阀之间时而对立，时而合作。东晋十六国时期，北方经常如流星般崛起一个国家，而后也如同流星一般陨落：羯族的石赵、慕容鲜卑的燕国、短暂统一北方的前秦……这些国家崩溃时总是那么迅速，只需要一次失败。比如淝水之战中，前秦损失掉了苻坚家族最为核心的兵力，无力压服被征服民族；而其他氏族贵族早已不满苻坚，自然会坐视前秦的崩溃。与前秦一样，其他少数民族政权也仅仅依靠一个强大的部族以实力笼络同民族的小部族建立国家，征服其他的民族。

直到北魏王朝建立后，北方势力中才真正地建立了一套完整军政体系，以稳固统治，消除本族内部的部落关系，凝聚力量。同时，北魏也联合了未南迁的汉族坞堡势力，保证了根据地的稳固。北魏政府实质是拓跋鲜卑贵族与其他民族贵族的联合，其中鲜卑贵族占据了绝对的优势。北魏军队初期实行的是兵民合一的部族兵制，军队以拓跋部鲜卑人为主体，吸收其他部族。

---

[1] 相对罗马，日耳曼、高卢算是"蛮族"。

平时军队分部别居，由各部落酋长率领，战时则被动员一同在拓跋氏的旗帜下作战，比如尔朱荣曾经就任第一领民酋长的职务。战争中，部族自然要为最勇敢的战士提供最好的装备，胡汉贵族们有经济优势，自然其家族拥有最多的战士。这些人也就是甲骑具装的天然兵员。

北魏统治扩大到中原以后，军队分为中兵、镇戍兵和州郡兵。中兵亦称台军，主要担任宫廷及京城的宿卫，也是对外作战的主力，有羽林、虎贲、宗子、庶子、望士等名号，以领军将军为最高长官，下有幢将、羽林中郎将等。镇戍兵是为保卫边防而设置的，初时仅设置在北部边境（比如最后覆灭了北魏的六镇兵），后来扩展到南部边境。镇相当于州，设镇都大将、都副将、大将、将等军官；戍相当于郡，设戍主领兵，一般由郡守兼任。从行政上看，镇戍体制是一套与州郡民政体制相对应的军管体制。各镇、戍大小不一，兵额不等，多则数万，少则千人。在镇、戍之间，有的还设防一级组织。州郡兵，置都尉统领，是诸州所辖的、维持地方治安的部队，有时也奉皇帝调遣出征或充作镇戍兵。

北魏后期出现兵户，它包括：充当中兵羽林、虎贲的鲜卑族人，镇戍边防的鲜卑族人，中原强宗子弟，迁配为兵的罪人及其家属（比如高欢的先祖"坐法徙居怀朔镇"），叛逃被追回后迁至内地的北方少数民族，一部分被征服的南齐地民户。

兵户丁男终身为兵，世代相袭，社会地位低于民户，生活艰难，"役同厮养"。同时，汉族民户也要定期轮番服役，最初主要充当诸戍的戍卒和诸防的防人，后来也常并入中兵。

北魏军队中，部族兵的给养由各部自行掠取。中期以后，中兵、镇戍兵靠朝廷向州郡征收军粮，统一供给，同时实行屯田积谷。编制上，北魏军队最大的编制是军，设军主一人，下辖兵力千人左右；每军下设两到三幢，每幢数百人；幢下为队，每队百人上下。高欢就在迎娶娄昭君后"始有马，得给镇为队主……自队主转为函使"[2]，可见最基层的步兵军官队主和函使级别相差不大，而且都要自备马匹。这一点在《木兰辞》中也有反映，更反映出了北朝军队保留了大量游牧民族的军事习惯。读过《战场决胜者：冷兵器时代》的读者可能还记得书中关于古代军队编制情况的内容。可以看到，北朝军队的编制方式并没有偏离古代的一般规律，还可以看出另一个情况，北魏在建立稳固统治后，军队中步兵所占比例较大。

结合上文所提到三燕墓葬中的情况，我们已知每名甲骑武士会被配属数名"苍头"骑兵作为辅助，而这些苍头骑兵则同时还可以充当步兵队主的角色。那么在最理想的状态下，一名甲骑具装武士可以直接统领数名骑兵，还能间接地统领为数可观的步兵。在战场上，甲骑武士不但是最

---

② 见《北史·卷六》。

精锐的战士，更是最重要的中低层军官。如同西方的骑士，甲骑武士是整个军队最核心所在。史册只记住了甲骑的数量，而忽略了尘土飞扬下默默无闻的步兵们，实际上这也是封建时代战场上的惯例。北齐军制直接沿袭北魏，军队同样没有固定军饷，战争结束后皇帝给予赏赐，平时也需要自主经营产业。总之，北魏的府户兵与后来的府兵制，看似继承了西汉的全民征兵制，但在根本上还是部落社会的部族兵制。这一点主要继承自北魏的"府户制"，其特点是兵农分离，鲜卑人当兵打仗，汉民从事农业为朝廷提供税赋。高欢进一步继承了这种思想——"其语鲜卑则曰：'汉民是汝奴，夫为汝耕，妇为汝织，输汝粟帛，令汝温饱，汝何为陵之？'其语华人则曰：'鲜卑是汝作客，得汝一斛粟、一匹绢，为汝击贼，令汝安宁，汝何为疾之？'"[1]当然，这种简单的说辞无法掩盖这种制度所带来的民族压迫和矛盾。在北朝当兵，尤其是当骑兵，需要自备马匹，这点我们在隋唐的府兵制中也可以看到；士兵需要自备一定的装备，这也都是游牧民族部族兵制的遗留。在旧部族中，战士需要自备武器，盔甲也是家传的，只有部分消耗品可能会由部族组织一起生产、储存与配发。

据《北齐书·卷十七》记载，名将斛律光在宜阳之战得胜归来时，出现这样的情况："军未至邺，敕令便放兵散。光以为军人多有勋功，未得慰劳，若即便散，恩泽

◎ 北齐甲骑陶俑

不施，乃密通表请使宣旨，军仍且进。"显然，北齐军制也保留了相当多的游牧民族部族兵制的遗存。战争结束，皇帝颁发赏赐之后，军队就会被解散，甚至战斗还没结束时也会如此。例如唐初统一战争中，消灭王世充的战役中，唐将寻相因嫌战事艰难而私自退兵。他对自己统领的府兵说："我是你等衣食父母，你们都要听我的命令。这仗打完了，我们就回家去。"可见此时的国家对府兵的控制还必须依托开府将军。这也是古代贵族社会的通例——"我领主的领主，不是我的领主"。这可能是造就甲骑具装强大战斗力的经济与社会基础所带来的弊病吧。

邙山上的铁猛兽

那么，"百保鲜卑"到底有着怎样的战绩，堪称魏晋南北朝时期甲骑具装中的佼佼者呢？这一切要从北齐与"百保鲜卑"

---

① 见《资治通鉴·卷一百五十七》。

◎ 深受北朝甲骑影响的高句丽甲骑盔甲

的建立者高洋说起。

高洋，可以说是南北朝时期最为复杂的一个皇帝。虽然他在执政后期暴虐无度，极尽奢侈，最终饮酒过多而暴毙，但高洋年幼时大智若愚，与西方亚历山大大帝留下了同样的"乱者斩"的典故。在其兄高澄被杀事件中，其行为令人怀疑他才是幕后的真凶。他作为北齐开国之君，在位初期励精图治，怀有圣主气范，积极发展军备，四方征伐，让北齐成为后三国中最为强盛的国家。

天保三年（公元552年）正月，高洋亲自率兵讨伐代郡库莫奚获胜。

天保四年，高洋亲自带兵讨伐契丹。大战中，齐国甲骑以强悍的战斗力击败了剽悍的契丹，尤其是高洋本人身先士卒，与军士同甘共苦取得了大胜。

天保五年，柔然人进犯肆州，高洋再次亲征。柔然人听闻齐国大军来援，战斗失利后仓皇而逃。这一次高洋还是亲自带着自己的千余百保鲜卑甲骑卫队突击在前。路途中，高洋和百保卫队遭遇了柔然别部数万大军[②]的围逼。高洋神色自若，指挥若定，齐国甲士奋勇战斗击溃了包围的敌军。这也是我们文章前面提到的那个著名战例。

总之，天保元年到天保六年这几年间，高洋亲自带领着自己一手组建的精锐百保卫队北征柔然、奚、契丹等北方游牧势力，在草原与大漠之中播散了自己的威严，也显示出了甲骑具装在面对游牧民族骑兵时的强大战斗力。

至于真正体现"百保鲜卑"战斗力的，莫过于发生在北齐河清三年的第三次邙山之战。这次大战可以说是北朝末期战役规模最大的一次主力对决。从北周完成军队

----

② 以草原民族的习惯，各部是分别行动，缺乏统一指挥。柔然主力虽然退却，但一个别部的大部族还滞留于战区。

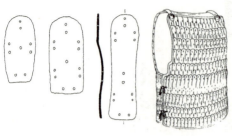

◎ 骑兵裲裆铁甲复原图

动员、十月出征洛阳开始算起直到十二月战役结束，期间历经五十余天。交战范围从长城重镇的晋阳到黄河以南的豫州，可以说战场跨度涵盖了整个齐周两国边境线。同时，因为突厥方面的异动，北齐也在北部边境线上投入了相当多的兵力。

自从武帝宇文邕即位以来，北周就对北齐、南陈两国保持着咄咄逼人的进攻态势。为覆灭最主要的对手，北周朝廷制定了"三道伐齐"之略。在战略层面上，公元564年，北周的重大军事行动实际进行了一年时间：从年初杨忠与突厥联手在武川破口，到主力袭略至北齐核心地区——晋阳，同时还在晋南方向上出兵牵制；再到当年十月，北周方面动员全国所有可用兵力三道齐出，直至邙山会战。就战略策划与兵力调配而言，北周方面的计划真的只能用完美来形容。

然而天时不如地利，地利不如人和。在之前两次会战中周军总是被兵力并不占优的齐军击败。其中将领兵法运用娴熟固然重要，但齐军重甲骑兵超群的战斗力才是会战胜利的关键。兵力处于绝对劣势，然而号令严明、灵活机动的战术让甲骑的战斗力发挥到了最大。在突袭周军营地时，甚至以弱势总兵力形成了局部的"以多打少"。

虽然《北齐书·卷十七》中记载："是年冬，周武帝遣其柱国大司马尉迟迥、齐国公宇文宪，柱国庸国公可叱雄等，众称十万，寇洛阳"，但我们还是要来简单地估计一下北周一方实际在洛阳地区投入的总兵力。

首先，我们已知《周书·卷十一》中对周军总兵力部署的情况是这样记载的："于是征二十四军及左右厢散隶及秦陇巴蜀之兵、诸蕃国之众二十万人。十月，帝于庙庭授护斧钺。出军至潼关，乃遣柱国尉迟迥率精兵十万为前锋，大将军权景宣率山南之兵出豫州，少师楼出轵关。护连营渐进，屯军弘农。迥攻围洛阳。柱国齐公宪、郑国公达奚武等营于邙山。"可知，北周方面倾举国之兵力，共出大军二十万。其次，结合司马裔的传记我们可知，杨楔出轵关的部队只是周国驻守晋南方面的地方军（即史书中提到的"散隶"），兵力仅有一万人（"诏楔率义兵万余人出轵关"）——年初晋阳会战时，达奚武也仅仅是率兵三万在晋州方向与斛律光对峙，其兵力构成包括了达奚武麾下府兵及司马裔等下属的地方军。在本次战役中，达奚武的府兵被配属于洛阳战区，所以轵关方向的兵力只会远远小于三万。然后是率领山南兵的权景宣部，估计其兵力也不超过五万。

周中路主力出潼关。按照战役任务划分，洛阳盆地内的周军可以分作两个重兵集团：尉迟迥直属洛阳围城集团，达奚武、宇文宪、王雄诸部为邙山阻援集团。我们可以推断：第一，尉迟迥直属兵力按照《周书》的说法是"十万"；第二，达奚武、宇文宪、王雄并不受尉迟迥直接指挥，那么周军的兵力就要超过十万，三人麾下府兵在五万左右（参照晋阳战役达奚武直属府兵该有两万）；第三，周军最高统帅宇文护坐镇弘农，维持关中出潼关到洛阳之间的交通线，并保留一定直属兵力。

根据上述推测，潼关至洛阳一线的周军兵力在十五万以上，按照出征距离，为保障大军出征，同时参照隋唐府兵制对单个军府兵力的规定，战兵与辅兵比例应该在1：2左右，那么精锐战兵则有五万。当然辅兵也是正规军人，虽不如战兵精锐，但也具有可观的战斗力，尤其是凭借营寨坚守时。但是周军却在北齐骑兵的突击下全部垮了！究其原因，《周书·卷十一》上的总结是："护本令堑断河阳之路，遏其救兵，然后同攻洛阳，使其内外隔绝。诸将以为齐兵必不敢出，唯斥候而已。值连日阴雾，齐骑直前，围洛之军，一时溃散。"

这里出现了一个疑问，为什么周军会"不做设备"，我们需要重新回到地理上来思考。在观察地图时，我们总是站在"上帝视角"来审视战役的经过，但是很多线索必须以和当年两军将领相同的视角来观察才能看到。

以站在黄河岸边从北向南看邙山的状态看地图，我们就能明白为什么齐军的突袭让周军如此意外了。按照常理，以浮桥渡黄河进入洛阳，只能走河阳道过大和谷才行——其他位置上基本都是绝壁，难以通行大军。周军只需要驻扎邙山，封锁几条路口就完全可以保证阻援的成功。当然周军也可以积极一些，将邙山与黄河之间的小块冲积平原作为预设战场。历史上，周军的行动曾经更加积极，直接进攻北齐扼守的河梁南城（修筑于黄河浮桥南端的小堡垒，是控制黄河浮桥必须占据的要点），意图直接将齐国援兵堵截在黄河以北。可惜此战，北周失利以致保守避战，丧失了对齐军渡河的预警。

按照周军的预想：如果齐军主力轻率渡河，走河阳道往洛阳推进，会直接暴露出齐军原本兵少的弱点。河阳道南靠邙山北依大河，只有中间一点空间可供部队进攻。这样势必会打成添油战术，落入周军的圈套，在这个战场上正是周军步阵发挥威力的好地方。即使北齐甲骑们能够突破周军在河阳道的阻截，也会因为损耗过大，失去解救洛阳的能力。

然而自从东西魏前两次邙山大战以后，来自关中的军队已经有很多年没有进入过洛阳盆地。齐军将领却对邙山地形了如指掌，知道一条可以登上邙坂的秘密通道。于是齐军利用连天大雾的天时，偷偷登上了邙坂。此举让齐军占据了会战的主动权，齐军列阵于邙坂之上，则可引邙山周军步军上山作战，待其力弱则可破之；若周军不上邙坂，北齐方面则可以偏师牵制，主力骑兵利用这个缝隙直冲到洛阳城下去；若周军后退，则可以甲骑逐之。

此次，也是北齐三杰（即北齐后期三大名将：段韶、斛律光、高长恭）第一次联手出场。邙坂之上，齐军大阵分为左中右三阵。根据之前谋划，段韶的左军负责

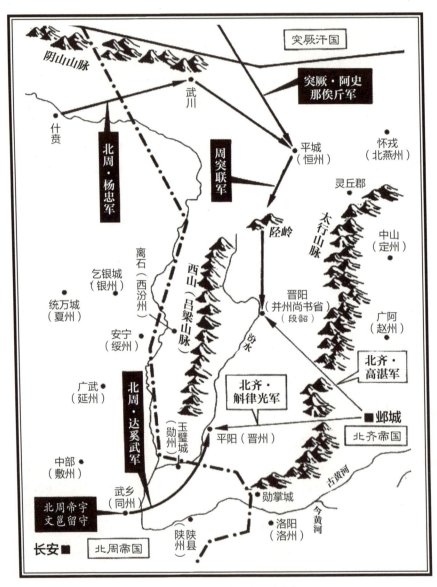

◎ 公元563年北周突厥联军入侵北齐

初战打通邙坂、大和谷至洛阳一线的进攻路线，为齐军战术机动作战争取空间，扫清进攻路径中的障碍。斛律光右军则要不停地袭扰驻守邙山各处的周军各营，保证齐军侧翼安全。此战段韶虽为统帅，然其从晋阳兼程而来，麾下兵力只有一千精骑（并州甲骑）。而斛律光自晋州率精锐来援，但因属地防御需要留足守备力量，不能调集过多兵力，主要率领的也是骑兵。中军高长恭率邺城大军，步兵甲骑俱备，甚至还带来了著名的"百保鲜卑"甲士，兵力最为雄厚，可担当主攻任务，负责击败周军围城集团。

会战过程中，在初战冲破周军防御后，兰陵王又两次突击才冲破周军封锁，直达金墉城下。通过会战的过程也可以看出，单纯的骑兵冲击还是难以有效击破严整的步兵军阵。兰陵王在金墉城下被围时，北齐骑兵更有可能是下马步战的。下城的弩手用强弩射击使得周军步阵受到严重干扰，北齐骑兵才能重新上马发起冲击，最终击败周军步兵。

当然在兰陵王以五百骑入阵之时，他从邺城率领来的大军也在外围配合作战。尤其是北齐步兵发挥了重要的作用，建立了稳定的战线，防止本阵发生此前河桥之战中出现的乱局——骑兵难以建立稳固战线，为对方反击冲破各队间隙所分割。同时也正是由于邺城步军的奋战，兰陵王方能纵马入阵。

总体来看，此战中齐军骑兵很好地发挥了自身的优势，在诱敌和进攻中机动作战，瓦解了周军步兵的阵形，还击败了周军骑兵的反击。周军由于过度相信自身的兵力优势，反倒被各个击破。

然而，甲骑具装在此战中还是暴露出了自己的缺点。兰陵王发动了两次突击才冲破北周步兵军阵，这一点与高洋在肆州会战中，齐国甲骑冲击游牧骑兵时摧枯拉朽的情况完全不同，可见甲骑冲击绝对不是可以一招吃遍天下的撒手锏。战场上甲骑并非万能的，防御作战中骑士需要下马步战，这实际上是对甲骑的极大浪费。不同兵种拥有不同的优势，战役中需要发挥自己的优势去打击敌人的劣势，才能取得胜利。

当然本战中的齐国甲骑，也打碎了很多关于重甲骑兵的谣言：机动力差，速度慢，只能在小规模的战争中发挥作用。

首先，从晋阳来援的段韶部精锐铁骑说明了甲骑的战略机动能力并不差，一人多马的配置完全可以解决这一问题。后世的辽代甲骑与欧洲骑士也采取了同样的办法：骑士拥有战马一匹、乘马数匹，行军时骑乘马，临战才换乘战马，当然其成本也很高昂。战役机动性上，甲骑依然不弱，登上邙坂以及接下来从邙坂冲击一路冲至洛阳城下都需要克服地形上的崎岖（同样的地形让周军步阵解体，可见地形崎岖）。从初战的诱敌，到会战中扫荡洛阳周营，齐国甲骑是依靠高强度机动作战以实现局部的兵力优势，完成战略上的以少胜多。

齐国甲骑在北地与奚、契丹等族的对战中，完全没有出现"被草原轻骑兵用弓箭放风筝战术所轻松击败"。相反，甲骑有利的冲击直接将组织松散的草原骑兵击

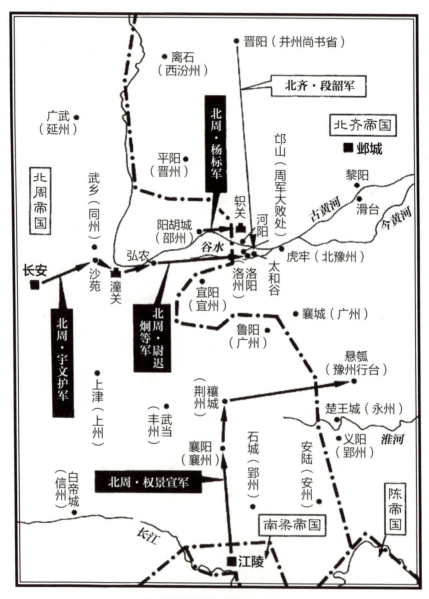

◎ 公元564年北周三路大军东征北齐

溃，如同高压水龙冲刷的泥土墙壁，在洪流的穿刺下崩溃。在邙山会战中也可以看到，甲骑对地形的适应能力并不比步兵逊色太多。邙坂初战，具装骑兵用更灵活的战术击溃了周军步阵（当然，由于地形与天时的因素，周军步阵在运动中逐渐破碎）。可见重甲骑兵绝非用途单一的玩具，而是适应能力强、战斗力十足的精锐部队。

几次战役中，北齐百保鲜卑甲骑都以少抵多而取得大胜，可见其战斗力之强悍。因此才会说，百保鲜卑是整个魏晋南北朝时期甲骑具装中的佼佼者。

不过与西方封建社会缺乏武器管理制度不同，我国封建律令国家对一些武器装备有着严格的管制。比如唐代法律规定陌刀、长槊、盔甲、弩这几种装备不允许私人持有，凭借对这几种武器尤其是对铠甲的管制，政府军队对其他武装势力有着绝对的装备优势。北齐也同样不允许私人大量持有弩与铠甲，这点可以通过斛律光被冤杀一案看出。《北齐书·卷十七》曾记载："家藏弩甲，奴僮千数，每遣使丰乐、武都

◎ **北齐甲骑陶俑**

处，阴谋往来。若不早图，恐事不可测。"可见私藏一定数量的弩、甲无论在什么时期，都可以被视作谋反的证据，尤其是权贵。

结合《木兰辞》与唐代府兵制，我们可以看出南北朝时期，封建国家对武器装备的管制逐渐增强。这一点也正反映出了我国古代社会的发展趋势：由贵族社会转为律令国家，军队日益国家化，军事物资管理日益严格，文武官体系分流。这似乎也预示着建立在贵族社会基础上的甲骑具装时代的黄昏。

唐玄甲骑兵

文 龙语者

"大漠孤烟直，长河落日圆。萧关逢候骑，都护在燕然。"

与汉朝军事的发展风格相似，拥有多达七十万六千匹军马的骑兵帮助唐朝开创了中原王朝骑兵最繁盛的时代。唐朝骑兵无论是规模、铠甲、披甲率，以及战马的饲养、引进与杂交都与当时世界上军事最先进的帝国——拜占庭帝国与波斯萨珊帝国同列。骑兵使得唐朝成为中国历史上最具备开拓、探索与包容精神的王朝，同时，骑兵也在不断的对外作战中担任当之无愧的主力，迎来中华帝国的盛世。这些既精锐又庞大的骑兵队伍，其基础来源于唐朝开国皇帝李渊与李世民的精心建设。他们在初唐时代组建的那些骑兵部队中，最具盛名的莫过于李世民麾下那一千名铠甲与战袍均为漆黑色的精锐骑兵——玄甲军。率领这支精骑的军官们都是人们耳熟能详的传奇武士——秦琼、程咬金、尉迟敬德（尉迟恭）。关于这支骑兵虽然记载不多，但其战果辉煌惊人，经典战役便是虎牢关之战。

虎牢关前的胜利者

公元 7 世纪 20 年代，拜占庭帝国与尚未完成统一的唐帝国，这两个仅存的文明古国继承者正为生存而不断征战。拜占庭帝国一系列的军事内乱与政变刚刚被平息，宣告了晚期罗马帝国最后一个历史阶段的结束，结果立刻就要面对来自北方阿瓦尔人与东方波斯萨珊的入侵。特别是强大的萨珊帝国，趁宿敌拜占庭人内乱之机，其以贵族超重装骑兵为首的强大军队在小亚细亚连战连捷，兵锋甚至进抵博斯普鲁斯海峡。

与此同时，在东方，唐帝国经过同数个隋末军阀的艰难血战，已经在山西、陕西一带站稳脚跟。现在唐统一中国北方的道路上有两大障碍：一是盘踞河北、建立大夏国、拥兵十数万的窦建德，二是占据河南洛阳、拥有隋朝遗留精锐军队的王世充。其中王世充通过击败瓦岗军首领李密，收取了瓦岗军的部属并建国立号为郑。

唐军决定倾注全力向中原进军。为了此次重要的军事行动，唐廷不惜与北方的突厥人暂时和好，以此终于获得了向河南洛阳进击的最好时机。

可以说，这也是一个充满英雄气概的时代。公元 621 年，曾临危登基、一举整顿内乱的东罗马帝国皇帝希拉克略为同时应对阿瓦尔人与波斯萨珊帝国入侵，正计划在第二年进入亚美尼亚地区。未来的整整一年，他都将在这个新建的军队与士卒们同甘共苦，并用整个夏季来训练新锐骑兵，以对抗来自东方的波斯萨珊帝国的凶猛入侵。

东方的唐帝国，也正计划以这支装备精良、身经百战的精锐军队统一中国。名将李靖率领一支军队进攻盘踞湖北的萧铣。唐皇帝李渊的次子秦王李世民，仿佛与拜占庭的希拉克略交相呼应一般，也是当时唐军最富经验与威望的统帅，或许还是整个远东最充满英雄气概的军事指挥官。他于公元 620 年 8 月率领五万大军，从山西向洛阳进击，执行摧毁河南王世充势力的作战计划。

王世充派遣各部总计三万人以防备

◎ 唐军骑兵（中间三人为马匹不披甲的重骑兵）

唐的进攻。当唐军先锋将领罗士信率领先头部队包围了慈涧时，王世充则亲自带领三万兵马救援慈涧。期间李世民亲自带领一支骑兵，前去侦察王世充军情，突然遭遇王世充的军队，双方人数相差悬殊，地形又很险峻，但李世民依靠个人的勇武和唐军的作战素质，反而在遭遇战中击败了王世充的先头部队，并抓获了郑军一员将领。次日，李世民率领的五万步骑主力到达慈涧。王世充则撤除在慈涧的防守，返回洛阳，进行收缩防御。

李世民立即派行军总管史万宝自宜阳向南占据伊阙龙门，派将军刘德威自太行向东包围郑河内郡，派上谷公王君廓从洛口切断郑军的粮草运输线，派怀州总管黄君汉从河阴进攻回洛城。唐军主力则驻扎在洛阳北面的北邙，连营进逼洛阳。

唐军的进展速度非常快，至9月，已经连续击败郑军的防御，切断了郑军的补给线，并且在洛阳附近建立了环形的围城工事。同时，李世民派遣他的将领向四周州县攻击，以极快的速度攻克了周边地区的大量堡垒与州县，洛阳周边地区相继宣布归顺唐军。秦王李世民相机行事，命归附的各州县的官吏仍用王世充所任命的官员，不作变动，安抚人心。

不过，王世充毕竟掌握着一支隋朝留下来的精锐军队，自然不会在补给被切断的情况下坐以待毙，当李世民带五百骑兵巡视战区地形时，王世充率领步骑兵一万余人到达。战斗中，王世充的骁将单雄信用长槊直刺李世民，但唐皇子麾下最负盛名的勇士——尉迟敬德展现了他恐怖的力量和作战技巧，驱马冲锋用长矛刺单雄信于马下。秦王与尉迟敬德的五百骑兵竟然在王世充军阵中来回冲杀，如入无人之境（王世充的军队可能并未全部到达）。当

◎ 唐太宗李世民（当时是秦王）

唐朝将领屈突通率领后续支援部队赶到后，唐又再次击溃了郑军，生擒了郑军的将军陈智略，杀死了一千多名郑军士兵，并俘虏了六千名装备长矛与盾牌的步兵。

至公元 620 年底，由于战局不利，已经有大量的郑军将领率领士兵转而投奔到了唐军这边。王世充必须将剩余兵力集结做决死挣扎。公元 621 年，郑军从洛阳向唐军发起反击。唐军将领行台仆射屈突通、赞皇公窦轨带兵巡行营地，遇到王世充亲率军队攻击，唐军遭遇了失利。

但此时，李世民亲自率领唐军最精锐的骑兵"玄甲军"——军服与盔甲均为漆黑色的一千名精锐骑兵前来增援，与前来迎击的郑军骑兵展开了激烈的骑兵战。最终，玄甲军大败王世充的骑兵，并俘获王世充的骑兵将领葛彦璋，俘虏歼灭了六千多人，王世充溃逃回洛阳城内。

这是玄甲军在史籍上的第一次亮相。《资治通鉴·卷第一百八十八》这样记述这支强悍的军队："秦王世民选精锐千余骑，皆皂衣玄甲，分为左右队，使秦叔宝、程知节、尉迟敬德、翟长孙分将之。每战，世民亲被玄甲帅之为前锋，乘机进击，所向无不摧破，敌人畏之。"至于玄甲军到底是轻骑兵还是重骑兵，或是重骑兵中的"突骑兵"，还是半具装重骑兵，还是全具装的超重装骑兵，后面会有专门的分析。

公元 621 年 3 月，李世民将军营转移到青城宫。唐军还未修好壁垒，王世充就率二万军队冲出洛阳方诸门，发动突围，试图凭借旧马坊的墙垣沟堑，靠近水抵御唐军。当时唐军诸将有些惊慌。李世民让精锐

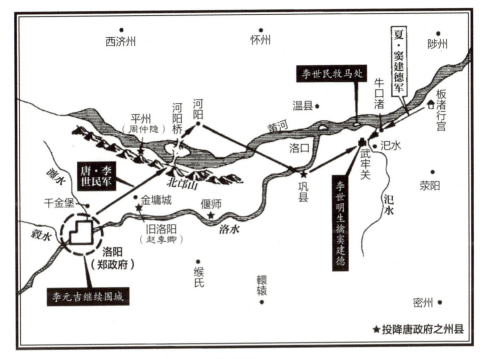

◎ 虎牢关之战

骑兵（很可能玄甲军也在其中）在北邙山列阵，自己则带领轻骑兵，登上北魏宣武帝陵观察郑军的动向。他说："王世充已处境窘迫，倾巢而出想侥幸打一战，今日打败他，以后他便再也不敢出战了！"

于是李世民命令唐将屈突通率领五千步兵过谷水进击王世充，并告诫屈突通道："军队一交锋立即放烟为信。"待到起烟，李世民带领骑兵向南冲击，身先士卒，与屈突通汇合兵力奋力战斗。战斗中，李世民想了解王世充军阵兵力分布情况，率几十精锐骑兵冲入敌阵，一直冲到敌阵背后，不可阻挡，杀伤很多敌人。不久因长堤所限，李世民和众骑兵走散，唯有将军丘行恭跟

随着李世民。几名王世充的骑兵追上来，李世民的坐骑中箭倒毙。丘行恭调转马头向回骑，射击追赶的郑兵，并且箭无虚发，使得追兵不敢向前。之后丘行恭下马将自己的坐骑让给李世民，自己在马前步行，手执长刀跳跃大吼，连杀数人，最终冲出王世充军阵，回到唐军大部队。王世充也率领部下进行殊死战斗，军队几次三番被打散后又集合起来。鏖战从上午直至中午，王世充的军队才退走。李世民则挥军追击，直到城下，这次又俘虏歼灭了郑军七千人。

在这次反击突围被击破之后，王世充已无法发动大规模的突围战。此后李世民的唐军一直包围着洛阳城，但作为长期"东

都"，洛阳的城防非常坚固，城内郑军的防御武器也非常精良。其中郑军拥有射程达到两百步的投石机，以及射程达到五百步、八张弓合在一起的巨型床弩，这些武器都给唐军造成了不小的伤亡。李世民四面攻城，昼夜不停，十几天未能攻克。城中先后十几次有人想打开城门接应唐军，均没有来得及发动就被郑军发现杀死。因此在城外野战唐军总是击溃郑军，但唐军却无法攻克洛阳城。

这样，本来连战连捷、士气高涨的唐军将士都疲惫不堪，想回关中。总管刘弘基等人请求班师回朝，李世民则说："如今大举而来，应当一劳永逸。洛阳以东各州已望风归服，唯有洛阳一座孤城，其势已不能持久，成功在即，怎么能放弃而回朝呢？"于是下令全军："洛阳不破，决不回军，再有胆敢提起班师的一律斩首！"众人这才不敢再提班师一事。李世民的父亲李渊听说后，也下密敕让李世民还军，但在李世民和一部分朝臣的坚持下，最终李渊还是听从了李世民的建议让他继续坚持攻击。

李世民的军事威望与力排众议的决心让疲惫的唐军继续保持围攻——这无疑是正确的。洛阳城内部补给恶化的状态一直持续到了冬季，所有的食物价格飞涨。到了公元621年3月，百姓把草根树叶都吃光了，就一起澄取浮泥，放入米屑做成饼吃。吃了这种饼后很多人生病，身体肿胀、脚跟发软，城中到处都是饿死的士兵和百姓，这让郑军的

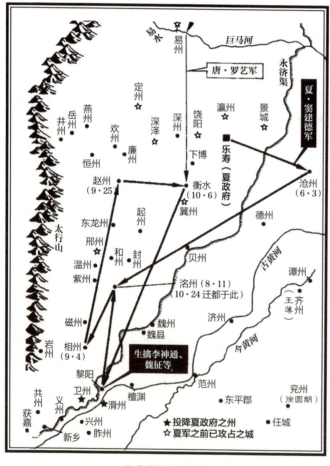

◎ 窦建德的前期扩张

士气降至冰点。

但军事突围并不是王世充最后的希望。其实在与唐军进行了几次外围遭遇战后，王世充就知道，自己的军队无论是数量还是作战素质都要逊色于唐军。因此在公元620年底，他就向河北的窦建德发出了求救信号。窦建德则决定集结一支庞大的军队前往洛阳，援助王世充。

公元620年底，河北的窦建德已经击败了一支由孟海公率领的武装力量，并尽收其部属。援助王世充的夏军人数非常庞大，拥有十万至十二万人的兵力。他们接连攻陷了荥阳、阳翟等县，水陆并进。为这支大军提供补给的大量船只和车辆，向西溯黄河而上。窦建德亲自领兵，并打着三十万人的旗号，企图在气势上压垮对方。

窦建德此次兴兵毕竟声势浩大，导致李世民的将领们产生了分歧。一部分将领，诸如屈突通等，认为要避开窦建德的兵锋；郭孝恪与记事薛收都认为应该分兵迎敌，而主帅李世民也是这个意见。"世充兵摧食尽，上下离心，不烦力攻，可以坐克。建德新破海公，将骄卒惰，吾据武牢，扼其咽喉。彼若冒险争锋，吾取之甚易。若狐疑不战，旬月之间，世充自溃。城破兵强，气势自倍，一举两克，在此行矣。若不速进，贼入武牢，诸城新附，必不能守；两贼并力，其势必强，何弊之承？吾计决矣！"[1]

秦王同时也拒绝了屈突通请求解除对洛阳的包围圈、以全部兵力迎击窦建德的提议。李世民将军队分成两部分，以屈突通等协助齐王李元吉继续围攻洛阳，他自己则率领三千五百名最精锐的骑兵向东部开赴虎牢关，扼守住这一重要关口，阻挡住窦建德大军的进击。这三千五百名骑兵中的一千名就是精锐中的精锐——玄甲军。

虎牢关在今河南省荥阳市汜水镇境内，它作为洛阳东边的门户和重要关隘，因西周穆王在此牢虎而得名。虎牢关南连嵩岳，北瀕黄河，两岸是悬崖和陡壁，山岭交错，大有"一夫当关，万夫莫开"之势。在英国著名战史研究家格拉夫口中，这是一个"中国版的温泉关"。虎牢关在洛阳以东96公

◎ **虎牢关遗址**

----

① 见《资治通鉴·卷第一百八十九》。

里处，三千五百名骑兵中的快速骑兵在李世民的亲自督促下很快赶到了关口。接着，后续骑兵也纷纷赶到。窦建德的大军若想从东向西通过黄河，必须在大军无法展开的情况下与李世民的精骑交战。

公元621年3月，李世民率领其中五百名骑兵，视察窦建德的营地。秦王本人就是射术非常出众的勇士，而拥有恐怖力量和战技的尉迟敬德就护卫在他的身边。不久他们和窦建德的散兵发生了遭遇战，李世民持弓杀死了夏军的一员将领和几名士兵，尉迟敬德也用马槊杀死了十几名敌军。二人率军将夏军引入包围圈内，唐军一齐冲出，杀死了数百名敌军，并俘虏了夏军两名骁将。对此李世民豪气冲天，对身边的尉迟敬德发出了"吾执弓矢，公执槊相随，虽百万众若我何！"这样的豪言壮语。

窦建德被关卡后面的唐军挡住无法展开，于是扎营在16公里之外的平原地带。夏军的多次进攻都被关卡的城墙挡住而无法取得进展，李世民则派遣王君廓率领一千多骑兵抢夺了窦建德的运粮队。就此，夏军士兵们士气渐渐低落，人心思归。窦

◎ 现代剪纸艺术中唐初猛将尉迟敬德的形象

建德身边的谋士凌敬则提出了一个意见，希望窦建德改变攻击方向，出动全部兵力渡过黄河，攻取怀州、河阳，派重兵守卫，主力则翻越太行山，进入上党，占据汾州、晋州，奔赴蒲津。这样做有三点好处：一是进入无人之境，取胜可以说是万无一失；二是开拓了领土好招收兵马，国势更加强盛；三是关中的唐朝廷受到震骇，郑国洛阳之围自然会解除。窦建德准备按照凌敬的建议行事，但是王世充连续不断地派人来告急。王世充之前派到夏军里的使节王琬、长孙安世也日夜哭泣，请求窦建德援救洛阳。他们又暗地里用金玉收买窦建德手下的将领，阻挠凌敬的计划。于是诸将都说："凌敬是个书生，哪里懂得打仗的事，他的话怎么能听呢？"最终窦建德向凌敬道歉说："现在大家士气很高，这是上天在帮助我，趁此机会决战，必定能大胜，不能照您的建议办了。"凌敬再三争辩，窦建德不高兴，命人把他架了出去。窦建德的妻子曹氏对他说："祭酒凌敬的话不能不遵从。现在大王趁唐国空虚，从滏口连营渐进夺取山北并、代、汾、晋等地，又借助突厥的军队向西抄掠关中，唐军必然回师自救，还用担心郑国的东都之围不解吗？如果在此地停顿不前，磨灭了士气，

消耗了财力，要想成功，就没有日期了！"窦建德说："这不是女人能懂的！我来救郑，郑如今处境很危急，就要亡国，我弃他而去，是畏惧敌人而背信弃义，不能这么做。"

对于这一段，国内历史学家普遍判断这个"背信弃义"很有说辞之嫌。而以庞大兵力直接击败李世民，趁机入主富饶的洛阳，顺便把王世充这个早已被唐军打得衰弱不堪的势力也一起吞并，可能才是窦建德的真实目的。因此他自然不愿意听从妻子和谋士凌敬的建议去"抄掠关中"。这样一旦唐军回防，他也只能退兵，付出十万军队远征的庞大开支却不能实现占据洛阳的野心，他当然不愿意。

英国战史学者格拉夫对此的补充也很有意思。他认为，窦建德另一个不愿意转移攻击方向的原因是他也做不到。因为他军队的成分和唐军不同，这支庞大的军队是由大量被吞并的各个割据武装所暂时凑集起来的。特别是孟海公的军队，更加不被信任。如果在士兵们士气转为低落的状态下改变攻击方向，很可能造成军队在行军中哗变或分裂，因此凌敬的策略也并不一定是真正切实可行的。对窦建德来说，他也不愿意冒这个险，只有继续依仗人多势众攻击虎牢关。

有一件事情窦建德虽然判断错误，但也是符合逻辑的：夏军每天都在应付十几万大军的后勤开支，而拖延将造成洛阳城弹尽粮绝投降唐军，这样对唐军有利。所以他认为李世民率领的这支"小军队"在虎牢关阻击是为了拖延，直至他被迫退兵，而速战则对自己有利。

但这位大夏皇帝没有注意另一件事：唐军也不想拖延！唐王朝通过称臣和纳贡暂时性获得了雄踞草原的突厥汗王的支持，但谁也说不准这个条约在什么情况下会被背弃。现在唐军同时在征伐洛阳和四川，已经几乎是倾巢出动。如果一旦情况失去控制，留守在关中的少量唐军既无法抵抗北方突厥骑兵的侵袭，也无法面对窦建德的"抄掠关中"。确实，李世民也判断窦建德会继续攻击虎牢关，但窦建德还是有可能听取谋士和妻子的意见，转而冒险攻击关中。但积极主动是李世民的人生信条，他并不想让未来被动地由命运来操纵。哪怕是一点儿可能。窦建德显然轻视了李世民个性中的主动性和唐军这支"小军队"的真正实力，李世民决定给予对方错误的信息，让命运的方向完全操控在自己手中。

5月底，李世民向北渡过黄河，从南面逼近广武，侦察敌情。他有意留下一千多匹马，在黄河边放牧以引诱窦建德，而他则于当晚返回武牢。

5月28日，李世民期待的时刻到了。窦建德果然倾巢而出，从板渚出牛口列成战阵，北靠黄河，西临汜水，南连鹊山。十几万大军确实声势浩大，连绵十几公里，擂鼓前进，喊杀声震天。

这种场面十分骇人，让唐军诸将都十分惊慌。李世民带几名骑兵登上高丘观察敌阵，并对将领们说："敌人从山东起兵，还没有碰见过强大的对手，如今身涉险境却很喧嚣，是没有纪律，逼近城池排列战阵，有轻视我们的意思。我们如果按兵不动，

◎ 唐军骑兵的冲锋复原图（根据敦煌壁画绘制，杨翌绘）

他们的勇气自然就会衰竭，列阵时间一长士卒饥饿，势必就会自动撤退，我们再追上去攻击，必然会取胜。我和各位相约，一过正午，肯定能打败他们！"

当时窦建德轻视唐军，派三百骑兵涉过汜水，在离唐营一里的地方停止。派人通报李世民说："敢不敢挑选几百名精兵过来交锋？"李世民派王君廓带领二百名长枪手应战。双方相互交锋，骤进骤退，最终不分胜负，各自返回营地。

这时，窦建德将领王琬骑着昔日隋炀帝的坐骑青骢马，铠甲兵器都很新，远离阵前向众人夸耀。李世民说："他骑的真是匹好马！"尉迟敬德请求去夺马，李世民制止他说："怎么能为了一匹马损失一员猛士呢？"尉迟敬德不听，和高甑生、梁建方一起骑马直冲入敌阵，活捉了王琬，牵着他的坐骑奔回唐营。

由于之前提到了李世民及其麾下武将勇力的事迹，这里就顺带提一提《隋唐演义》中的描写与史实的关系。《隋唐演义》中前十二位好汉诸如李元霸、宇文成都、罗成等等都是虚构的，或是并无此人，或是有各种原型进行艺术加工。其实根据历史记载，诸如秦琼、尉迟敬德就已经是那个时代最强的战将。根据当时的习惯写作手法，《隋唐演义》将李世民立为道德典范，而文武策略、战场拼杀都必须非常依赖麾下的能臣武将，这个是不符合实际的。"仁者不带兵"，当战争需要，李世民会毫不犹豫地展现出他冷酷无情的一面。只是他并不滥杀、嗜杀而已。此外，论武艺与马术，特别是箭术，李世民也是可以居那个时代强者之列的。所以史书上经常记载他亲临战阵并热衷于战斗，用榜样的力量来激励唐军奋勇作战，而不完全是在后方组织与协调军队。

唐军与夏军从清晨对阵一直到中午，夏军由于挑战失败，士气继续低落，而中午也出现了大量口渴与疲劳的迹象。"士卒饥倦，皆坐列，又争饮水，逡巡欲退。"[1]

李世民命令将领宇文士及带三百骑兵经过窦建德军阵西边向南奔驰，告诫他："敌人如果不动，你就带兵返回，如果动了，就领兵东进。"到窦建德阵前，敌阵果然动了。显然，士气低落的夏军开始躲避宇文士及的攻击。

李世民立即下令把更多的精锐骑兵集中在窦建德已经有动摇迹象的左翼上。李世民率先出发，大军跟随在后，向东涉过汜水，直扑敌阵，开始总攻击。窦建德的军队由于猝不及防，加上疲惫，已经出现了部分的崩溃，但其精锐骑兵还是进行了有效的对抗，掩护形势窘迫的窦建德后撤靠近东面的山坡。该处处于汜水流域东部的悬崖地区，是一个不错的防御地形。

同时由于窦建德骑兵数量众多，唐军的骑兵突击稍显不利，李世民立即命令其他骑兵支援。唐军淮阳王李道玄挺身冲锋陷阵，直冲出敌阵后方，又重新返回冲入

---

① 见《资治通鉴·卷第一百八十九》。

阵中，几番进出，身上聚集的箭像刺猬毛一样，勇气仍然不减，向窦建德军阵连续放箭。一时间战场尘土飞扬遮天蔽日，血腥的格斗达到了白热化的地步。

而夏军防御阵地的转移付出的代价是造成了较大的混乱。李世民现在决定出动自己的王牌，他亲自率领最精锐的一千名玄甲骑兵，在程知节（程咬金）、秦琼等悍将的伴随下对窦建德的军阵发动最后的猛烈冲击。玄甲军们卷起旗帜，一直等到骑兵冲锋穿透了整个夏军的军阵直达悬崖附近，才在夏军的阵后展开之前卷起的唐军大旗。窦建德的军队本来就士气低落，现在看见唐军的旗帜纷纷飘扬在自己的阵后更是惊恐万分。这时，从侧翼迂回的唐军骑兵也已经到达，和玄甲骑兵进行合击，窦建德大军迅速全面崩溃。

根据统计，有三千多名夏军在唐军的冲杀中被直接杀死，五万名以上的夏军被唐军俘虏，李世民当天就遣散了这些俘虏，让他们返回家乡。窦建德则被长矛刺中，一直逃到牛口渚躲避。唐车骑将军白土让、杨武威追逐窦建德，窦建德落马被俘。

窦建德大军溃败的消息很快传到了洛阳，早已筋疲力尽的王世充于6月4日投降。虎牢关之战的伟大胜利让唐军在一场战役中打垮了两个强大的对手，再加上唐名将李靖在南方的胜利，使得唐王朝统一天下已经没有任何悬念。三千五百名精锐骑兵（应该还要加上本来虎牢关的守备军）击溃十二万大军，这场中世纪早期骑兵的经典战例，可载入世界军事史册，也是李世民个人军事生涯的最高峰。

轻、重装骑兵的迷思

整个虎牢关之战已经结束，现在可以展开讨论"玄甲军"的属性了。因为对此的直接记载并不多，特别是关于装备留下来的细致资料更不足，因此，对于"玄甲军"是轻骑兵还是重骑兵众说纷纭。那么我们就从历史记载、同时代世界军事史的其他史料以及同时代论述装备战术的军事手册来做分析。

第一是先划分清楚"轻"与"重"的标准，第二是分清楚时代对"轻"与"重"的影响，第三是要清楚"轻""重"间转换的灵活性。

在讨论玄甲军为"轻"或"重"骑兵之前，首先要确定轻与重的标准。中国很多原始史料经常将人马俱甲、甲骑具装的骑兵才称作"甲骑"，而其他的都归为"轻骑"（其实西方古代原始史料也一样出现类似记载混乱的问题）。现代一些资料就直接使用这些古称，这个分法笔者个人认为是比较简单粗糙的，而且背离了现代国际上军史的分法，也不宜做比较。

在西方世界，只要骑手本人有较完备的防护，拥有较强的突防能力，并且在战场上以突击作战为主要方式的骑兵，都可算作重骑兵，并非一定得"人马俱甲"。亚历山大大帝以突击见长的"伙伴骑兵"，其马匹几乎都不披马铠，但依然是标准的重骑兵。公元2世纪之后的罗马帝国重骑兵军团，人员往往装备较为重型的环片甲、大盾及长矛长剑，但马匹仍不披甲，也是标准的重骑兵。马镫时代后，法兰克骑兵作为西方重骑兵的代表，诸如与唐同期的墨洛温王朝或加洛林王朝骑兵，大部分重骑兵的马匹仍不披铠甲，这个习惯甚至一直保持到神圣罗马帝国的14世纪。

公元6至11世纪，拜占庭帝国将扎甲与锁甲时代的具装骑兵战术发挥至顶峰，但即使这样，拜占庭庞大的骑兵队伍中依然是马匹不披甲的重骑兵比具装的骑兵多得多。公元11世纪来自北欧的诺曼重骑兵，由于率先采用了与高桥马鞍结合的"站立式冲刺"技术，革新了西欧重骑兵冲锋战术，这种以"能将巴比伦城墙洞穿"的强大冲击力而闻名的重骑兵，马匹依然是不披甲的。从12世纪开始，作为西方重装骑士的代表，诸如圣殿骑士团、耶路撒冷骑士团，往往马匹也仅披着一层马衣。甚至到了中世纪后期乃至文艺复兴时期早期，西欧板甲开始普及，也经常有骑士一身哥特或米兰的全身精良板甲，但马匹却没有任何保护，然而这也是标准的重型骑兵。因此，

是否为重骑兵不应由马匹是否披挂铠甲来划分。

按标准，7世纪左右的重骑兵应该分为"突骑兵""半具装骑兵""全具装骑兵"。其中突骑兵大部分是坐骑完全不披铠甲，以保证奔袭的灵活、速度、持久性；骑兵自身则身披重铠，以便能在较为激烈的战斗场合生存。骑兵携带的武器往往既有具备强力突击性质的马槊、长矛、骑枪，也有适合近距离砍杀的长剑、直刀、曲刀、钉锤、战斧等兵器，双重突骑兵还装备弓箭、标枪或梭镖。

半具装骑兵的武器与突骑兵没有太大的不同，但马匹则在重要部位，比如马首、当胸披挂保护的铠甲。马铠可能以皮质，也可能以金属或皮质金属结合的方式构成，以保证马匹在冲击以及近身肉搏时的安全，当然，半具装骑兵的长距离奔袭机动性不如突骑兵。至于全具装骑兵，则是马铠对

◎ 与唐同时代的法兰克王国加洛林时代的重骑兵，马匹并不披甲

◎ 革新了西欧重骑兵冲锋方式的诺曼骑士，马匹也并不披甲

坐骑进行全方位的保护。除了马腿，几乎整个战马与骑手都包裹在金属或皮质组成的保护罩中，这些骑兵在战场上往往完全不惧弓箭与标枪的射击。全盛时期的全具装重甲骑兵，诸如公元10至11世纪的拜占庭具装重骑兵，则可以面对敌长矛阵时冲锋，完全以马铠碾碎对方的长矛。当然这种骑兵的组建成本也最高，机动性也最差。拜占庭军队教科书《军事学》《战术》则明确提出这些全具装骑兵不要去追击敌军，以节省马匹的体力。

◎ 最右边是拜占庭著名的"双重重骑兵"，既可冲击也可射箭，这位的马匹也不披甲

但无论是唐朝还是同时代的欧洲及西亚，昂贵的全具装骑兵数量都是较少的，当时欧洲与西亚能够成一定规模长期保持全具装精锐骑兵编制的国家，也仅有东罗马帝国（拜占庭）与萨珊帝国；此外就是之前的魏晋南北朝时期的中国。不过即使是这样擅长与习惯使用全具装骑兵的国家，诸如全盛时期的公元10至11世纪的拜占庭帝国，他们的突骑兵数量也远大于全具装骑兵。当时拜占庭的一个骑兵军阵拥有六千多名骑兵，其中五千五百多名"突骑兵"，具装的超重装骑兵是五百零四人，仅是普通重骑兵的十分之一。同时代大部分西欧国家，诸如法兰克或是哥特人，他们的重装骑兵几乎（不算个别精英人员或高阶的军事指挥者）都是马匹完全不披挂铠甲的，但在编制中，他们仍被计算为重骑兵。

那么，7世纪早期的唐骑兵盔甲在同时代是否能算是"重装"呢？

我们再来看唐骑兵的装备。如前面章节所说，在公元14世纪欧洲水力落锤锻造技术出现之前，中国的锻造技术还是具有较高水准的。《唐六典·卷十六》记载："甲之制十有三：一曰明光甲，二曰光要甲，三曰细鳞甲，四曰文山甲，五曰乌锤甲，六曰白布甲，七曰皂绢甲，八曰布背甲，九曰步兵甲，十曰皮甲，十有一曰木甲，十有二曰锁子甲，十有三曰马甲……今明光、光要、细鳞。山文、乌锤、锁子皆铁甲也。"

唐军的盔甲中最主要的是金属扎甲，部分在胸前、背后有大型或小型的圆形或椭圆形铜质或铁质甲板，从当时的世界标准来看，是标准的重型铠甲。

唐初期这些加装甲板的扎甲，还没有像唐中期那样完全形成自己的风格，士兵腹部也如胸前一样加装圆形护具，但比起南北朝时期和隋朝，还是有所改进。一个显著的特点就是编缀金属扎甲甲片的甲裙要更大，为骑手大腿部分提供更好的保护。在唐代盔甲的资料中，胸前拥有较大护心镜的造型往往见于雕塑，而胸前护心镜较小，但扎甲甲片重叠交替覆盖全身的盔甲，往往来自壁画。现代认为实际作战时后者在唐军中的装备数量更高些。

很多唐军的重装士兵，也披挂没有护心镜的金属扎甲。公元 7 世纪左右是中国金属扎甲发展的一个高峰，宽阔交叠的金属甲片覆盖全身，提供了完备良好的防护，同时期突厥人或中亚草原民族也开始流行这一样式。唐军扎甲有巨大的软甲护颈，护颈被称作顿项，大得足以把前面的喉咙完全包裹，护住了嘴至锁骨的部分。但唐军似乎锁子甲的比重并不高，不像拜占庭或萨珊的精英骑兵那样给予颈部硬甲（诸如锁甲）保护。

当然，波斯萨珊帝国在护颈上更极致，部分军事精英人员还加装了铁面具保护脸部。但我们也要看到，由于制度问题，萨珊帝国的贵族武士与平民士兵的装备差距极大，平民士兵往往无甲或披轻甲，完善的护颈防护和铁面具仅是极少数高级军事

◎ 唐初时代的明光甲

◎ 唐军中使用更普遍的明光甲，护心镜小而扎甲部分更明显

人员甚至将领的装备。而唐军宽大的护颈则应用于普通卫士（当然是装备良好的军队），最为著名的记载在壁画记录上出现，诸如唐初公元643年"长乐公主墓仪卫图"上普通重装士兵的盔甲样式。

唐代重扎甲除了胸腿重点防护外，作为头盔的兜鍪、护颈的巨大护项、作为肩甲的披膊、保护前臂的护臂，都非常齐全。这样的盔甲和同时代欧洲、西亚、中亚的相比也算是拥有相当强的防护力。同时代西方法兰克重骑兵一般也是一层重型的鳞甲或锁子甲。就连以防护见长的普通拜占庭重骑兵（也就是突骑兵），基本上也就是一层重型扎甲或锁甲。当然，比起穿着锁甲内衬、外部加挂重型扎甲或鳞甲、拥有两层防护的拜占庭帝国具装重骑兵或是波斯萨珊王朝具装重骑兵，唐军的盔甲略逊，但也不失为拥有良好、全面的防护。

而10至11世纪初的拜占庭超重装骑兵已经发展至三层甲，最外层还有一层可脱卸的棉甲，同时头盔的链甲护颈也采用多层链甲披挂绕至前方，只露出双眼，可谓达到了板甲时代之前"高度重装"的极限。但那时与唐代差了三百至四百年，拿来与唐初骑兵对比就有失公允了。并且当时中国正是宋金时代——中国重装骑士的另一个高峰时代。

有不少人对"欧洲重甲骑兵"的印象是公元14世纪水力落锤锻造技术在西欧普及后，在公元14至16世纪穿着全身板甲，甚至战马也披挂全身板甲马具，腋下夹着重型骑枪的重装骑兵。由法国国王组建、以城市绅士为核心的精英骑士部队"敕令

◎ 拜占庭军队公元10至11世纪达到顶峰的超重装具装骑兵，比唐朝晚了三百至四百年

骑士"成为那个时代重骑兵的代表。不过那时火器时代已经来临。

就公元7世纪的重骑兵长柄兵器来说，无论是在西方的法兰克王国，或是横跨亚非欧的拜占庭帝国，或是再向东方的波斯萨珊帝国，都是使用骑枪或马矛。唐帝国也一样，《唐六典·卷十六》记载："枪之制有四：一曰漆枪，二曰木枪，三曰白干枪，四曰朴头枪。（《释名》曰：'矛，冒也，刃下冒矜也。长八尺曰"槊"，马上所执。'盖今之漆枪短，骑兵用之……）。"至于骑兵所用短兵器，法兰克、拜占庭与萨珊则多数采用长剑，而唐骑兵多使用刀。而骑兵远程武器，唐与当时的拜占庭骑兵更类似，注重"双重骑兵"，意味着即使是重装骑兵，也经常会装备弓箭进行作战，如《唐

六典·卷十六》所说，"今长弓以桑柘，步兵用之；角弓以筋角，骑兵用之"。

因此，身穿完备的铁质重扎甲、拥有格斗冲击用的马槊或长矛，以及砍杀用的马刀的唐骑兵，即使马匹不披甲，也应被统称为重骑兵。而这些骑兵，在唐军中并不少见。以英国学者格拉夫对唐军骑兵考证的情况为例，"唐军骑兵拥有非常完备与优秀的盔甲，虽然他们大部分不喜欢给马匹披挂装甲，以保证骑兵的灵活性与速度。唐军也拥有人马俱甲的重型骑兵，只不过这种骑兵在唐军中规模不大"。

因此，"唐军用轻骑兵淘汰了隋朝的重骑兵"这种论断就显得很片面了。从古至今，从未有"轻骑兵"淘汰了"重骑兵"之说。在中世纪时代，往往是社会成分与军事制度就消除了"轻"与"重"的分歧。无论中西方，富有的阶级绝不会放弃给予自己良好的保护，所以不存在谁会"淘汰"谁。

不要说像唐王朝这种中原王朝，就连长期居住在草原上的那些以骑兵机动性为核心的"草原帝国"民族，也没有用轻骑兵"淘汰"重骑兵。依然是社会成分与军事制度决定着他们的差别：草原斯基泰人

◎ 15世纪后期西欧连人带马身穿精良哥特板甲的具装骑兵，比唐朝晚了八百至九百年，不宜对比

是"具装重骑兵"的始作俑者；早期突厥骑兵中则既有属于贵族的"阿斯卡瑞"重骑兵，也有属于苏丹奴隶的"古拉姆"重骑兵（因为是宫廷奴隶所以装备非常好），被分封的小贵族们也往往服重型弓骑兵役，被称作"伊克塔"，均为军中的精英部队。

作为"草原帝国"的顶峰，蒙古帝国西征之时已经到了公元13世纪早期，军阵中60%的先锋骑兵均是人员不披甲或是仅披挂皮甲的轻骑兵。当然他们可以用遮天蔽日的箭雨来弥补近身战的不足，主要承担的是诱敌、远距离掩护、斥候警戒、侦查、追击等任务。40%的重装骑兵则既可以用强弓来射击，也装备着长矛、狼牙棒、马刀等武器来进行肉搏。这些重装蒙古骑兵，有的马匹披甲，有的马匹不披甲，并不刻意区分。骑手的穿着也就是完备的金属扎甲或鳞甲，与唐军的骑兵相仿。无论在编制还是在作战方式上，他们都属于蒙古重骑兵。而且，这些蒙古重骑兵的防护一点也不比同时代的西方对手差。诸如当时的各罗斯公国、匈牙利、波兰等等。

甚至"唐军用快速重骑兵淘汰了隋朝具装骑兵"这种论调也不够准确。因为，从雕塑、出土文物、复原图等资料来看，唐朝从未淘汰过具装重骑兵，只是"将普通重骑兵与具装骑兵的比例分配调整得更加合理，以适应当时的战争需求"。就如

◎ 蒙古重骑兵，远处为蒙古轻骑兵

前面章节所说，唐统一后，不着马铠的突击骑兵逐渐替代掉了具装重骑在战场上的核心地位。我们上面也说过，即使以铁甲具装骑兵为招牌的拜占庭帝国，在全盛时期的骑兵军阵中，普通重骑兵与具装骑兵的人数比也达到了 10：1。

从记载来看，"玄甲军"是唐军精锐骑兵中担任重要突击任务的骑兵，基本可以判断不会属于轻骑兵了。那么它究竟是属于"突骑兵"型的快速重骑兵，还是半具装重骑兵，还是全具装重骑兵呢？我们再从同时代世界战例记载以及留下来的军事手册来分析。为了准确，我们尽量进行同时代的对比，时间段限定在欧亚大陆普及马镫之后，西欧站立式冲刺技术发明之前，欧亚大陆均以扎甲、鳞甲、锁甲作为主要重甲的时代。

历史上明确记载有成建制"玄甲军"参战的记录只有两条，都是在虎牢关战役前后，第一条就是前面说到的李世民与王世充的交锋。

可以对比拜占庭的《军事学》第二章第六条，拜占庭军中有种骑兵可称为"奔行者"（Prokoursatores），也属于"突骑兵"，在六千名骑兵中占了五百人，担任前线首次打击的任务。如果敌军弱，则就地加以歼灭；如果敌军是主力，则引进来，以阵后三个骑兵单位反击，一千名突骑兵于两翼护卫，保证最凶猛的五百零四名全具装铁甲重骑兵作为主导进行反击，对引入之敌进行歼灭。

同理，玄甲军就是唐军骑兵的主导，其他骑兵之前的各种机动均是为了让玄甲军顺利反击，而在正面骑兵战中玄甲军有如此大的优势，这不能不让人怀疑玄甲军是一种具装骑兵。至少其对马匹头部、胸部都有完备的保护。具甲最有价值的部分是当胸，可以保护马匹暴露且脆弱的正面，另外一个是面甲，因为击打马脸很可能造成战马受惊，这两个装置并不会增加重量

◎ 左为唐朝普通重骑兵像，中间与右均为唐朝具装骑兵像

到拖累战马的程度。结合同时代战例来看，在具装骑兵与普通重装骑兵的近身格斗中，在士兵素质与其他装备相当或差距不大的情况下，往往具装骑兵要占很大优势。

公元530年，著名的达拉会战中，波斯萨珊以最精锐的超重装全具装骑兵——不朽军，对拜占庭军队的左翼发起猛烈的冲击。拜占庭军队也以自己的具装铁甲骑兵迎击。虽然当时萨珊具装骑兵在装甲上更胜一筹，但因为对方也是具装骑兵，无法快速击溃对手，而拜占庭具装骑兵则坚持抵抗，一直拖延到右翼取得胜利之后对萨珊具装骑兵进行有效的合围，从而取得了胜利。如果是普通重骑兵，可能已经被波斯不朽军迅速击溃了。

在公元1167年的瑟尔米乌姆会战中，拜占庭对阵匈牙利，匈牙利以数量占优的重骑兵发动了排山倒海的攻击，但匈牙利的重骑兵多为马匹不披甲、人员披挂重甲的冲击型骑兵，他们的攻击被拜占庭人数少得多的全具装精锐重骑兵所阻挡，拜占庭重骑兵"挥舞着恐怖的钉头锤砸得匈牙利骑兵纷纷落马"，直接阻挡了匈牙利骑兵的全线冲击，给己方重步兵歼灭敌军创造了条件。

当然这不足以说明玄甲军就是半具装或全具装骑兵，因为玄甲军在骑兵战中的胜利也可以以"士兵素质高、士气高、马匹质量好"等多种理由来解释（虽然据记载王世充的军队作战素养并不差），那么我们再来分析玄甲军的第二次出现。

第二次则是对窦建德时。当时唐军对其军阵进行最后的"向心突击"，一千玄

◎ 唐军重装士兵，巨大完善的护颈是其扎甲的特色

甲骑兵直接冲击穿过窦建德十几万大军阵型，并从夏军后方展开唐军的旌旗，夏军则全面崩溃。

需要注意的是，在最后冲击时刻唐军所做的铺垫——《资治通鉴·卷第一百八十九》记载，"世民命宇文士及将三百骑经建德陈西，驰而南上，戒之曰：'贼若不动，尔宜引归，动则引兵东出。'士及至陈前，陈果动，世民曰：'可击矣！'时河渚马亦至，乃命出战"。

请注意这三百骑兵的动作，再对比先前提到的拜占庭军制中一种被称为"奔行者"的骑兵所做的事情。他们担负的是骑兵中自由人的位置，通过来往奔驰诱敌、扰乱并即时侦查敌军。当他们的行动达到这些效果，并确认了对方战场指挥官的位置之后，拜占庭军中的具装铁甲重骑兵就出动了。根据《军事学》第四章，"检查并观察敌军指挥官在什么地方，以让楔形阵的铁甲具装重骑兵锁定他，而我们的楔形阵的前列必须以正确的阵型冲击粉碎敌人指挥官的所在位置，敌人将会被制服转而

溃退"。

很显然，无论是玄甲军或是拜占庭的楔形具装骑兵队伍，都是在其他骑兵已经对敌阵进行多方诱骗、侦查、扰乱等多项举措之后，进行最后的迅猛突击用的。"锁定敌方指挥官"意味着这次冲击将摧毁敌人的指挥系统，使敌军指挥官无法在战场上有效地再次协调和指挥部队，以达到击溃对方的目的。在这里，虽然玄甲军的最后冲击与此异曲同工，我们的祖先貌似想法更灵活一些。因为李世民命令骑兵们"卷起旗帜"，等一直冲到窦建德大阵之后再全部展开，这样即使没有真正摧毁窦建德的指挥系统，也能让夏军认为"自己的指挥系统已经被摧毁"，而让唐军认为"敌军已经被击溃"，从而己方信心更强，而夏军军心大乱，达到唐军的击溃战效果。

虽然两者的相似程度很高，但也不能由此认为李世民的"玄甲军"一定是具装骑兵，但重骑兵是肯定的，轻骑兵基本可以被排除。整个冷兵器马镫时代至文艺复兴时代前，基本没有任何一场战斗中用纯粹的轻骑兵直接突击（而不是惯常的迂回），贯穿敌军十万军队的整个阵型直至后方造成敌人崩溃的。

这种突击，无论是对指挥官还是骑兵的要求都非常高，执行者应该是王牌中的王牌（事实上玄甲军就是）。相对于西方，中世纪早期，中国的战争对弓弩等远程射击武器更加依赖。因此即使窦建德的军队当时已经士气低落到不敢抵挡玄甲军的冲击，也总可以用弓箭进行阻击，轻骑兵直接面对敌方远程兵器密集射击时，还是很

脆弱的。更何况玄甲军一身黑甲，在正午的战场上非常醒目，不可能达到太突然或者太隐蔽的攻击效果。即使突击侥幸成功（虽然笔者没有听说过成功的案例），也将造成这些最优秀的、富有战斗经验的人员大量损失。更何况一起冲锋的还有李世民麾下的悍将程知节、秦琼等经验丰富、马术武艺超群的将领，更别提还有全军的统帅李世民！"世民亲被玄甲帅之为前锋"，如果他身披的"玄甲"仅是轻甲，就太儿戏了。一旦有意外，本来在控制中的战局将出现崩塌式的逆转。

上面提到的瑟尔米乌姆会战也表明了密集的箭雨对冲锋中的骑兵，甚至是对重骑兵的杀伤力。匈牙利方面了解拜占庭军队中拥有高素质的骑弓手与步弓手，也对此做了相应的准备，前列的匈牙利骑士马匹都加挂了链甲以防备箭雨，但两翼的重骑兵没有。结果，前列的骑士冲过去被拜占庭军中的具装重骑兵挡住，而两翼中的一翼重骑兵由于马匹大量中箭，骑手们纷纷落马从而导致冲锋在未接近敌人时就停滞。

所以，无论是从唐初唐骑兵盔甲装备的考证来看，还是从隋朝缴获大量装备的记载来看，如果唐军明明有装备重骑兵去冲锋的能力，却让最精锐的玄甲军仅装备轻甲（诸如皮甲），不吝惜这些最富作战经验的人员损失，还伴随着唐军最重要的前线指挥官与总指挥官，从敌方大军的中间突击穿过，这显然是不合逻辑的。

我们再通过公元971年的拜占庭战例来对比。当时拜占庭皇帝约翰一世率领四万五千人对抗罗斯军队的六万零八百人。

◎ 左为外族的使节人员，中为穿戴明光甲的唐军军官，右为唐早期禁军具装重骑

在南俄至巴尔干地区，罗斯军队中斯拉夫步兵的训练程度应该是最高的，装备着可以一直遮挡至脚踝的大盾，并像罗马人一样组成纪律严明的阵型，擅长组成"塔"阵。此外罗斯军中还有更精锐的由北欧人组成的、喜爱战斧与阔剑、身穿重甲、力大勇猛、战力超卓的维京卫队。拜占庭军队以重步兵拖延住罗斯人的步兵鏖战，而在左翼集中了四千名铁甲具装骑兵。这些铁甲具装骑兵的盔甲有意镀成金色，也被称为拜占庭的"不朽军"。金光闪闪的不朽军重骑兵们平举长矛，从左翼猛烈冲锋直接插入罗斯步兵军阵击溃了对手，使得罗斯人瞬间伤亡八千五百多人。

一个黑色的玄甲军，一个金色的不朽军，是否感觉有相似之处呢？根据记载，玄甲军的几次战例都发生在白天，最出名的虎牢关战役则是在午时，黑甲自然起不到隐蔽或是偷袭的作用，反而是刻意醒目地表明自己的方位。如以上所说，这增加了骑兵的突击风险。作为防御他们的对手，自然会尽一切办法阻止他们突击。

所以，两种骑兵必须得到良好的防护，都应在最关键的时刻使用，插入敌军的阵型以达到击溃战的目的。无论是敌方还是己方的士兵，都看得到醒目的黑甲或是金甲，旨在加强表现"敌军已经被我们击破"的强烈信息，从而使己方将士士气大振，加速敌军的全面崩溃。

我们再来分析具装骑兵装备的区别。除了骑手，马匹披挂的全具装马铠的重量也是千差万别，并不一定是全金属的。这里不考虑板甲马铠，仅说扎甲、鳞甲、锁甲时代的马铠。其大部分为皮具、毛毡与金属的混合，最好的例子就是与唐初同时代的阿拉伯帝国倭马亚时期。那时阿拉伯帝国的重骑兵马匹挂铠率相当高，而且并不局限于哈里发直系重骑兵部队。但这些马铠很轻，往往以简单的材料制作，他们

的用处和拜占庭或萨珊的具装骑兵很不一样，主要是为了保护马匹抵御弓箭而不是在冲击敌阵时发挥作用。因此，当时一名马匹不披甲的重骑兵，骑手铠甲比这些所谓的"阿拉伯具装骑兵"要厚重，一名"非具装重骑兵"的防护要超过"具装骑兵"，也是很正常的一件事。

即使被称为公元 10 至 11 世纪具装骑兵顶峰的拜占庭具装骑兵，《军事学》也表明他们的马铠也有皮革和金属混合的重型马铠，但最低要求就是"使用坚硬的熟牛皮制成的皮甲片"，这样并不像一部分人想象的那么重。这还是鼎盛时代的标准，

◎ 与唐同时代的著名拜占庭半具装铁甲重骑兵，我们可以看出半具装主要保护了马匹正面

放到与唐同时代的公元 7 世纪的话，拜占庭具装骑兵还大都为半具装骑兵，重量就更轻了。唐具装骑兵也很可能不会采用过于沉重的具装甲。

在对峙的战场上，具装骑兵的冲锋速度并不比普通重骑兵慢多少，如果仅是马匹头部装备护面、马匹正面装备当胸的半具装骑兵，对速度的影响就更小。但长距离奔袭、追击等确实不是具装骑兵所擅长的。那么我们现在可以看一下洛阳至虎牢关有多远——96 公里，而且古洛阳城至虎牢关的距离更近。这个距离的行军（行军和追击又不同），同时代的拜占庭具装骑兵可以轻松做到，历史记载他们的具装骑兵进行过距离长得多的行军。所以，这么短的距离，唐军即使使用具装骑兵或半具装骑兵从洛阳到达虎牢关完全没有问题。

最后要考虑一下"快速重骑兵"与"具装重骑兵"转换的灵活性。比如拜占庭帝国在编制中，最精锐的骑兵是帝国卫队中的一支，被称作"教导军团"（scholai），他们都具备全具装骑兵的能力。但并不是说"他们必须以具装的形态来作战"，因为马铠是可以脱卸的。比如他们在保加利亚西部等林地地带作战，是可以卸下马铠的。只要不是仓促迎战的情况，马衣、马铠的脱卸与安装并不复杂。

公元 11 世纪初拜占庭巴西尔二世统治时代，具装骑兵已经完全满足了大楔形突击队（有五百零四名具装骑兵）的要求后，就把一部分多出来的具装骑兵编入劫掠队（每个劫掠队编入四十至五十名），以改变原先劫掠队只有突骑兵的状况，这样就加强了劫掠队碰上强敌时的打击力量。劫掠队经常需要长途奔袭，或是在敌方领土上四处徘徊，之后返回营地更换装备与坐骑。当时这些人员防护非常厚重的重骑兵，就将重装战马更换给主力部队营地里的其他人，"换上轻快的战马"，就可以完成这些工作。一旦任务结束返回营地，也可以再更换重装战马补充大楔形突击队的减员名额。

虎牢关李世民的骑兵暂时还没有备用马的记录，只能从唐军与各割据势力交战的情况来推测其并不缺少战马。而当时唐军出兵的特点都是贵精不贵多（当时唐军的征伐一般就出动数万人），比如虎牢关之役骑兵总数就是三千五百人，因此有备用马也是很有可能的。就算没有备用马，这些具装骑兵也可以先卸下马铠交给辎重队，自己先赶到虎牢关，如果窦建德急于攻击，那么就用"马匹不披甲状态下的玄甲军"应战；事实上窦建德拖延了时间，李世民的所有骑兵都到达了虎牢关并做了足够的休息，那么就在虎牢关内装上马铠，这都是很方便的事情。

可能一些朋友会问为什么要用大量的拜占庭资料来和唐做对比，而不是其他的民族？因为同在公元 7 世纪初这段时间，以拥有较为发达的文明、同为中央集权大帝国而论，欧洲仅拜占庭帝国拥有这样的条件，而且两者都在文明定居民族中拥有优秀的骑兵，并且相对重视骑兵。与李世民同时代的拜占庭皇帝希拉克略，在原有重骑兵的基础上，也非常重视"弓骑兵"的应用，而同时代的唐军一样注重"弓马

◎ 中为唐军禁军中的具装重骑兵，
下为卫士，上面是官员

娴熟"。此外，就连军制双方也有相似之处。唐初实行"府兵制度"，而拜占庭帝国也是刚开始出现"军区制"，这两个制度都是让一部分地方军平时进行耕种与定期训练，战时出征，配合中央军作战。虽然细则有不少区别，但目的是一样的。

还有一个原因，7世纪早期属于中世纪早期，标准的欧洲"黑暗时代"里仅拜占庭帝国有较为严谨的军事制度和历史资料记载，在军制、装备的记载上甚至比唐代资料在细则上更为详尽，如同时代拜占庭莫里斯皇帝的《战略学》，这样更容易与《两唐书》《资治通鉴》《唐会要》《唐六典》等文献做比较。最后一个重要原因是地理关系。拜占庭当时处于欧亚交界处，并且西御法兰克、哥特人、北防阿瓦尔、马萨革泰人等草原民族，东部与波斯萨珊及之后的阿拉伯人交战，很多周边民族的历史资料也必须大量依赖拜占庭的资料。

综上所述，李世民的"玄甲军"就必然为具装骑兵吗？这也不尽然。首先没有直接证据，其次虽然快速重骑兵（突骑兵）在冲阵方面效果不如具装或半具装骑兵，但也是有很多成功案例的。这里不计算11世纪末西欧普及站立式冲锋技术之后，这是另一种情况。再考虑李世民惯常的用兵风格，笔者个人认为玄甲军可能是一种马首有护面、马胸前有当胸防护的半具装骑兵，也很可能是那种人员披挂重型扎甲、马匹不披甲的重骑兵；或兼而有之，将其中半具装的人员置于突击队前列，后面为马匹不披甲的重骑兵，稍微冒些风险。但基本可以排除是仅披挂黑色皮甲的轻骑兵。

虎牢关之战中不仅是"玄甲军"，就连其他的骑兵，也未必是轻骑兵。《资治通鉴·卷第一百八十九》记载："淮阳王道玄挺身陷陈，直出其后，复突陈而归，再入再出，飞矢集其身如猬毛，勇气不衰，射人，皆应弦而仆。世民给以副马，使从己。"故很可能马匹是不披甲的，但人员应该披挂重甲的，保持着唐军一贯重视快速重骑兵的特点。不然一身皮甲或无甲，"飞矢集其身如猬毛"，还能"勇气不衰，射人"，那就不是人类了。

帝国边疆的捍卫者

那么，唐朝统一中国之后，贞观年间，与突厥、薛延陀、吐谷浑、高昌、高句丽等的战争中，玄甲军还存在吗？这里笔者只能说没看到有记载，玄甲军也可能编入了李世民的御林军内部。

不过，在太宗即位之后，唐朝进行了数次大规模的对外战争。这些战争中，特别是对颉利可汗的战争中，应该是唐军这些"人穿重甲，马匹不披甲"的快速重骑兵在打头阵，而非具装骑兵。比较突出的例子就是名将李靖对颉利可汗的"骑兵闪击战"。

公元626年8月，李世民刚通过"玄武门之变"，得到了合法继承人皇太子的位置，并掌握了"节制天下兵马"的权力。颉利可汗则趁唐朝政局不稳，率领十万骑兵入侵，李世民则与东突厥订立了"渭水之盟"，唐朝之后一直处于休养生息的状态。

东突厥汗国作为之前唐朝的强大对手，

此后不久却开始频频出现内乱，一部分突厥部族转而归顺唐朝。突利可汗也由于和赫利可汗的矛盾加深，向唐朝上表请求归附。随后突厥所属薛延陀等部也相继叛离。至公元629年，又恰遇暴风雪与干旱，突厥大量牲畜死亡，发生严重的饥荒，族人纷纷离散。唐代州都督张公瑾于是上奏讨伐东突厥。唐太宗同意了他的意见，任命

兵部尚书李靖为定襄道行军大总管、张公瑾为副总管讨伐东突厥，又任命华州刺史柴绍为金河道行军总管，灵州大都督薛万彻为畅武道行军总管，合兵力十余万，均受李靖节度，分兵进攻突厥。

公元630年（贞观四年）正月，李靖率领三千精锐骑兵，冒着严寒，从马邑（今山西朔县）出发，向恶阳岭挺进。颉利可汗

◎ 左上为唐骑兵军官，其他为骑兵；均为马匹不披甲的"快速重骑"，可以看出盔甲完全不逊于同时代的西方

万万没有想到唐军会突然到来，兵将相顾，无不大惊失色。李靖探知这一消息，密令间谍离间其心腹，其亲信康苏密前来投降。李靖随即进击定襄，在夜幕掩护下，一举攻入城内，俘获了隋齐王杨暕之子杨政道及原炀帝萧皇后，颉利可汗仓皇逃往碛口（今内蒙古二连浩特西南）。

◎ 右为回鹘精锐骑兵，左为突厥达怛具装骑兵，中间为东突厥部落骑兵

太宗对此大加赞赏："古今所未有，足报往年渭水之役！"在李靖胜利进军的同时，李勣也率军从云中（今山西大同）出发，与突厥军在白道（今内蒙古呼和浩特北）遭遇。唐军经过猛烈的冲杀，将东突厥军队打得溃不成军。颉利可汗一败再败，损失惨重，遂退守铁山，收集残兵败将，只剩下几万人马。

东突厥在数次正面作战失败之后，逃窜到铁山，残余兵力仍有数万人。颉利可汗派使者执失思力谒见太宗，当面谢罪，请求投降，自己入朝抵罪。李世民派鸿胪寺卿唐俭等人抚慰，又令李靖领兵迎接颉利可汗。

其实颉利可汗内心尚在犹豫，想等到草青马肥的时候，再逃回漠北重整旗鼓。李靖率领自己的军队与李勣在白道会合，共同谋划道："颉利虽然被打败，其兵马还很强大，如果走碛北一带，颉利可依靠旧部族，道路阻隔而且遥远，恐怕一时很难追上。现在朝廷的使节已经到了突厥营地，颉利可汗一定觉得宽慰，如果挑选精锐骑兵一万人，带着二十天的粮草前去袭击，可以不战而生擒颉利。"二人将他们的计谋告诉张公瑾，张公瑾说："圣上已下诏接受他们投降，大唐的使者在对方那儿，怎么能进攻呢？"李靖说："当年韩信就是靠偷袭打败齐国的。唐俭等人不值得怜惜！"于是率兵夜间出发，李勣随后，行军到阴山，遇上了突厥一千多营帐，唐军将其全部俘获。

颉利可汗对此并不知晓，见到大唐使者唐俭后十分高兴，内心稍稍安定。却不知道李靖派唐将苏定方带领二百名骑兵作为前锋，趁大雾秘密行军向他的指挥所杀来。唐军的骑兵距离突厥牙帐只有七里时，才被突厥兵发现。颉利乘千里马先逃，李靖大军赶到，突厥兵纷纷溃败。唐俭还算灵活，及时脱身回到唐朝。李靖军队杀死突厥兵一万多人，俘虏男女十余万人，得牲畜数十万头，杀掉隋义成公主，生俘她的儿子叠罗施。

颉利可汗还想率领剩下的一万多人涉过沙漠，李勣则率领军队守住碛口。颉利兵至，通不过去，手下的部族首领均率兵众投降，李勣俘虏五万多人还朝，开拓了从阴山北到沙漠的土地。捷报迅速传到了朝廷。

最后，颉利可汗逃至灵州西北，想从那儿投奔吐谷浑，但唐将李道宗领兵继续进逼。颉利率几名骑兵趁夜逃跑，最终仍被抓住。行军副总管张宝相率领大批兵力包围沙钵罗营帐，俘虏颉利送回长安。对东突厥的战争在不停歇的"骑兵闪击战"下结束，曾经在隋朝、唐朝初期一直对中原地区具备重大军事威胁的东突厥汗国，宣布灭亡。

在这些作战中，作为统帅的李靖充分发挥了"快速重骑兵"的优势，首先保证在首战中可以击败突厥人，然后就用这些精锐骑兵进行不停歇的追击。因为所谓一支军队被击溃，大部分情况下指的并不是他所有的人员都被杀或被俘（除非围歼战），而是他的指挥系统和管理系统被暂时重创或永久性摧毁，很多人员既没有被杀也没有被俘，而是跑散了。他们是否还听你的指挥重新加入战斗，那就是另一回事了。甚至他们仍在军事编制中，却不一定在这段不利的时期遵循统帅的命令。

所以，我们经常看到一个"剩余百余骑"逃走的统帅，没隔多

久就又组织了一支可观的军队。这些军队往往大部分都不是后组建的后备军（没有这么快），而是统率重新召集的旧部，这些旧部究竟能不能召集得回来，就只能看统帅的本事和客观形势了。而不停歇的"骑兵闪击战"就是为了让对手的统帅没有条件组织旧部而始终处于逃亡与崩溃的状态中。所以在议和期间，李靖才不顾上命，坚持继续进行连续打击，使得颉利可汗没有任何时间可以组织反击力量直至被完全摧毁。

这种"骑兵闪击战"自然有自己的条件。如果敌方控制区多阵地、城池、要塞等工事或天险，敌方只需要少量的兵力即可完成防守任务，我方骑兵进入敌领土外还要担负繁重的攻坚任务，"骑兵闪击战"也是难以完成的。所以往往这种成功的战例出现在对纯游牧民族的战争中。后者控制区域地形广阔往往无险可守，没有稳定的防御阵地体系。虽然有利于移动的优势，但一旦被对手发现具体位置，遭到突袭将毫无抵抗力，甚至会造成整个防御体系的瞬间崩溃。这才能让李勣做到"世继之，军至阴山，遇突厥千余帐，俘以随军。"[1]苏定方才能做到"乘雾而行，去牙帐七里，虏乃觉之。颉利乘千里马先走，靖军至，虏众遂溃。"[2]其实包括李勣、苏定方等很多唐军名将都深明其道，往往是首先击败对手（苏定方的战例则是步骑协同），然后精锐骑兵一直追击，直至完全击

◎ 东突厥弓箭手

溃对手。

那么，是否认为具装骑兵在这些对突厥作战中毫无建树呢？此处有两点要说明，第一，不要忽视具装骑兵的灵活性。前面说过，具装骑兵完全可以在更换战马或马具的状态下转变为"快速重骑兵"，对敌方进行长距离追歼。所以，即使玄甲军为具装骑兵，也不排除玄甲军加入队伍后更换快速战马编入突击队中。第二，即使是一部分仍是人马具甲的重装骑兵，也不应忽视他们的作用。

当首战胜利，快速的"重装突骑兵"进行不间断追歼的时候，在军制中人马俱甲的具装骑兵则与步兵编在一起，作为后方移动基地在前进，给长距离奔袭的突骑兵以后方保证。例如反击东突厥的战争，各行军总管集结十万兵力攻击，但真正起突击作用的是数千精骑，其他军队进入敌方领土后依然有被攻击的危险。具装骑兵作为一支强有力的威慑力量，使得即使有迂回至唐突骑兵队伍之后的敌方部队，也无法对唐军先锋进行突袭，保证了前方的快速突击得以有效进行。所以，这依然是唐军"将普通重骑兵与具装骑兵以更加合理的比例分配，适应当时的战争需求"。

当然，由于"快速重骑兵"马匹不披甲，阵战之时也有可能因马匹防护问题遭到意外损失。毕竟长途奔袭能力与全面防护不可能鱼与熊掌兼得。但这些重骑兵只要人

员防护完备，加上指挥员指挥得当，依然可以弥补这一缺陷。这些情形在公元614年李勣所指挥的与薛延陀的战争中则表现得淋漓尽致。

公元614年，由于东突厥的灭亡，薛延陀逐步强盛。薛延陀真珠可汗命令儿子大度设征发同罗、仆骨、回纥等族兵马总计二十万人进攻已经归顺唐朝的突厥人阿史那思摩。大度设亲率其中三万名骑兵进逼长城，李勣则率领唐军及突厥仆从军队进行拦截。大度设的军队从赤柯泺向北撤退，李勣则率领唐军及突厥精锐骑兵六千人抄近路拦截，跨越白道川，在青山追上敌军。

薛延陀军队狂奔数日，在诺真水勒住兵马，摆开阵势准备战斗。大度设的战阵横亘十里地，作为唐军先锋的突厥骑兵首先与他们交战。薛延陀的军队对下马作战非常熟悉，"使五人为伍，一人执马，四人前战，战胜则授以马追奔"[3]。而且他们使用下马作战对突厥人有多次取胜的经验。下马列阵的薛延陀军队果然又挡住了突厥骑兵的攻击，于是突厥骑兵开始退却，薛延陀军队则对败退的突厥军队进行追击。

这时唐军的主力骑兵也到了，薛延陀的步行弓骑兵万箭齐发，唐军骑兵的战马纷纷被射死。这时李勣果断让骑兵们下马，转换成枪阵，手持长槊向前猛冲，薛延陀军队在唐军步行枪骑兵的猛烈冲击下溃散。这时候，副行军总管薛万彻则率领数千唐

---

① 见《资治通鉴·卷第一百九十三》。

② 见《资治通鉴·卷第一百九十三》。

③ 见《资治通鉴·卷第一百九十六》。

军骑兵迂回敌后发动突袭，将薛延陀军"五人为伍，一人执马"中的那些执马者全部俘虏。失去坐骑的薛延陀骑兵只能步行逃亡，在唐军骑兵潮水般的追杀面前完全崩溃，有三千多人在战场被杀，另有五万人被俘虏。

可能有人会疑惑为何薛延陀骑兵下马迎敌而非在奔驰的战马上作战。这里顺带提一下弓骑兵步行战法，在整个中世纪欧洲、西亚、中亚及远东都有这样的战例。处于攻击阶段的弓骑兵，无论是"骚扰"战术或是"震荡"战术，当然必须拥有马匹载具。但列阵交锋时，弓骑兵的马匹载具并不拥有优势。而且，由于很难有让所有骑兵都完全呈一线摆开的地形，在马上列阵射击会造成单位面积火力不足，而步行弓骑兵则可以密集列阵，发挥数倍的射击火力。

◎ 唐军持槊攻击薛延陀
步兵复原图（杨翌绘）

因此盔甲相对不甚完备的突厥骑兵很快在薛延陀军队密集的箭雨下败下阵来。唐军的快速重骑兵到达时，也是"薛延陀万矢俱发，唐马多死"，这说明唐军的骑兵是非具装骑兵。但唐军竟然在箭雨中，仍能下马持马槊（由于是马槊，也说明他们并非是骑马步兵，而是李勣临时指挥骑兵下马作战）进行冲击，并且击溃了薛延陀的军队，这也说明唐军的盔甲较为精良，

不然在箭雨中可就不仅是"唐马多死"了。如果唐军用于追击的骑兵仅是轻骑兵，遇上同样的情况，则此次攻击是注定失败的，甚至会遭到薛延陀军队的全面反击。

李靖、李勣等唐军名将本身的指挥能力和善于把握当前战局自然不可忽视，但唐朝精锐的骑兵部队也保证了此战法的顺利进行。这种事情说起来容易，却要建立在拥有良好的骑兵队伍基础上。唐朝骑兵

队伍的强大与两个条件是分不开的，唐朝府兵制度在李世民即位后的贞观时期达到了极盛，而马政制度也在贞观后期进入最辉煌时期，这才保证唐帝国即使是面对擅长弓马的草原民族时也能拥有骑兵优势。

府兵制度虽源自北魏，却成为唐朝前期军事制度的代名词，因为该军事制度在唐初发展得最为兴盛。府兵，本泛指军府之兵。简单地说，府兵制度就是兵农合一的军事制度。有趣的是，同期拜占庭帝国刚开始实行的"军区制"，与府兵制度有异曲同工之妙——两种制度都极大地强化了同期两大帝国的军队，特别是骑兵的实力。贞观年间，这些战时出征、农忙时务农、和平时训练的府兵要接受非常严格的定期教习。李世民曾亲率京师诸卫教习骑射，

◎ 左上两名为唐军的持盾快速重骑兵，右上是持盾唐军的雕像，左下是唐军的骑马重步兵（其靴子为步兵靴子），右下是一名用方盾的唐重骑兵

身穿重铠的唐军军官

吐蕃的使者
唐朝官员
唐宫女
唐皇帝
身穿重扎甲的卫士

◎ 帝国的宫廷

优者奖励，赐以弓刀绢帛，将帅也记功嘉奖；教习不精者，所属州府折冲都尉要受到惩罚，因此将士莫不发奋努力。经过多军训练、校阅，唐初的府兵训练有素、军容整齐，首先保证了骑兵人员的作战素质。

优秀的骑兵自然离不开优良的战马，而唐初期就非常重视马政制度。从李渊开始，就认识到骑兵的重要性，他把从突厥获得的两千匹战马以及从赤岸则（今陕西大荔西南、渭河北岸）获得的三千匹隋马移至陇右，开始了马政建设。

唐太宗李世民即位之后，在此基础上更是大兴马政。他挑选贤能，破格重用精通养马的刘武周降将张万岁，让其担任太仆少卿之职，专掌监牧养马二十四年之久。至唐高宗时期的公元664年左右，监牧马匹增至七十万六千匹，这个数量创造了中国历史上农耕王朝养马数量之最，这还不算军镇、驿站、闲厩的马匹。这些成果，充分保证了唐军骑兵的马匹供应。

我们在其他朝代的历史文献中经常看到"贼至"，被击败后"贼又至"就是另一种反面状况的体现。因为如果手中没有足够数量和足够精锐的骑兵，即使首战击败对方，也无法用骑兵进行不间断的连续打击，对手就可以拥有重新组织防御或反击的时间和条件，在短时间内重整旗鼓发起新的攻击。

唐朝早中期作为中国历史上最重视骑兵的中原王朝，也是有一定波动的。自公元664年，马匹专家张万岁被免职之后，由于"潜耗太半，所存太寡"，至唐玄宗开元初年，牧马仅存"二十四万匹"，可谓马政中衰。而府兵制在当时也由于多方面原因出现崩坏。

不过到了唐玄宗统治前期，虽然府兵制度没有恢复，但整顿马政又一次提到日程上来。玄宗选拔"奉公正直，不避权贵"的王毛仲担任检校内外闲厩并知监牧使，以精通养马的张景顺（张万岁的孙子）为副职，专职马政。其下又置"明闲牧马者"担任基层监牧官吏，迅速恢复并提高了马政机构的效能。然后，唐帝国又重新启用张万岁的旧令，恢复了原来行之有效的养马法规，马政又出现了复兴局面。至公元725年，唐帝国监牧马匹又恢复到了四十三万匹，满足了唐军的需求。其中最大的贡献则是大量成功引进中亚地区的优秀马种，"既杂胡种，马乃益壮"，极大地提升了马匹的质量。如果按当时该地区的马匹种群来考证，引进杂交的应该是古哈萨克马（大宛马属于古哈萨克马，这些马种即使放在同时代的欧洲或西亚也是优良的马种）。

但随着唐朝疆域的不断扩展，唐军从新疆喀什出发，开始向更遥远的西方出征。西方世界也发生了巨大的变化，曾经称霸一方的老牌帝国拜占庭被突然兴起的阿拉伯人所击败，丢失了整个北非的领土，维持住小亚细亚的西部和欧洲领土坚持抵抗以待来日反攻。曾经强大的波斯萨珊帝国则被阿拉伯人在数次战役后直接从地图上抹掉，末代萨珊王子来到唐朝，当了唐高宗的一名禁军将军。

唐军的西方对手也在不断更换，这样从东突厥、西突厥、薛延陀、吐谷浑开始，向西扩张中逐步与当时称霸整个西班牙、北非、西亚、中亚的阿拉伯帝国接壤。两大帝国即将在互相扩张中展开对决。面对愈来愈强大的敌人，唐朝军队中的军马却并未恢复到太宗时代的最强水准，因此在面对同样拥有强大骑兵的敌人时就必须有其他的作战方式进行补充。唐中期开元年间更加繁荣的兵器制造则保障了这种作战方式的物资基础。

因此，《李卫公兵法》记载的一种给予普通步兵保护的长杆兵器——陌刀，在唐朝中期被单独集中在一起给予精英步兵编成单独的兵种，在唐中期的战争中成为恐怖血腥的代名词，令另一个世界的精锐骑兵心惊胆战的杀器，"当嗣业刀者，人马俱碎"。使用陌刀的步兵将跟随唐骑兵，创造一个又一个中国军人远征西方的故事。当然，那就是另一个传奇了。

蒙古怯薛軍

文 明月吹簫

蒙古的统一、崛起、扩张、征服、分裂无疑是 13 世纪世界历史的主旋律。面对这个庞大一时却又很快分崩离析的帝国，有的人崇仰它的庞大和辉煌，有的人诅咒它的血腥和黑暗，但无论谁都无法否认 13 世纪蒙古帝国军队的强悍。而蒙古军队中最精锐的军团自然非怯薛军莫属。

怯薛一词来自蒙古语"Kseig"，其词源是突厥语中"轮番宿卫"的意思。怯薛军的起源是 13 世纪蒙古草原贵族那颜们的那可儿（伴当），那可儿是那颜的仆从，又是那颜的护卫和助手。他们来自和那颜不同的氏族，脱离氏族和部落而为那颜服役，但他们因效忠于主人那颜而得到信赖，本人又可以在对外掳掠时获得财富和奴隶。他们可以上升为贵族，又可以下降为奴隶。值得一提的是，在蒙古崛起前，同期的一些草原大贵族身边已经有了自己的护卫军，如克烈部王罕就有自己的怯薛，在他与成吉思汗的决战中就有一支千人的护卫队伍。铁木真作为一个落魄的贵族后裔，原本地位不如合不勒汗长子的后裔撒察别乞和泰出、忽图剌汗的幼子阿勒坛、也速该兄捏坤太子的儿子忽察儿这些乞颜部贵族，他之所以被推选为蒙古乞颜汗，就是因为他拥有一支强悍的那可儿队伍。而成吉思汗的第一个那可儿就是后来的四大怯薛长之一的博尔术。《元史》中称他和铁木真的关系是"共履艰危，义均同气，征伐四出，无往不从"，"君臣之契，犹鱼水也"。铁木真夜晚睡觉时必须由博尔术警戒才得安枕，而博尔术与铁木真在内帐商量大事也经常是通宵达旦。作战时博尔术则勒马持弓，护卫于铁木真身侧。一次战役中铁木真部被克烈部打得溃败，博尔术抱着铁木真突围而出，在荒野中正好遇到风雪，找不到营帐所在，只能在草泽中休息，他和木华黎一起撑起毡毯为铁木真遮挡风雪，从早到晚一直站立，寸步不移，直到夜深，雪已厚达数尺之后才被发现。

铁木真称汗后为了压制乞颜部贵族和对外征战，他建立了自己最早的怯薛组织，博尔术和勒蔑被任命为首领。但当时尚未有专门的怯薛部队，铁木真依靠的还是自己的亲族和那可儿。1203 年，铁木真消灭克烈部后，在准备远征乃蛮部前夕，他挑选了八十名亲信那可儿充当宿卫，七十名那可儿充当散班，又从那颜子弟中挑选一千名战士组成强劲的护卫军（怯薛）。这支部队由札剌亦儿人阿儿孩合撒儿统率，

◎ 据说是世界上最早的成吉思汗画像，绘于忽必烈时代

平时充护卫，战时作先锋。此即为怯薛军的缘起。

1206 年，铁木真被拥戴为成吉思汗，他把怯薛扩充到一万名。原来的八十名宿卫被扩充为一千名，七十名散班被扩充为八千名，他们与一千名作战时充当先锋的勇士军合共万人，仍由阿儿孩合撒儿统领，怯薛军就此正式成军。此后蒙古帝国的诸王、皇后、公主等上层贵族也有自己的怯薛，但是均无法与大汗的怯薛军相匹敌。

中贵人——怯薛的显赫地位

和其他蒙古军队一样，怯薛军也编制成千户、百户、十户，共有十个千户。怯薛军包括一个宿卫千户，由成吉思汗四大斡耳朵的全部侍从组成；一个箭筒士千户，由箭筒士（豁尔赤）一千人组成；八个散班千户，由八千名散班（秃鲁花）组成。但由于怯薛军是大汗的亲军，所以不受左手万户和右手万户管辖，而被称作"大中军"。

怯薛的兵源大部分由各级那颜和贵族（千户长、百户长、十户长）的子弟选充。各级那颜必须按照大汗的命令将自己的子弟送入怯薛军服役，不许逃避或以他人顶替，否则将受到严厉惩罚："若宿卫时躲避不来者，别选人补充，将那人发去远处"。成吉思汗为了维护草原贵族等级制度，允许贵族子弟可以带随从人员前来，规定怯薛中的千户子弟可自带十名随从，百户子弟可带五名，十户及一般贵族子弟可带三名，此外，各级贵族子弟都还可带一名兄弟入卫。除贵族子弟外，蒙古人中的平民

子弟如果身体矫健、技艺非凡也可以自愿到大汗处充当怯薛。怯薛军的兵额是一万人，如果加上怯薛的随从人员在内，怯薛军的总人数应在五六万人之众。

怯薛分为四班，每三天轮流入值，每班有怯薛长统领。四大怯薛长最初由博尔忽、博尔术、木华黎、赤老温四人分任，号为"四杰"。轮值顺序按十二地支进行轮换，其中申、酉、戌日，值班怯薛由博尔忽统领，为第一怯薛长，即也可（蒙古语 Yeke，意思为大）怯薛长；亥、子、丑日，值班怯薛由博尔术统领，为第二怯薛长；寅、卯、辰日，值班怯薛由木华黎统领，为第三怯薛长；巳、午、未日，值班怯薛由赤老温统领，为第四怯薛长。后来第二怯薛长和第三怯薛长分别由博尔术家族和木华黎家族世袭，赤老温家族则由于在窝阔台汗时自己所在的两个千户被分封给阔端而不再担任怯薛长，原本由其统领的第四怯薛多由博尔忽家族世代统领，原本由博尔忽家族统领的第一怯薛在博尔忽死后则由历代蒙古大汗亲自统领。

怯薛轮值时，宿卫千户负责大汗营帐的夜间值班，箭筒士和散班千户负责白天的警卫。日落前值班的箭筒士和散班要将职责移交给值夜班的宿卫而出外住宿，第二天早饭后再入值。怯薛轮值时要严守军令，围绕着宫帐守卫。入夜后不允许任何人在宫帐前后行走，宿卫士有权逮捕违反禁令的人，次日进行审讯。宿卫交班时会留下大汗接见人员的符印，未经大汗允许闯入帐内的人，宿卫士可以将其就地处决。宿卫的值班房舍不许外人进入，宿卫的人

◎ 《元世祖出猎图》中的怯薛形象

数不允许打听，违反者将受到没收财产的惩罚。臣下奏事时要经过值班怯薛的通报才能入内，大汗与臣子议事时，怯薛也要不离左右。怯薛值班时的军纪十分严明，会对不按时入值的怯薛进行严厉惩罚，第一次鞭笞三下，第二次鞭笞七下，第三次鞭笞三十七下并流放远方。怯薛执事官换班时必须严明号令，否则也会被惩罚。怯薛犯罪只有大汗有权审判，怯薛执事官必须上奏，如果私自惩罚，将会受到和犯罪者同样的惩处。

自怯薛军成立之日起，其性质就不单单是一支宿卫军，而同时兼有宫廷内侍和行政差遣的职能。除了带刀环卫的云都赤、带弓效力的箭筒士、负责军情侦察的远筋士、近箭士等武士外，还有管饮膳司厨的博儿赤、管驭马的阿黑塔赤、管牧马的阿部兀赤、管牧羊的火你赤、管修造车辆房子的抹赤儿、管鹰隼的昔宝赤、管酒的答剌赤、管音乐的胡儿赤、守门的巴拉哈赤、管衣服的速古儿赤、管骆驼的铁迈赤、管裁缝的玉烈赤等等。这些职位实际上承担了中原王朝宦官系统和女官系统的职责。

由于成吉思汗所创建的蒙古帝国初期行政机构粗糙简单，怯薛也承担了很大一部分蒙古汗廷中枢政务机构的职能。怯薛中大汗的近身侍卫云都赤虽然本身只负责警卫，但由于随侍大汗左右，所以经常能参与机务或充当大汗的使者。怯薛中掌管文书的必阇赤、书写圣旨的扎里赤、传译的怯里马赤，则和札鲁忽赤（断事官）共同负责汗廷的日常政务。其中尤以必阇赤地位最为重要，以至于必阇赤的首领们被

汉地士人比附为中书省（札鲁忽赤则被比附为尚书省）。窝阔台上台后为了便于统治被征服的汉地，正式设立中书省，任命耶律楚材为中书令、粘合重山为中书左丞相、镇海为中书右丞相，但实际上他们的身份依旧只是必阇赤，只不过被冠以汉式官号而已。

蒙哥汗死后，在汗位争夺战中忽必烈虽然艰难地取得了胜利，但是却失去了西道诸王（术赤、察合台、窝阔台等后裔的兀鲁思）的支持。河中地区和波斯原本直属于大汗的领地也因鞭长莫及，不得不分封给伊利汗国和察合台兀鲁思，忽必烈统治范围实际上已经局限于蒙古本土和汉地。为了得到汉地豪强的支持，获取人力与财力来和西北诸王对抗，忽必烈不得不定都大都、采行汉法（当然是部分的），设立了一系列汉式官僚机构（如中书省、枢密院、御史台），怯薛的政治作用有所下降。但是怯薛制度依旧保留了下来，怯薛集团也依旧是元朝政治的核心力量，在元代政治中起着至关重要的作用。而由于对外战争的减少和侍卫亲军的建立，怯薛的军事职能不断弱化，逐渐变成一个宫廷官僚集团。

元人常称"凡入官者，首以宿卫近侍"。怯薛入仕由皇帝特旨委任，不受中书省管辖，不受法律与惯例约束，被称作别里哥选。怯薛入仕后起家一般都是七品以上，若在怯薛中有官职则多从五品起家，甚至有二三品起家者。和绝大多数出身吏员、从九品甚至不入流做起的官员相比固然有天壤之别，就是科举或恩荫出身者亦难以与之比较。入仕后怯薛出身的官员亦不受

官场迁转法规约束，升迁极快。元代普通官员一般要六到九年才能升一品，但怯薛出身者一般一两年就能迁转一次，且经常能越级升迁。并且皇帝亦经常以各种理由直接下旨越级提拔怯薛出身者。至于博尔忽、博尔术、木华黎三大怯薛长世家的子弟更是少年拜相、平步青云。如木华黎的玄孙安童十八岁即被忽必烈任命为中书右丞相；安童之孙拜住二十三岁任中书左丞相，二十五岁任中书右丞相；博尔术之孙玉昔帖木儿三十三岁为御史大夫等等。

初仕品级即高，迁转又如此迅速，自然造成怯薛出身的官员极易获得高位，三品以上者亦不稀奇。元朝中央机构中书省（最高行政机构）、枢密院（最高军事机构）、御史台（最高监察机构），实际上皆为怯薛集团掌控。

其中中书省权位最重，中书省长官左右丞相和平章政事即为帝国官僚体系中的最高层——宰相，副长官左右丞和参知政事则是副宰相，被称作执政。据李治安先生研究，有元一代，宰相和执政中七成以上为蒙古人、色目人，宰相中更达到九成以上。这些蒙古、色目高官大多出身怯薛集团，曾任丞相的汉人仅有史天泽和贺唯一，后者亦是怯薛世家出身。如元代曾任右丞相者三十七人，曾任左丞相者四十人，合计六十余人（有历任左丞相、右丞相者），其中有二十九人就出自怯薛。考虑到大部分宰相根本没有详细的履历记载，实际比例应该高得更多。元代枢密院实际长官为知枢密院事，其绝大部分出身蒙古、色目贵族，多为怯薛出身。其中曾做过怯薛长的就有玉昔帖木儿、月赤察儿、木剌忽、阿鲁图、咬咬、塔拉海、孤头、也先帖木儿、完者帖木儿、笃怜铁木耳等。仅有的一名汉人知院（贺唯一之子贺均）亦是怯薛出身，从曾祖开始就世代为宿卫。元代主管御史台的御史大夫先后有七十多人，大多出身怯薛世家。如首任御史大夫塔察儿的父亲在蒙哥时便是千夫长；担任过御史大夫的玉昔帖木儿为博尔术后裔，其子脱脱哈亦是御史大夫。

虽然怯薛高层更喜欢出仕中央以平步青云，但是地方高官中怯薛出身者亦为数不少。地方机构中最重要的行中书省和行御史台也是如此。有元一代，有明确记载为怯薛出身的行省丞相、平章即多达三十六人，占总数的八

◎ 元世祖忽必烈画像

◎ 元朝皇帝印玺，印文由八思巴蒙古文和汉文混合而成，颇有象征意义

分之一多，实际比例应该高得更多（因大部分行省长官没有传记资料或出身不详）。江南行台十八位身世清楚的御史大夫中则有八人出身怯薛。

此外，宣徽院、秘书监、集贤院、翰林院、司农寺、大宗正府等中央机构亦有诸多怯薛任职，各卫亲军、各行枢密院、各廉访使、各路的总管与达鲁花赤、宣慰使中出身怯薛者亦所在颇多。

元代怯薛集团中任官之重尤以三大怯薛长世家为最，这些家族的子弟凡世袭怯薛长者初任官职最低也是正三品，一般一入朝廷就是一品、二品，一般均能官至正一品，位极人臣。如博尔忽家族的月赤察儿官至太师，塔拉海官至太保，孤头官至太师，完者帖木儿官至太傅；木华黎家族的安童官至右丞相，兀都带官至领太常寺事，拜住官至左丞相；博尔术家族的玉昔帖木儿官至太师，阿鲁图官至太傅。木华黎家族三代五宰相，博尔术家族、博尔忽家族兄弟入相更是典型案例。据萧启庆先生统计，三大家族子孙中的四分之三以上承袭世爵或官至三品以上，官至一品者亦高达 15%。这种权势一直延续到元末，顺帝时博尔术后裔右丞相阿鲁图被御史台弹劾，却满不在乎地表示："我博尔术世裔，岂宰相为难得耶？"

值得注意的是，这些高官不管品级高低或职务不同，入仕朝廷并未改变其怯薛身份，"昼出治事，夜入番直"。轮值时依旧要入侍内廷，统领宿卫或侍奉皇帝："虽以才能受任，使服官政，贵盛之极，然一日归之内庭，则执其事如故，至于子孙无改，非甚亲信，不得预也。"[1]甚至要"与妃嫔杂处，休寝榻下"，如同宦官，但怯薛出身的官员均以此为荣耀。这说明他们的怯薛身份才是其真正身份和地位标志，是其家族维系"大跟脚""好跟脚"地位出身的政治基础，外廷官职反倒是一种差遣。所以即便贵为中书省宰执，也是"视事无常，聚散无度，日趋禁中，有兼旬不至中堂者"，以至于中书省近乎被架空，"僚佐曹椽恒不得同堂议政"。

但这并不意味着怯薛们没有掌握元帝国的权力。首先，怯薛是御前奏闻的主要参与者。元代中央决策中最重要的运行方式不是汉地制度下的朝会而是御前奏闻，因为元代并没有中原王朝皇帝定期上朝听政的朝会制度。皇帝除了定期往返于大都和上都之间、时常进行围猎外，一般都居于内宫之中，因此大臣必须到御前觐见皇帝奏事。根据议事内容，不同事情分别由

---

① 见《元史·志第四十七》。

中书省、枢密院、御史台、宣政院等机构的大臣上奏，陪奏的执事怯薛则是御前奏闻的当然成员。怯薛近侍不仅负责在奏事时进行警卫，而且负责对大臣的上奏事先"关白"或记录奏事内容，其重要性甚至超过省院台的大臣。如《辍耕录·卷一》说："云都赤，乃侍卫之至亲近者……虽宰辅日觐清光，然有所奏请，无云都赤在，不敢进。今中书移咨各省，或有须备录奏文事者，内必有云都赤某等，以此之故。"实际上能参与奏闻的怯薛执事官不止云都赤，还有速古儿赤、昔宝赤、豁儿赤，更有冠以殿中侍御史或给事中官衔但实际身份是必闍赤、怯里马赤的怯薛官员。

御前奏闻时即便怯薛拥有外廷官职，也是以内廷宿卫的身份出现，在皇帝眼中是不同于一般官员的"近臣"，所以皇帝在听取大臣上奏时往往要咨询他们的意见以定夺。比起要三日才能一奏的中书省臣，怯薛近侍还可以径直密奏、随时献计，或代其他大臣越过中书省、枢密院、御史台直接奏请。这种行为虽然在中原制度中被看作越权犯上，但却被蒙古君臣看作怯薛的天然义务而不以为错。

其次，事实上怯薛架空了中书省的决

◎ 八思巴
文金圣旨牌

策权。元代圣旨的拟定和发布实际上是怯薛操纵的。官员的奏章和人疏由怯薛送至御前，奏闻过程和其他内廷决策经过也由怯薛加以笔录。虽然他们有着起居注、给事中这样的汉文官称，但实际上是怯薛中的必闍赤和怯里马赤。御前奏闻后，皇帝做出决策，起草诏令的则是蒙古翰林院和内八府宰相，他们是怯薛机构的一部分。由于元代的官方语言是蒙古语，所以必闍赤们用蒙文撰写完诏令后，如果不涉及汉人事务便加以发布执行。但大多数情况下，在基本保留蒙语文本原有词序的同时，怯里马赤会将诏令机械地逐字"硬译"为汉文本。诏令制作完毕后一部分由中书省、枢密院等机构奏准颁布，一部分就直接由内廷怯薛奏准颁布，被称作"内降旨"。但即便由省院台发布的圣旨其实也是怯薛集团一手炮制的。

有时候中书省甚至完全被排斥于决策机制之外。如至正十五年六月的一天，淮西宣慰使昂吉儿入觐忽必烈，奏称江南官吏太过冗多。忽必烈当场下令做出废除江西行省并入福建行省，罢黜各地茶运司、营田司、漕运司，免除史塔剌浑、唐兀带两位执政的官职，大批裁汰江南官员等重要决策。怯薛刘铁木儿趁机进奏说阿里海牙的属吏张鼎已经官至参知政事了，忽必烈也马上将张鼎免职。做出如此重大的决策时，在场的中书省宰执却只有一位平章政事哈伯，其余均缺席，而且哈伯还是以当值怯薛的身份在场的。

相反中书省宰执的命运却往往掌握于怯薛之手。一时炙手可热的宰相桑哥，便是被怯薛长月赤察儿上奏弹劾，顷刻被杀。宰相、执政因为得罪怯薛而被去职者更所在多有。就连出身显赫的木华黎家族又长期担任怯薛长，还是忽必烈亲戚的首相安童也遭到怯薛的监视，即便其上奏忽必烈自辩也无法避开。而当他提出十大改革主张，触怒了忽必烈，也多亏怯薛执事官董文忠为其求情才免于被惩处。阿合马执政十几年，屡遭御史台弹劾，尽管御史台官员原本就大多出身贵胄，但因为阿合马贿赂怯薛近侍，所以屡屡得以脱罪，御史台亦无可奈何。

最后，甚至连皇位更迭这种事情都被怯薛集团所控制，怯薛也屡屡参加宫廷政变。

由于元代的皇位继承制度并不完善，且在名义上还需要通过忽里勒台选举。因此，忽必烈之后每次皇位更迭都要经历刀光剑影甚至血雨腥风，于是在这其中，怯薛集团

◎ 元成宗铁穆耳

就起到了举足轻重甚至决定性的作用。

如忽必烈虽然生前就已经立真金之子铁穆耳为皇太子，但是他死后，蒙古人在选举新大汗的忽里勒台上依旧发生了皇孙甘麻剌与铁穆耳争位的事件。甘麻剌也是真金之子，爵封晋王，长期镇守漠北，统领成吉思汗四大斡耳朵和漠北军队，实力强大。一时间双方斗争十分激烈，忽必烈生前指定的顾命三大臣——伯颜、知枢密院事兼御史大夫玉昔帖木儿和平章政事不忽木仗剑威慑，宣读遗诏，玉昔帖木儿更亲自出面威胁甘麻剌，才迫使诸王臣服。玉昔帖木儿和不忽木都是怯薛，官位在两人之上的中书右丞相完泽因为不是怯薛，不但没有资格参与，连消息都无法得知，还得托真金的妃子去打听。

又如成宗铁穆耳死后，忽必烈之孙阿难答得到成宗皇后卜鲁罕的支持，大部分朝廷重臣如中书省左丞相阿忽台、平章政事八都马辛、前中书平章伯颜等人也表示支持，中书省宰执中大半拥戴阿难答，支持铁穆耳之侄海山继位的右丞相哈剌哈孙也被迫表面上同意卜鲁罕临朝监国。后来，海山之所以能反败为胜，就是因为自己身为怯薛，掌控宿卫。海山之弟爱育黎拔力八达得以带领少数王府卫士诛杀阿难答，拥立哥哥，也是因为得到了哈剌哈孙所率宿卫怯薛的支持。对此，得到中书省和枢密院支持、侍卫亲军数万人响应的卜鲁罕也无可奈何。

而在元代最著名的政变"南坡之变"中，铁失等人之所以能突破怯薛宿卫的防线，弑杀英宗，不仅是因为得到阿速亲军的支

持，更是因为得到对英宗改革深恶痛绝的怯薛集团做内应。支持英宗的拜住虽然是首相和怯薛长，但是根据怯薛轮值的惯例，他能掌控的只有木华黎家族世袭的第三怯薛，而政变当夜负责宿卫的则是第二怯薛，所以拜住虽然是怯薛长，但也难逃一死。实际上政变的主谋御史大夫铁失、宣徽使锁南、典瑞使脱火赤等人都是怯薛，而知枢密院事也先铁木儿作为博尔忽家族的后裔更曾担任怯薛长，宣徽使秃满迭儿作为当夜的第二怯薛值班官员不但对政变者未加抵抗反而纵容，宿卫秃满更是直接参与了弑君行动。

南坡之变中硕德八剌和拜住的死于非命，告诉我们怯薛集团的政治势力如此之大，以至于违背其利益的大汗和怯薛长亦难逃一死。

正因为怯薛在蒙古帝国政治中的重要作用，所以自其创立者成吉思汗开始，便给予怯薛优越的地位和丰厚的待遇。普通怯薛的地位都高于千户长这种地位较高的蒙古那颜贵族："我的护卫、散班，在在外千户的上；护卫、散班的家人，在外百户牌子的上。若在外千户与护卫、散班，做同等相争呵，将在外的千户要罪过者。"即便入元之后，怯薛也享有特权地位，服务于蒙古翰林院、尚食局、尚饮局、太仆寺、侍正府、尚舍寺、尚牧所等内廷机构。其刑事案件不受司法机关管辖而由大宗正府解决，其俸禄发放和人事管理则由宣徽院、中政院负责，而它们其实都是挂着汉式官僚机构名号的怯薛机构，外朝无权干涉。只要维持正常的番直宿卫，元朝廷对怯薛

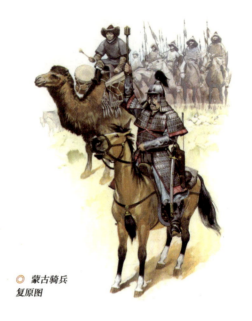

◎ 蒙古骑兵
复原图

的不法行径就听之任之，诸如擅自招纳私属人口、恃宠专权、欺凌乡里乃至公然抢劫，朝廷官员均不敢过问。

最初怯薛所需的马匹、物品除由贵族自身财产中支出外，不足部分允许其在所管辖的民户中，按照入役怯薛的人数来征收税赋。随着蒙古帝国不断地对外扩张和征服，怯薛得以分到土地耕种自养（实际上多是出租给贫苦农民收租或利用抓来的驱口耕种）。至元十八年开始，元朝廷开始按月给怯薛发放俸禄，至元二十年和至元二十二年，元廷又两次把权贵所占土地和京师荒地分给怯薛。怯薛的俸禄主要包括米粮和钞票、银两，也含马驼的草料。元仁宗之后，已经获得官职的怯薛不再单独发放俸禄。此外，每位皇帝上台后都会对王公贵族和官员赏赐巨额金银财宝，每年又有固定的岁赐，这其中怯薛亦能分得不

◎ 元纸钞

营造宫城南面周庐，给怯薛居住，忽必烈还赏给每位怯薛十三套华丽的服装。留在上都过冬的怯薛，不但要发给冬装，还要额外发放钱钞和口粮。怯薛中贫寒遭灾者，则能得到朝廷的赈济。

由于怯薛待遇优厚又是进入仕途的捷径，因此有大批人员想方设法投充怯薛。虽然历代蒙古皇帝均对怯薛厉行裁汰，但却屡禁不止。怯薛的总数一直突破万人的定额，到文宗时不得不将定额增加到一万三千人，此后又有所膨胀，到顺帝时经过大力裁员，依旧保持在一万三千六百人。为了保证蒙古色目贵族的利益，历次裁汰的主要对象是投入怯薛的汉人、高丽人和南人，但是依旧难以裁汰干净。最后元朝统治者只得承认这一事实，只是规定了他们的地位低于蒙古人和色目人。除了蒙古贵族子弟与其随从人员外，怯薛中又多了大批官员子弟、投充人员。

怯薛军的兵器与战术

怯薛之所以能够在蒙古帝国及元帝国的政治生活中占据如此重要的地位，是与其强悍的战斗力息息相关的。总体而言，怯薛军和其他蒙古军队一样，都是擅长野战的精锐骑兵。

蒙古骑兵的武器装备分为四种：长兵器、短兵器、远射兵器和防护装具。

蒙古人的长兵器主要是长矛，其特点是一般在铁颈上有一个钩，便于将敌人从马上拉下来再杀死，类似于中原军队的钩镰枪。此外还有长柄刀、铁棒、仆钯（类

少。如至元二十四年，忽必烈一次就赏赐诸王、驸马、怯薛钞二十五万三千五百余锭、马一万二千二百匹、羊二万二千六百只等。仁宗时开始明确岁赐怯薛钞二十四万二百五锭，泰定帝时核定每位怯薛每年给钞八十锭。而怯薛的随从人员也能得到朝廷的供给和赏赐。

怯薛的马匹既有自备的，也有朝廷拨发的。如忽必烈时就派人到山西搜括马匹，一次分给怯薛四千余匹。怯薛马匹的草料由朝廷定时发放。由于怯薛的俸禄和草料都是父子兄弟世袭占有，因此成为朝廷沉重的负担。据中书省的奏报，成宗时怯薛所有的马匹骆驼多达九万三千余匹，为了供给它们，本就缺刍六百万束、料十五万石，结果后来又增加了五万匹，官员难以供应，只能请求皇帝减免。怯薛的住房和衣服等，更是由朝廷负担。如至元二十八年，元廷

◎ 古画中的蒙古骑兵形象

似镗钯）等。

蒙古人的短兵器主要是刀，轻薄犀利，略弯，被称为环刀，剑用得较少。骑兵作战时也常用斧头、短矛等武器。

蒙古骑兵作战中最重要的武器是弓箭，每个骑兵一般都两三张弓，其中分为骑射用弓和步射用弓，同时备有两三个装满箭的箭筒。蒙古骑兵步射的弓力多在一石以上，甚至有两个人才能勉强拉开的劲弓，用于射击远处的目标，骑射用弓的力量则要小不少。箭约长两尺，一般用沙柳条或树枝做箭杆，铁箭头磨得很锋利，十分尖锐。蒙古人为了磨箭头，要随身带着锉刀。

由于蒙古骑兵经常要长途跋涉，所以为了减轻马匹负担，骑兵鞍具都很轻巧，一般不过七八斤。马鞍有雁翅，前竖而后平，便于骑兵纵马奔驰。马镫呈圆形，包马镫的皮革用手揉制而成，灌入羊脂能抵挡风雨。蒙古骑兵中，有四成重骑兵和六成轻骑兵。前者以铁甲为主甚至人马俱甲，人甲有"柳叶甲""罗圈甲"等类型，马甲一般有五块甲片，保护马的前胸、后臀、两侧与额头，以皮甲为主。蒙古骑兵不常装备盾牌，如果需要时常用柳条或树枝等编成的盾牌。

值得注意的是，蒙古人随着征服与扩张，大量使用缴获的武器、铠甲。同时也利用被征服地区的工匠生产武器、铠甲。所以蒙古骑兵的装备样式往往与其所处地区的传统武备相同。

蒙古骑兵的马匹来源主要是从牧民中抽分马匹、朝廷直属牧场供应马匹、从民间购买马匹甚至直接大规模搜括马匹。怯薛军与其他蒙古骑兵最大的不同是，他们出身贵胄，又极受重视，所以一般蒙古骑兵大量骑乘的是骑挽两用的普通蒙古马，而怯薛骑兵骑乘的大多是中亚、西亚的优秀骑乘马。

总体而言，战马要从小开始调教。通常马会在两岁左右开始上鞍调教，学习对骑兵的扶助①做出正确的反应，适应背上驮着人或物行动。大多数公马在很小的时候

◎ 蒙古军交战图

就会被阉割，阉割之后的马叫骟马，相比未经阉割的儿马，骟马的工作性能更稳定，胆子更大。

骑兵必须了解马的习性。马的优点在于体型庞大，冲击力强；记忆力较佳，如果行进的时候走迷路了，还可以借助马的能力原路返回，固有"老马识途"之说；警惕性强，甚至连睡觉都是站着睡的，这样一旦有猛兽接近，马可以随时从睡梦中醒来并及时逃跑；感觉敏锐，对于出现在后方的物体，马如果感觉到威胁，可能会发起攻击，而且双腿后踢威力大，单腿后踢精度高；耐力强，马在站立休息的时候，通常是三条腿站立，它的两条后腿会轮流承受身体的重量；视野极佳，夜间视力也很好，马的眼睛在头颅两侧，视觉死角只有身体正后方的 30 度范围，其余角度都在它的视野里。但是马对距离的判断能力较

差，在野外复杂地形行进的时候往往需要骑兵帮助马判断距离。未经训练的马非常容易受到惊吓。路边杂草随风摆动，或是风吹过来一点杂物，甚至是前进路线上碰到与路面不同颜色的物体，都可能导致马匹出现急闪、急停等应激反应。骑兵手中挥舞着的马鞭或者其他物品，也都可能导致马儿受到惊吓。

战马经过调教之后克服了胆怯的弱点，能对骑兵手中挥舞的任何武器以及闪光、巨响等等诸多外界干扰视若无睹。在复杂的战场厮杀环境下，战马需要勇敢而机警，甚至要做到受伤后都能继续坚持战斗。宋朝使节对此做过生动的描绘："千百成群,寂无嘶鸣,下马不用控系,亦不走逸"，"阔壮而有力,柔顺而无性,能风寒而久岁月"，"骑之数百里自然无汗,故可以耐远而出战"。

蒙古骑兵往往采取两翼侧击、迂回包抄等动作。一般先派先锋部队侦察军情，然后骑兵布成半圆形或横队，敢死队居前，主力部队分布于两侧，主将和护卫亲兵居中。有时故意在环形阵型中留出空缺，以给敌人退却的机会，趁其撤退混乱之际以骑兵快速追击，加以歼灭。临战之时，出战骑兵都配有副马，以便长途机动或战事不利时换马撤退。与敌军对阵时，使用各种方法扰乱敌军阵型，如派小队骑兵轮番冲击，在马上立假人或以马匹拖木扬尘以壮声势，驱逐牛羊群冲击敌阵，派精锐骑

---

① 扶助是马术用语，是指骑手用手、腿、坐姿、口令、马刺、马鞭等给马传达指令，使马能感知骑手的指令，服从骑手的驾驭，做出正确的动作。

◎ 蒙古国博物馆复原的蒙古骑兵像

兵截断敌军粮草等。一旦敌军动摇，大队骑兵便发动总攻，如果进攻失败则有序地四散撤退。

在具体的战斗中，蒙古骑兵一般并不急于与敌人短兵相接，而是利用骑射战术发挥骑兵机动性高的优势，在某一个方向上集中相对优势的弓骑兵兵力，进行远程打击。

蒙古骑兵射箭的最大特点就是只使用拇指加护指扣弦，除拇指外其他所有指头都不参与扣弦。所以中亚及东亚传统上称之为拇指射法（或大指射法）。由于蒙古军队军民合一，而怯薛军多出身贵族子弟，更是从小便开始训练箭术。

箭术的要义：一是射箭时必须从一开始就把注意力灌注到目标上而不能分心旁骛，估量敌人与自己的距离和相对位置及所有影响射箭的因素；二是手拉满弓要靠肩背发力，而非手臂用力，肩背发力则以前肩（左肩）下沉为要旨；三是目标进入射程时，最后一段背部加力，而双肩双臂在任何时刻用力时都应该互相协调；四是放箭之时双手没有多余的动作，在用力上齐收齐放，要做到后手发矢、前手不知的境界。

在调教马匹和箭术精熟之后，要想成为优秀的骑射手，还要做到人马弓三者合一的境界。在骑马的时候，通常骑兵要深坐在马鞍上。骑兵双脚的前脚掌要踩在马镫上，踩的时候脚尖朝上，脚后跟朝下压，以防被马镫挂住。在非战斗状态时，缰绳就可以控制马匹的前进方向，轻拉右侧缰绳，把马头带向右侧，马匹便会往右，反之则往左，而往后收缰绳则是让马匹减速

乃至停下。这样再借助双腿和腰部动作，骑兵就可以驱动马匹前进，或者在转弯的时候提醒马匹曲身。但骑兵作战时往往要紧握兵器，因而无法持缰，此时骑兵只能通过双腿、腰部动作以及口令等结合，来对马进行掌控。

一名优秀的蒙古骑兵尤其是怯薛军战斗的时候，仅仅依靠双腿的扶助，再加上简单的口令、身体重心的变化、腰部通过马鞍传递给马背的力量，便可以让战马做出加速、前进、转弯、减速等等各种不同的反应。

骑兵在骑射时，马在前进的同时身体还在不断上下起伏，犹如波浪一般。通常人与马在到达起伏的最高点的时候，会有一瞬间的悬空，这一刹那是放箭的良机。

怯薛军的著名战例与代表人物

怯薛军虽然是蒙古军队中最精锐的军团，但它作为一支宿卫军和质子军，又兼职内侍和政务，云集了众多蒙古贵族子弟和朝廷重臣，在战场上大汗一般不会轻易动用这支宝贵的部队。因此在蒙古帝国早期，怯薛军需要成建制作战时，也主要是作为决定性力量投入，而不会担任前期的轻骑袭扰任务。这也意味着，怯薛军更应该是重装骑兵，也就是草原民族军事力量中拥有良好防护和突击能力的"侍卫之士"。

此后，窝阔台开始，蒙古统治者开始定都，加之帝国版图不断扩张，怯薛军逐渐变成了禁军，不再以大股兵力参战。入

元之后，更是蜕变成一个贵族官僚集团。因此怯薛军所参与的战役并不多，但是这些为数不多的战例也因此变得更加关键也更加精彩。

合兰真沙陀之战是铁木真一生中最艰苦的战斗。战争的背景是日益崛起的铁木真势力让王罕如芒在背，双方多次发生矛盾。如在双方联合讨伐乃蛮部的战役中，

王罕私自撤军；又如在阙奕坛之战中，他们虽然联合对敌，但是乞颜部中的反铁木真贵族阿勒坦、忽察、塔里台已经投靠王罕，让铁木真大为不满。为了和王罕改善关系，铁木真为长子术赤向王罕之子桑昆的女儿察兀儿别姬求婚，并愿意将自己的女儿火真别姬嫁给桑昆的儿子秃撒合为妻子。但桑昆却说："俺的女子到他家呵，专一门后向北立地；他的女子到俺家呵，正面向南坐么道"，不肯许亲。

此后由于扎木合、阿勒坦、忽察儿等人的挑唆，桑昆便定下了诡计，虽然王罕最初反对，但最终还是被劝服。于是1203 年春，克烈部假装答应婚事，邀请铁木真来喝定亲酒，准备在酒宴上将其杀死。铁木真信以为真率领十几个侍从依约前往。结果经过蒙力克的营帐时，蒙力克认为其中有诈，劝铁木真以春天马瘦无法长途跋涉为理由推脱不去。于是铁木真便派两名使者前往侦查，桑昆以为密谋泄露，便决定出兵袭击。一个偶然的机会，密谋被阿勒坦之弟也客扯连的马奴巴歹、乞失里黑知道，他们连夜逃到铁木真处告密。

由于时间紧急，铁木真来不及集结大军，只得连夜命令那可儿们扔掉辎重，迁移到昔鲁主勒只惕的密林中，自己则退往卯温都儿山以北金国界壕附近。当时铁木真除了少数侍卫（也就是怯薛军的前身）外，只有忙兀部的

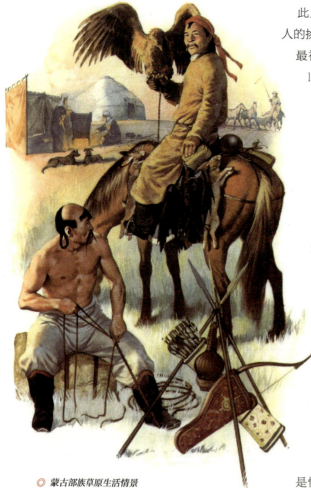

◎ 蒙古部族草原生活情景

忽亦勒答儿与兀鲁兀部的主儿扯歹两支部众。次日午时，桑昆和扎木合等率领部众突然包围铁木真于金界壕附近的驻地。两军大战于合兰真沙陀，王罕军以只儿斤部为前锋，随之则是一千护卫军，最后由扎木合率领大军总攻。铁木真命忙兀部的忽亦勒答儿与兀鲁兀部的主儿扯歹率本部拼死抵御，接着铁木真也率领他的护卫军加入了战斗。战斗十分激烈，护卫长博尔术被敌人射中战马败回，铁木真三子窝阔台中箭负伤。幸亏忽亦勒答儿身负重伤依旧死战不退，主儿扯歹将桑昆从马上射落，克烈部军队退却，铁木真突围而出，收拾残部溯乌尔浑河和失连真河而上，撤军到答阑捏木儿格思平原，然后，沿着哈拉哈河而下。铁木真等收集部众约二千六百人，其中铁木真所部一千三百，忙兀、兀鲁兀部一千三百，忽亦勒答儿伤重而死。

铁木真残部向贝尔湖附近弘吉剌部驻地进发，后来铁木真又转移到班朱尼湖边，跟着他的军士只剩下十九人。铁木真之弟合撒儿在合剌温被克烈军击败，也到铁木真处会集。当时河水浑浊，只能从污泥中挤出浑水来解渴，铁木真便以浑水向天发誓说："与我共饮此水者，世为我用！"

此战中铁木真虽然战败，但正因为怯薛部队的殊死抵抗，使铁木真得以逃过几乎是必死的致命一击，也为不久之后铁木真趁克烈部内讧及懈怠之机出兵消灭克烈

部提供了契机。

怯薛军大显身手的另一战斗是玉龙杰赤之战。1220 年底，花剌子模已经丧失了大半版图，讹答剌、布哈拉、撒马尔罕、努尔、毡的、本纳凯特等各大城市纷纷沦陷。花拉子模沙[1]摩诃末苏丹原本退到阿姆河以南的卡里弗和安德忽，企图据河而守，却又胆怯地向哥疾宁逃窜，半路上不顾扎兰丁的谏阻，向伊拉克退却。扈从的士兵都是康里人，将领均是太后图尔汗可敦的亲戚，他们打算谋杀摩诃末，结果事情败露，摩诃末连夜转移帐幕，早晨起来发现自己的营帐已经被乱箭射穿。摩诃末抵达尼沙布尔不久，得知速不台和哲别的部队已经进入呼罗珊，便以行猎为名，仓皇逃亡伊朗沙布尔。鲁克那丁率军三万等待，部下劝摩诃末据险聚众，抗击蒙古，但摩诃末拒不纳谏。

摩诃末得知蒙古军进逼的消息，又立即逃往哈伦堡，次日又向巴格达逃跑。蒙古军得知消息后，穷追不舍，摩诃末改道逃亡哥疾云西北数十里的萨尔察汗，辗转又到了马赞德兰。蒙古军依旧紧追不舍，摩诃末最终病死于里海中一个偏僻的小岛上。临死前做了他晚年唯一正确的但也是为时已晚的决定：将苏丹之位传给扎兰丁。太后则带着摩诃末的后妃、王子公主们西逃，躲避到马赞德兰附近的亦剌勒和剌儿占城堡。蒙古军尾随而至，包围两个城堡

① "沙"是波斯文沙阿的简称，为波斯帝国统治者的称号，因为花拉子模是深受波斯文化影响的地区，所以摩诃末同时使用花拉子模沙和苏丹的称号。

四个月之久，城堡虽然易守难攻，但正值夏季却连月不雨。因为缺乏水源，守军饥渴难耐被迫出降，图尔汗可敦等被俘获，悲剧的是刚刚投降便天降豪雨。摩诃末的女儿们和年纪小的儿子同时被俘，王子们均遭杀害，公主们则被分给投靠成吉思汗的穆斯林高官们，据说有些还成了术赤、察合台的妃子，可敦自己则被押送到蒙古。

太后出走后，花剌子模都城玉龙杰赤已经群龙无首，便推举可敦的亲戚胡玛尔的斤为苏丹。城中有军士九万，花剌子模名将帖木儿灭里也到达这里。此人在忽毡沦陷时曾率领一千军队退入锡尔河的一个岛屿之中，抵抗蒙古军围攻数月之久，粉碎了蒙古人的溃堤水攻计划，最后因矢尽粮绝才率领部下乘七十艘小船连夜突围。

◎ **蒙古骑兵作战图**

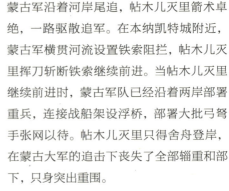

蒙古军沿着河岸尾追，帖木儿灭里箭术卓绝，一路驱散追军。在本纳凯特城附近，蒙古军横贯河流设置铁索阻拦，帖木儿灭里挥刀斩断铁索继续前进。当帖木儿灭里继续前进时，蒙古军队已经沿着两岸部署重兵，连接战船架设浮桥，部署大批弓弩手张网以待。帖木儿灭里只得舍舟登岸，在蒙古大军的追击下丧失了全部辎重和部下，只身突出重围。

帖木儿灭里整顿军务，出兵收复养吉干，杀死蒙古达鲁花赤，随即撤回。接着花剌子模的两位宰相伊马杜丁和谢雷甫丁也赶来，城中秩序大有改观。不久，扎兰丁等三位王子在埋葬了摩诃末之后，由海路率领七十名骑兵抵达玉龙杰赤，宣布了摩诃末的死讯和扎兰丁继位的遗命。虽然原太子奥兹拉格沙表示愿意让位，但控制玉龙杰赤的突厥将领们素来与扎兰丁不合，对他继位大为不满，企图发动政变杀害扎兰丁。扎兰丁被迫于1221年2月逃出玉龙杰赤，仅有帖木儿灭里率三百骑兵追随，抵达纳撒。三天后，扎兰丁的两位弟弟也弃城而逃，路上被蒙古军包围，与其追随者一起战死。三人走后，玉龙杰赤的康里将领乌马儿自立为苏丹。这种自毁长城的行为无疑帮了蒙古军队的大忙，然而接下来的战斗依旧异常残酷和艰难。

察合台、窝阔台所部协统右手诸千户军，经布哈拉从东南面进入花剌子模，术赤的军队也从毡的南下，博尔术所统率的怯薛军亦赶来参战，最后到达的则是察合台部。

各路蒙古大军云集玉龙杰赤城下，在术赤部到来之前蒙古军兵力就已超过万人。蒙古军先以少数兵力袭扰各城关，赶走牲畜。城内守军误以为敌人不多，开门出击，蒙古军先锋佯装败退。结果花剌子模军队被蒙古军引诱到距城市约六公里的伏击圈内，日落前就被杀一千余人，余部突围回城，蒙古军紧随其后，夺门而入，但在日落时被击退出城外。次日战斗再起，守将费力顿古里率军五百击退了蒙古人对城门的攻击。此时察合台部和窝阔台部赶到，一边派使节进城劝降，一边准备围攻。玉龙杰赤附近缺乏石头，蒙古军便砍伐桑树，截为数段，浸入水中使其坚硬如石后代替石弹。术赤军赶到后，完成了对城市的合围。

蒙古军随军带来的俘虏奉命花了十天填平堑壕，蒙古军用水浸的桑木作为炮石向城中抛射，"一声雷霆闪电般的呐喊，他们把投掷器和箭矢，像雹子一样倾泻出去"。又在城下挖掘坑道以摧毁城墙。乌马儿苏丹惊慌失措，出城投降，守军虽然士气受到影响却依旧在坚持。蒙古军使用石油筒焚烧街区，用弓弩和投石机屠戮百姓，城中守军死伤惨重，但依旧引阿姆河之水来灭火，坚持战斗。玉龙杰赤城跨阿姆河两岸，中有桥梁相连，蒙古军三千人企图夺取桥梁，以阻止守军利用河水灭火，结果全被守军杀死。于是城内守将士气大振，屡屡杀死攻城的蒙古军。加之术赤和察合台钩心斗角，号令不一，连攻数月却徒劳无功。据拉施都丁说，直到几十年后还可以看到玉龙杰赤的废墟里蒙古军的尸骨堆积如山。

◎ 蒙古军攻城图

成吉思汗大怒，命窝阔台统一指挥，并动用了怯薛军。数百具大型抛石机一起向城中发射点燃的装满石油的陶罐，玉龙杰赤变成一片火海，博尔术率领怯薛军拼死攻城。蒙古军的旗帜终于插上城墙，但花剌子模守军依旧逐个街区、逐条街巷地和蒙古军死战。怯薛军身先士卒，与花剌子模军激战，巷战极为激烈，每个街区、每个宅院都经过反复争夺，连妇女都奋起参战。蒙古军每攻占一个区域，就将其彻底烧毁、拆掉。七天之后，城中仅剩下三个街区，守军力竭投降。蒙古军将居民全部赶出城外，命十万工匠聚集在一起，押送到蒙古为奴；年轻女子和儿童沦为奴隶分给蒙古各部，剩余人员则屠杀殆尽。大屠杀之后，又掘开阿姆河堤坝，放水灌城，藏在城中的少数人也被淹死。昔日繁华富庶的花剌子模首都，变成一片水乡泽国。

前面说过，那个率领怯薛军最终攻破

◎ 木华黎塑像　　　　　　　　　　　　◎ 博尔术塑像

玉龙杰赤的博尔术是铁木真的四大怯薛长之一，但真正更好体现怯薛军战斗历程的却是四大怯薛长中的另一个——木华黎。

木华黎出身札剌亦儿部，其祖父是铁列格突伯颜。他们曾经是蒙古人的世仇。当年他们被辽军打败之后，迁徙并占据了蒙古部的牧场，还险些将蒙古部灭族。蒙古部只有海都汗（铁木真的六世祖）等少数人得以逃出。多年后，海都和叔叔纳真联合巴拉忽部东山再起，才击溃了克鲁伦河流域的札剌亦儿部，恢复了斡难河上游和不儿罕山的故地。札剌亦儿部被蒙古人打败后，便成为蒙古人的世仆。铁木真崛起后，铁列格突伯颜命令其长子孔温窟哇带着两个儿子木华黎和不合给铁木真做那可儿："教永远做奴婢者。若离了你们门户呵，便将脚筋挑了、心肝割了。"

孔温窟哇投奔铁木真后，参加了对蔑儿乞和乃蛮的战斗，屡立战功。一次铁木真被乃蛮部击败，仅有六名骑兵追随，路上没有食物，孔温窟哇便杀死水边的骆驼烤熟了给铁木真充饥。不久铁木真一行被追兵赶上，而铁木真的战马却已累死，其他五人相顾愕然之时，孔温窟哇毅然将自己的坐骑送给铁木真，自己徒步抵挡追兵，铁木真才得以逃生。

木华黎投靠铁木真后，表现出超凡的智慧、勇气和武功。一次铁木真只带了三十多个怯薛行进到一个地势险要的溪谷之中，铁木真观察了地形后说如果这里埋伏了敌人，该怎么办？木华黎回答说："以身拒挡！"果然从森林中冲出大批敌军，

◎ 南宋绘画中的金国重骑兵

箭矢如雨袭来。木华黎引弓射箭，连杀三人，让敌人胆寒。敌人首领问道："你是谁？"木华黎一边回答说："木华黎！"一边解下马鞍来拿着，护卫铁木真前进，敌兵为之胆寒而逃。

在合兰真沙陀之战中击败铁木真的克烈部，就是遭遇木华黎率领的怯薛军突袭而被击败的。当时经过三天三夜的激战，木华黎在折折运都山一战将克烈部打得全军覆没。铁木真成为成吉思汗后，封木华黎为左手万户、第三怯薛长，并说自己和木华黎之间是"犹车之有辕，身之有臂也"。

蒙古第一次侵金战争中，木华黎追随铁木真大中军行动。野狐岭之战中金军号称四十万之众，木华黎说："敌众我寡，不拼死力战，难以破敌"，便率领怯薛军中

敢死之士冲击完颜承裕的中军，铁木真率大军继进。完颜承裕来不及调军抵挡，居然临阵脱逃，金军因此士气衰落，遭到蒙古军队掩杀，大军随之崩溃，横尸数百里。木华黎随即率军逼近居庸关，居庸关易守难攻，木华黎派部将哲别率精兵扑向紫荆关，金国左监军高琪不战而逃，蒙古军连克涿州和益都诸城，招降史天倪、萧勃。此后，木华黎随铁木真围攻燕京，完颜天骥拼死守卫，铁木真久攻不下，金国皇帝却主动求和，蒙古撤兵。

接着铁木真命木华黎攻打辽东。木华黎在契丹将领萧也先帮助下平定金国东京，又进攻金国北京，斩首八万，余部不得不献城投降，在萧也先劝阻下金国降兵方免于被屠杀。此时锦州张鲸先是起兵反金，

接着又投降蒙古，铁木真命他随蒙古军南征。但木华黎却发现张鲸有谋反的迹象，便派萧也先赴张鲸军监军。行军到平州时，张鲸称病逗留实则想逃走，被萧也先抓获送到铁木真处处死。张鲸的弟弟张致割据锦州反蒙，攻陷兴中府，木华黎率数万军队讨伐，招降杜秀，逼近兴中府。他先派大将吾也先攻打溜石山，同时派蒙古不花驻军永德设伏，张致果然派张鲸之子张东平率大军三万八千驰援溜石山。蒙古不花率军迎击，并飞报木华黎，木华黎半夜驰援，在神水县以东与敌军遭遇。木华黎命麾下亲军分出一半下马步战，并挑选数千善射之士射杀没有铠甲的步兵，将其击溃。随即木华黎率骑兵追杀，张东平和士兵一万二千八百余人被杀。蒙古军攻占义县，围攻锦州，张致多次出战均惨败，愤怒下杀害二十余名部将，引发内乱，大将高益捆绑了张致投降。木华黎不但处死了张致，

而且下令除工匠优伶外守军全部杀死。

1223年木华黎死后，其子孙不但世袭国王爵位，世袭五投下军（十六个千户）的指挥权，加上本身的三个世袭千户，拥兵近两万之众。忽必烈还让其世袭五投下探马赤军的指挥权，在中原拥有近四万户封户，南宋灭亡后又在江南获封四万一千户，而且世代为第三怯薛长。其后裔高官辈出，如孛鲁、塔思任左手万户，速浑察总统中都蒙汉军队，安童、朵儿只、拜住官至右丞相，哈纳出代理丞相等。有元一代，木华黎后裔仅官至一品以上者就达十四人之多，为蒙古贵族之冠。直到1367年尚有木华黎后裔铁木儿出任执政，分省保定。只不过此时不但怯薛军已然腐化蜕变，整个蒙元帝国也已因为民族压迫和腐朽黑暗而走到了尽头。虽然这个怯薛世家做到了和黄金家族休戚与共、有始有终，但终究挡不住历史的洪流。

明戚家軍

文 梁栋

在 14 世纪后半叶，明帝国将蒙古人逐回了草原。但以当时的客观条件，明帝国却始终无法消除蒙古人的威胁。到了 16 世纪中叶，正当明帝国在北方边境线上与蒙古人进行着殊死较量时，新的敌人又从东南沿海袭来。

血色白银

当时，明初的禁海政策在明中期以后趋于瓦解。福建、广东、浙江等沿海地方，人口众多、耕地不足，粮食大部分需要从外省通过船只转运。随着盐商和米商为中心的商人势力膨胀，曾经因有远航能力而被禁止的双桅大船，也开始被这些人建造起来。毕竟船越大，能装载的货物就越多，而货物越多，则意味着利润越高。

同时，被明军于屯门——西草湾海战中击败的葡萄牙人，因为不甘心失败，开始北上，和中国沿海的走私商人接触，以绕过中国官方进行走私贸易。当时，广东省的上川岛、福建省的漳州和泉州、浙江省的宁波，成了海上走私贸易的舞台，特别是有着"16 世纪上海"之称的宁波双屿，更成为当时东太平洋的走私贸易中心。

双屿也叫双屿港或者双屿山，在浙江省的长江口附近，是宁波以东洋面的岛屿。这里靠近中国经济最发达的长江三角洲地区。嘉靖十八年（1539 年），福建的走私商金子老人据双屿港，开始与葡萄牙人接洽，引诱葡萄牙人前来贸易。嘉靖二十四年（1545 年），后世著名的倭寇王汪直，利诱日本人前来双屿。自此之后，中国东南沿海开始出现了大规模的武装走私集团，这些走私集团不但雇用本地的舵工、水手，还招募了一些日本的贫穷浪人作为护卫家丁，同时购买枪炮以增强实力。某些富裕的日本商人则出资搭股，从事海上贸易。走私贸易的集团化、国际化，使海上形势更为复杂，出现亦商亦盗现象。

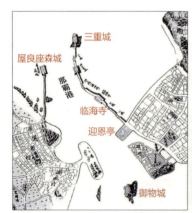

◎ 三重城和屋良座森城两座炮台平面图，右侧彩照为三重城

◎ **侵袭朝鲜的倭寇**

巨大的武装走私船队不可避免地开始威胁东亚沿海的安全。嘉靖二十六年（1547年），李氏朝鲜政府向明朝政府通告了中国商人走私火炮、硝石、硫黄、福建铁等战略物资去日本的消息。琉球王国也为了防备走私集团，开始修筑三重城炮台和屋良座森城炮台，以守卫首都那霸港。发现情况不对的明朝政府命令巡抚朱纨调集军队，一举摧毁了双屿港。但是不甘心双屿被毁的葡萄牙人与海寇开始联合，试图攻打福建沿海，以重新建立一个走私贸易基地。结果走马溪之战，大败而归的葡萄牙人再无能力与明军抗衡，开始退居幕后。大获全胜的朱纨为震慑沿海士绅在战争中肆意妄为的通敌行为，决定斩杀所有俘获

的对海寇联军贩卖物资的人。

于是，在明廷反武装走私行为中损失巨大的沿海士绅们，开始攻讦构陷朱纨，最后不堪受辱的朱纨在狱中自尽。朱纨死后，闽浙官僚为了避免开海之后己方小集团的利益流失，依旧反对开海。自此明廷罢巡视大臣不设，中外不敢言废除海禁之事。同时，朱纨死后，在福建、浙江沿海士绅们的纵容之下，武装走私船再一次蓬勃地发展起来。再加上已经改变策略，不与明帝国直接对抗的葡萄牙人转而在幕后支持中国、东南亚、日本三方的走私武装。最终，由葡萄牙人提供火器、军事技术，由日本、东南亚提供人力、船只、冷兵器、军费，由中国走私商、沿海士绅担任内应，多方共同整合出了一支庞大的、足以威胁整个东亚沿海的跨国武装团伙——倭寇。

倭寇来袭

在双屿被攻破后，汪直逃至舟山列岛的马迹潭，继续进行走私贸易，并积极与日本人相勾结。为了加强自己的武装力量，大海盗徐海、汪直等人借着与日本交通，从日本大名手中获得了大量军事技能娴熟的中低级军官。以这些武士为骨干，汪直在很短的时间内，使自己的武装力量达到了日本战国时期强势大名正规军级别。这些混杂了相当数量日本武士的武装走私力量，实际上是以日本战国时代军队的战术进行作战的。

朱纨死后近乎不存的海防，自然不能抵御汹涌而来的倭寇。脱胎于正面战场环

境作战的明军战术，在东南地区河川众多、地形支离破碎的战场环境显得极其不适应，其军阵往往被水沟、田埂、房屋、道路等切割得支离破碎。日本基于武士加郎党的小团体集群战术，在这类地形如鱼得水。于是借着东南沿海中国人的参与，熟悉地形的倭寇使用这种小团体集群战术，避开与明军大阵的正面交锋，借助有利地形，将明军大阵打得狼狈不堪。

如徐惟学、徐海所部倭寇进攻嘉定县城时，因浙江本地卫所兵不堪用，特地去外省招募士兵的募兵参将李逢时、许国，率领新募的六千名山东长枪手，在新泾桥与倭寇相遇。正面作战倭寇的确不是对手，一败于新泾桥后退至罗店镇。李逢时领兵直进，倭寇再次战败，逃回采淘港。当明军来到采淘港时，此地空无一人，只有几条倭寇船飘在港湾内，上面罩着棉被。此时天正下雨，周围也没有船只，明军火箭也没法在雨天使用。当海潮渐渐涨起，明军通路已经被潮水遮断，此时倭寇剑手从芦苇丛中突出，滚入长枪兵阵中乱砍。长枪手的长枪适合中距格拦戳刺，当倭寇从脚下滚进枪阵中时，回转不能的长枪手只能被动挨刀。加之潮水大至，连退兵重新列阵的

机会都没有。于是明军大阵崩溃，士兵争相逃命，死在潮水和自相残杀里的有一千余人，指挥刘勇等也随军一同没于水中。

除此之外，倭寇还以精锐士兵突袭流窜，一地破坏完毕立刻转移至另外一地，同时大量杀死毫无防备的平民和警惕性不高的守军。这样的短时间大面积制造恐慌的行为，与现在恐怖分子的所作所为颇为类似。嘉靖三十三年，倭寇一百余人从虞爵谿所登岸，突袭会稽、高埠。被当地明军狙击，残余的精锐倭寇借着熟悉地形，以远超一般军队的速度突破了明军的包围圈，历史上著名的五十三人攻打南京，就这样发生了。

这股倭寇在前后八十余天里，转战三千里，一日平均行进四十里路，相当于古代军队无战事下的行军距离。这股倭寇在无锡突围时，一昼夜狂奔一百八十里，明代一里合五百七十六米，一百八十里约等于现代一百零三千米。一昼夜步行一百公里，还能持刀肉搏，之后再次夜里强行军，在古代的确是精锐中的精锐。这群倭寇打到南陵时，南陵县派出三百官兵守城，倭寇冲溃守兵，并冲进县城纵火焚屋。县城周边三个县府的官员率兵来

◎ 持大太刀的日本武士
（身穿大铠）

援，交手时倭寇竟然手接飞箭，导致援军大惊而溃。这个说法略有夸张，并也有江南弓箭羸弱的原因，但是这个记载，也表现出了这股倭寇极其娴熟的作战技巧。

工欲善其事，必先利其器。这几十名倭寇肆掠三千里后才被全歼，其原因除了浙江多以民兵为主，地形和作战模式不适合明军传统阵形，以及上层正处在人事混乱变动期之外，这股倭寇所使用的兵器也需要着重提出来，那就是倭刀。

倭刀，也就是日本刀。明代肆掠江浙的那帮倭寇，手里的倭刀并非我们现在所见的日本刀。现在的日本刀，是日本传统刀剑中的一种，正式的种类是属于打刀，而且是江户时代之后缩短长度的打刀，在日本刀剑分类中归于幕末的新刀。在嘉靖年间，这股倭寇所使用的日本刀，是江户之后被禁止私人拥有的战场用刀——野太刀或大太刀。这是一种刀刃长度在0.9米以上，全长多为1.5米，甚至长达1.75米的实战用超长双手刀。

这样巨大的刀剑通常重量在2.5千克以上，如果换算成明代度量衡，那就是在四斤以上，相当于中国月刀、眉尖刀之类重型刀具的重量。一般的明军长枪，在传统战术上偏向持久战，因此重量很低，全重只有三斤，枪头不超过一两重。明军士兵通常佩戴的腰刀重量更低，这种单手刀的重量一般在一斤左右。长枪跟单刀是明军的标准配置武装，而这两种兵器与野太刀或大太刀比，重量上处于绝对的劣势。沉重巨大的刀剑击斩过来，一般士兵无法保持原有姿势，而这就意味着枪阵的阵形

◎ 日本战国武将真柄直隆（1536—1570）持五尺三寸约1.75米长大郎太刀作战，其青壮年正是倭寇活跃期

被破坏。所以当技艺精湛的倭寇持刀沿着枪杆突入时，枪手只能束手待毙。即便明军士兵同样素质优良，来得及弃枪换刀，但是重量和刀刃长度上的绝对劣势，并不能有效保护士兵的生命。明军正规军的常备兵器已经有了这样巨大的差距，乡兵自然不用提。乡兵常用的棍、镗钯类在长度上都略有不及，杀伤力和重量上更是天差地别。这些巨大的刀剑要依靠双手持握靠后的刀柄来挥舞，所以颇为消耗体力。因此为了保持持久作战的能力，日本人将刀镡之上的刀刃部分用革包裹起来，使得刀的可持握部分变得更长，这种野太刀被称为中卷野太刀。这样的改变，变相增加了挥斩的力度强度，在长度、功用、使用模式上和中国的月刀相当，尤其适合突袭或混战中使用。

至于倭寇常采取的小部队突袭战术模式其实是日本国内的标准战术体系。一群

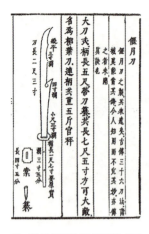

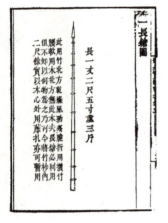

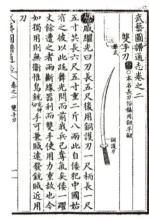

◎ 明兵书所绘偃月刀尺寸重量，明代五斤约为3千克（《经国雄略》）

◎ 明兵书所绘长枪尺寸重量，明代三斤约为1.8千克（《练兵实纪》）

◎ 戚继光时代长刀，注意其铜护手长度（此处尺为周尺，一尺约为现在的23厘米）

武士响应领主号召，带领自己的郎党参与领主大军，看着是一支大军，其实内部是大大小小的武士团。除了高级武士，一般武士携带的人员较少，多在几人到十几人，兵器五花八门，刀剑、长枪、弓箭无所不有。所以他们在山林、稻田、房前屋后，无处不可以作战。如前面所说，明军的战术是正常中央集权王朝的大型野战模式，兵器由国家统一派发，士兵成建制地持有一种兵器。这种模式下，明军最小的作战单位是二十五人的队，兵器相对单一，由一个队长统属。而且，还有相当数量的军队基本为同一种兵器的情况，如前文所述六千山东长枪兵。明军这样的作战模式，适合大的平原旷野，适应性和灵活性不足。因此遭遇浙江的战场环境和倭寇的战术模式时，明军原有的战术就显得格格不入。以二十五人的队为例，列一个基本的方阵

占地面积最少为9×9平方米。稻田田埂、水塘洼地，是否处处有9米宽的位置，让这个阵形可以排列？答案自然是否，因为多数的田埂不过一两尺宽。以单一长枪作为兵器，意味着这个小队在被地形分割后，侧翼或后方遭到突袭时，只能任人宰割。

不过以倭寇为整体来说，战斗力其实并不强。不可否认，自小受到严格技击训练的日本武士，在个人搏斗技巧上远超一般的中国士兵。但是武士这个阶层其实对应的是明军军官阶层。普通日本倭寇在个人战力上相对明军并无优势。同时在战场作战，个人勇武很重要，但是更重要的是军队的整体纪律。倭寇本身的组成和战术模式，意味着他们不可能有很好的战场纪律。所以即便百年不知兵的江南，在倭乱初期，仍有不少从未打过仗的知县，率领一帮平民守卫城池成功，又或者在野战中

取得胜利。

倭刀虽利，但是一寸长一寸强。长枪可以轻易做到一丈八尺，即5.76米。现存有记录可查的日本战国武士持有的实战刀剑最长不过2米。也就是说，在持枪人的长枪攻击到持刀人身上的时候，持刀人还要努力前进将近3米，才能够到持枪人的身体，这个时间起码可以让长枪再攻击一次。所以纵观倭寇的作战模式，有着很鲜明的特点，那就避免直冲明军大阵，以突袭、夜袭、设伏、袭击侧翼为主。所以在倭寇最开始打了明军一个措手不及之后，明军也开始调整自己的战术模式，让这些精锐日本剑士最终成了挡车的螳螂。

鸳鸯阵

首先开始改良明军阵法的是明代儒学大师和军事家唐顺之。他放弃了以二十五人的队为基本单位，把最小的编制改成只有五个人的伍。唐顺之的伍有三种不同兵器，伍长持防牌在最前，其后是一把狼筅和三支长枪。这种阵形又被称为鸳鸯伍。

这是一个非常成功的改进。明军士兵在猝然遇敌之时，对抗倭寇精锐刀手的不再是格挡不便、重量偏轻的长枪，而是颇有分量的盾牌和狼筅。这些重量通常在六斤以上，而且遮拦面积大的盾牌和狼筅，不是重量四至五斤的双手刀剑能轻易推动的。有阵列在前的刀牌手和狼筅手作为安全壁障，明军的阵形就能保持完整，站立在刀牌手和狼筅手身后的长枪手就可以放心杀敌。其中狼筅由于其横出的枝丫有着

阻碍物体前进的作用，所以可将其看作一个网状的、中间带一个枪头的异型盾牌。对阵狼筅的敌人，由于横枝的阻拦，并不能像对付长枪一样，直接抢进枪手身侧，而狼筅的横枝却不妨碍自己的战友在背后从横枝的缝隙中挺枪前刺。狼筅与其他兵器相交的时候，还可以转动枪柄，用横枝锁住对方的兵器，让己方持枪士兵有机可乘。至于刀牌手则可防备倭寇的重弓重箭在较近距离上的巨大杀伤力，同时也可封死敌人任何可能滚入的通路。

可见，改良后的军阵在灵活性上大为增强。但是这个队形也有一个缺点，那就是训练时间太长。刀牌手和狼筅手在兵器上有巨大的优势，只要短期训练基本上就不会有什么大的问题，但是作为主要杀伤力输出的长枪手就不行了。俗话说"年刀月棍一辈子的枪"。唐顺之本人作为一个练枪超过十年的人，在编练阵形时，不可避免地多少会受到自己精湛枪术的影响，而普通明军士兵根本不可能达到他那样的高度。长枪手素质的相对不足，导致唐顺之的伍产生了一个很大的缺陷——长枪手所处阵形安全冗余不够。以五个人为一个基本作战单位，万一有敌人能突破刀牌手及狼筅手的防御，训练度达不到唐顺之设想标准的普通长枪手，受到伤害的可能性就非常大了。不过唐顺之还没来得及改良阵法，就在抗倭一线病逝，年仅五十三岁。

最终帮助唐顺之完善新阵法的人就是抗倭名将戚继光。他将唐顺之的两个鸳鸯伍并为一个鸳鸯队，然后去掉了伍中的一个长枪手，改为镗钯手。镗钯同样是一个

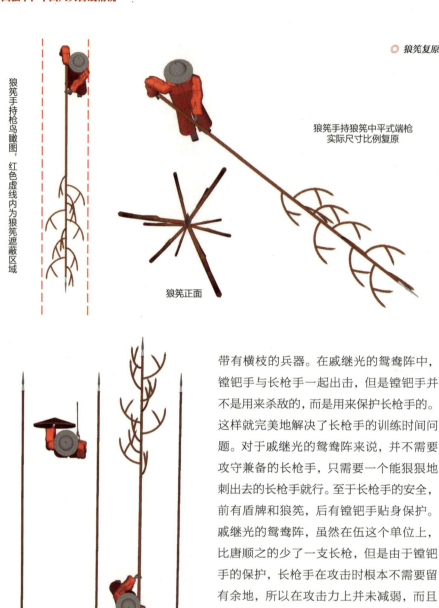

◎ 狼筅复原

狼筅手持狼筅中平式端枪
实际尺寸比例复原

狼筅手持枪鸟瞰图，红色虚线内为狼筅遮蔽区域

狼筅正面

◎ 唐顺之的鸳鸯伍

带有横枝的兵器。在戚继光的鸳鸯阵中，镋钯手与长枪手一起出击，但是镋钯手并不是用来杀敌的，而是用来保护长枪手的。这样就完美地解决了长枪手的训练时间问题。对于戚继光的鸳鸯阵来说，并不需要攻守兼备的长枪手，只需要一个能狠狠地刺出去的长枪手就行。至于长枪手的安全，前有盾牌和狼筅，后有镋钯手贴身保护。戚继光的鸳鸯阵，虽然在伍这个单位上，比唐顺之的少了一支长枪，但是由于镋钯手的保护，长枪手在攻击时根本不需要留有余地，所以在攻击力上并未减弱，而且大大提高了阵形整体的安全性。

我们来对比一下，倭寇的双手倭刀长度多在 1.5 米左右，挥舞起来时，从左到右至少需要预留 3.5 米以上的安全空间，这样才不会攻击到自己人。这个宽度足够一个鸳鸯队列阵了。当倭寇挥舞刀剑突进时，他要同时躲过四支长枪的八次刺击，才能把鸳鸯阵纳入倭刀的攻击范围内。而倭寇在躲过八次攻击后，还要突破一面盾牌、一根狼筅、两支镗钯的防御，才能真正伤害到鸳鸯阵内的人。很明显，这是个不可能完成的任务，哪怕是日本的剑豪都做不到。后世，宫本武藏用船桨轻易就拍死了同为剑豪的佐佐木小次郎，原因很简单，小次郎的刀没有船桨长。总之，在阵形的配合下，倭寇精锐双手剑士一个人的两只手，要面对鸳鸯阵十个人的二十只手。同时，倭寇这样的精锐剑士要苦练十几年甚至几

◎ 戚继光像

十年，鸳鸯阵的长枪手只需要训练两年便可投入战场，因此后者在成本上占据绝对优势，还可以轻易地在安全距离内将前者置于必死之地。这便是鸳鸯阵阵法的魅力。

不过再好的阵法，也是要人来操作的。除了鸳鸯阵，同样因为戚继光而扬名天下的还有大名鼎鼎的戚家军。

除开阵形上的不适应，一开始倭乱爆发之时，明军在人员素质上也确实水平低下。很多时候正规军的士兵还不如守土的地方民兵好用。于是戚继光上报胡宗宪，要求募兵重练，理由很简单："十室之邑，必有忠信，堂堂全浙，岂无材勇？"于是胡宗宪给了他三千名额，任其募兵训练。戚继光能够从嘉靖年那么多名将中脱颖而出，与其练兵的技巧是分不开的。中国上下几千年，留下的兵书相当丰富，戚继光从前辈们的兵书中把最精华的部分统统挑出，配合自己的实际经验，写成了军事名著《纪效新书》。纵观《纪效新书》，里面各种要求事无巨细，连扎营之后怎么上厕所，要按什么样的模式休息，都一条条地列了出来。不光如此，他还要求每一个士兵，把这些站队、纪律方面的规定统统背下来。不认字不要紧，认识字的念出来，跟着一起背，背不出来，军法从事。

纪律放在第一位，下面的就是个人搏击技巧。戚继光说得也很直白："诸位都听了，练武不是你答应官家的公事，是你来当兵杀贼救命的勾当。你武艺高，杀了贼，贼杀不了你，你武艺不如他，他便杀了你。若不学武艺，就是不要性命的呆子！"知道了武艺的重要性，当然还需要一个好的

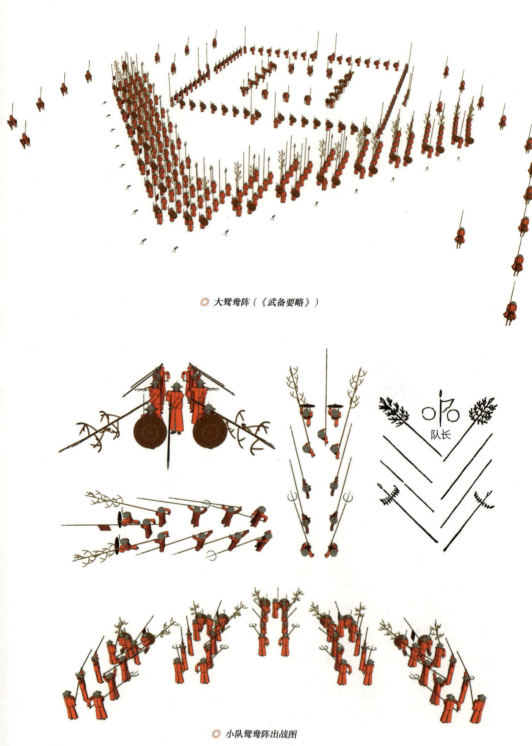

◎ 大鸳鸯阵（《武备要略》）

队长

◎ 小队鸳鸯阵出战图

老师。自小在军人世家长大的戚继光虽然武艺高强，但仍注意博采众家之长。早逝的唐顺之虽是文人半路出家，然而他改进拳法，精练长枪，所以戚继光向唐顺之学习长枪。与戚继光齐名的俞大猷在个人技击技巧上更是出类拔萃，刀枪剑戟无所不精。所以戚继光向俞大猷学习剑法、棍法和镋钯。之后，戚继光收其所长，将二人的技击技巧精心传授给士兵。

同时，借着总督胡宗宪的全力支持，财力雄厚的戚继光按时考核士兵的搏击技巧。他把成绩分为九等，让士兵两人分持不同兵器列练，打赢有赏，打输了挨棍罚银。不光士兵，如果队里成绩不好，队长跟着一起罚，哨里成绩不好，哨长跟着挨打。如此严格到近乎苛刻的训练标准，自然练出了一支强兵。淑江之战，遇到这三千新兵的倭寇一触即溃，之后这帮新兵一鼓作气，在台州、温岭四战四捷。这三千兵虽然肉搏能力极为出色，但是还差了一些东西，那就是火器。当戚继光跟俞大猷等人进攻舟山汪直部倭寇之时，列栅轮番射击的倭寇给了明军极大的伤亡。明军原有的火器列阵模式遇到了步兵一样的问题——展不开。

明朝的火器自最早的火门枪时代便是以编组的形式进行作战的。与欧洲基本处于单干的火门枪手不同，明军以五人为一个火力单位，一个人只负责瞄准，一个人只负责点火，剩下三个人只管装火药弹丸。这在火门枪时代是极其先进的战术，但是优秀的战术模式同样限制了武器的发展。因此在嘉靖年早期的战例中，虽然明军水兵使用火绳式鸟铳，但明军的陆军依旧在使用着火门式快枪。舟山之战中，汪直所部在舟山岛上依山阻水，列栅自卫，倭寇

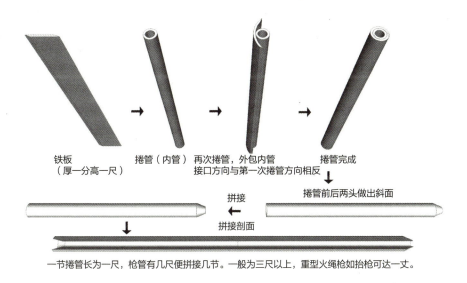

铁板
（厚一分高一尺）　　捲管（内管）　　再次捲管，外包内管　　捲管完成
　　　　　　　　　　　　　　　接口方向与第一次捲管方向相反

拼接　　　　　　　　捲管前后两头做出斜面

拼接剖面

一节捲管长为一尺，枪管有几尺便拼接几节。一般为三尺以上，重型火绳枪如抬枪可达一丈。

◎ 明鸟铳铳管制作复原流程（《武备志》）

依托地形和火绳枪，对着阵形被切割得支离破碎的明军，狠狠地来了一次弹如雨下。而传统五人一列、二十五人一组的火门枪射击模式，在这种情况下，根本无法有效组织起成规模的齐射。因此，受到刺激的明廷大笔一挥，在舟山之战的第二年，一次造了一万支鸟铳，配发前线明军陆军。

斩首千人，自损三人

在明军陆军开始摸索火绳枪使用战术的时候，浙江义乌发生了这样一件事：自嘉靖三十七年（1558年）六月起，义乌矿工、乡民与从永康赶来的开矿者爆发械斗。双方参与斗殴人数累计达三万人左右，历时四个月，直到十月秋收方告结束，死伤共计二千五百余人。农村为争水争地等原因而爆发械斗，在中国古代屡见不鲜。如清末同治年间广东土客械斗，双方排兵布阵，火炮对轰，乃至引诱英国人参与战争，前后死亡上百万人。义乌的这次械斗，规模并不算很大，但是在素来羸弱的浙江人眼里，这种惨烈可谓震撼。

安徽出生的戚继光，自然也没有见过农村械斗中前赴后继的疯狂。在从义乌回去之后，他跟俞大猷讲了这样一段话："我自幼随父从军，转历四方。二十二岁参加会试，正遇俺答进犯，担任警戒。后驻守蓟门，曾亲眼看见鞑靼铁骑来无影去无踪，动如惊雷，堪称迅猛。而后奉调入浙，与倭寇作战。此类人善用刀剑，武艺高强，且性情暴戾，确为难得一见之强敌。征战半生，天下强横之徒，我大都曾见过，却

也从无畏惧。但如义乌人之彪勇横霸，善战无畏，实为我前所未见。可怕！可怕！"

此后，戚继光连夜求见胡宗宪，要求征召四千名义乌兵。得到批准的戚继光再一次提高了征兵标准，凡选入军中之人，以下几等人不可用：在市井里混过的人不能用；喜欢花拳绣腿的人不能用；年纪过四十的人不能用；在衙门干过的人不能用；喜欢吹牛、高谈阔论的人不能用；胆子小的人不能用；长得白的人不能用；性格偏激的人也不能用。被录取者，还必须具备如下特征：臂膀强壮，肌肉结实，眼睛比较有神，看上去比较老实，手脚比较长，比较害怕官府。概括起来，戚继光要找的是这样一群人：四肢发达，头脑简单，为人老实，遵纪守法服从政府，敢打硬仗，敢冲锋不怕死的壮汉。除了这些戚继光还嫌不够，甚至还用上了因果报应。他对士兵们说："诸位都听了，凡你们当兵之日，是要拿饷银的，刮风下雨，袖手高坐，也少不得你一日三分。但你要记得，这银两都是官府从百姓身上纳来的。现在不用你劳动，白养你几年，不过望你一二阵杀敌。你不肯杀敌，养你何用？就算天不收你，也要假人手杀你！"

总之，融合了唐顺之的前期努力、戚继光的划时代改革、明帝国的巨大国力，以及义乌人的凶猛彪悍，日后大名鼎鼎的戚家军，终于被建立了起来。

嘉靖四十年（1561年）四月，两万余名倭寇集结完毕，向浙江进发。他们的目标首先是台州，著名的宁台温（宁波、台州、温岭）大战就此拉开序幕。四月十九日，

倭寇一艘战船接近舟山。舟山把总章延禀率陆军设伏，命水军从后追击倭寇。待倭寇到达，明军伏兵四起，斩首三十五级，明军仅阵亡三人。二十一日，倭寇草撇船一只，停泊洌港。把总周栗统、林仕贵等人，驾船与倭船交战。双方用发熕、佛朗机铳互相炮击三十余轮，倭船火力不如，船身被前后击穿，之后明军近战接舷，斩首五十余级，全歼这股倭寇。

鉴于海上明军水军炮火犀利，于是倭寇在五月一日夜里，烧船偷渡，登陆象山。五月二日，倭寇出岳林庄，明将卢镗率军击鼓前进，与倭寇相距二十里。次日，倭寇行至袭村，分列三阵，与明军对敌。海道把总胡良瑶、李超部明军先到袭村，即以精锐冲锋，大败倭寇，斩首一百五十七人，明军自身仅阵亡三人。八日，梅山港开来倭船三艘，二百余名倭寇登岸。明军追至东湖，东湖哨兵汤时茂等人杀死倭寇头目，这股倭寇随即夜逃横溪山中，指挥艾升率军抄小路绕行至倭寇前，吕忻追至倭寇身后。看到前有堵截，后有追兵，倭寇躲进余家房舍内，明军赶到后，投火焚屋，倭寇拼死突围，来到朱家店，被设伏的明军包围。倭寇二百余人除两人被生擒外，其余均被明军杀死。

四月十六日，另一股约一千六百人的倭寇乘坐鸟船十六艘，由象山从奉化西凤登岸，夜里突袭宁海。兵备金事唐尧臣、参将戚继光将原发往松海二关的三支明军调回。戚继光亲率两支，宁海留一支，命把总任锦率水军前往宁海外洋堵截倭寇退路。二十二日，倭寇侦查得知戚继光到达宁海，乘虚派五百名倭寇乘船进入桃渚大域港里浦登岸。二十三、二十四两日有倭寇八百人入新河周洋港登岸；二十五日，又有倭寇七百人在健跳折头登岸。几支倭寇合计两千余人，逼近新河所城。

唐尧臣与戚继光领军救援新河，并命黄、太二县号召当地大族程、梁等姓乡兵助战。当时明军大军云集，有约五百名倭寇动摇，夜里驾船离去。剩余倭寇还有一千五百人，占据城外鲍主簿的宅院，随后于二十六日进攻新河所城。明军守将下令士兵有进无退，退者斩。出城列阵，与倭寇用鸟铳对射，同时千总哨长蒋瑞等人率军奋勇冲杀，最后倭寇支撑不住，阵形崩溃，在对射中被明军击毙六十余人，肉搏中被斩首三十人。

当晚二更，倭寇冒雨逃往太平县。第二天，刘意、楼楠率领明军追至温岭大麦坑。太平知县领乡兵前来围剿，斩首二十二级。残余倭寇有逃往田舍中的，被明军纵火焚屋烧死。戚继光此时正准备转兵梁王铺，前往桃渚。当他获悉倭寇自桃渚登岸，进兵精进寺，准备进攻台州（今浙江临海）府城后，便挥师南进，一昼夜行军一百一十里，于二十七日午抵达台州城外。此时倭寇已进至离台州城仅二里的花街。戚继光命丁邦彦部为前锋左哨，从大路迎战；陈大成部为前锋右哨，由江下前进击敌；陈濠等部为中哨正兵；赵记、孙廷贤部为左右翼，分随左右前锋；台州知府王可大督率民兵列阵于城外壕边，来往策应。花街之战就此爆发，倭寇前队列一字长蛇阵迎战。戚继光命前锋以火器轮番齐射，左右前锋奋勇冲杀，明军越战越勇，一举打败倭寇。戚家军乘胜追至瓜陵江，将倭寇赶入水中，淹死二百余人。丁邦彦率军追至新桥，此后五战五胜。四月二十七日，花街战斗结束，倭寇伤亡一千余人，全军溃败。戚家军救出被掳百姓五千余人，伤亡合计仅仅三人。

四月三十日，一股二千余人的倭寇登陆拆头，烧船南下。戚继光领军一千五百人，在上岭设伏。五月五日，倭寇前后行列二十余里，来到上岭。戚继光命令士兵人各砍松枝一根，放在胸前，席地而坐，倭寇远望过去，以为是树林，于是进入明军包围圈内。待倭寇进入包围圈行进过半，明军伏兵呐喊齐出。倭寇反应很快，以三四百人列横队反击。戚继光将大阵列为鹤翼阵形，小队以鸳鸯阵冲锋，倭寇大败，退据小山，拼命顽抗。戚继光一面命丁邦彦领兵四面仰攻，一面立一白旗，命士兵大呼投降免死，不敢继续作战的数百名倭寇下山投降。

残余倭寇趁机突围而出，占据大山。明军攻山，倭寇再次战败，逃往上界岭。上界岭地形险要，犹如一根圆柱，四周陡峭，山顶平坦。倭寇在山顶设营，长枪林立，如蓬麻一般。上界岭只有一条山路，丁邦彦率军先登，吴惟忠领兵据后。一部分倭寇持枪从上而下，突击丁邦彦部，被反击的明军刺落崖下，明军随即登上山顶。山顶残倭六七百人一拥而上，打算将明军赶下山去，但是鸳鸯阵不愧是冷兵器时代近乎无解的阵形，最终倭寇被打得大败，四散而逃，跳山而逃坠崖者不计其数。没有摔死的倭寇逃往海边，进入白水洋朱家大宅，明军赶到，四面围困。

困兽犹斗的倭寇眼看突围不出，仍负隅顽抗，不肯投降，与明军死战，明军拆掉西面围墙，列阵进逼。倭寇登上屋顶，用石块和用尽火药的鸟铳乱砸，落如雨下。明军顶着乱石抵达房边，点火烧屋。眼见火起，疯狂的倭寇连刀枪都一起投下，明军竖起长枪狼筅，隔开刀枪，围而不动。最终屋内倭寇全被烧死，残余的几个倭寇用手捧着所抢金银，跪地叩头，请求明军饶命。明军没有接受这些手上沾满中国人鲜血的倭寇的投降，明军士兵用狼筅挑开金银，将这些倭寇一一刺死。战后明军打扫战场，被消灭的倭寇尸体堆积起来高达一丈，可谓大获全胜。

当全歼敌人的戚继光入城犒劳全军之际，又有约两千倭寇乘船停泊千江。戚继光一面命胡震带领水师埋伏外海，一面命楼楠领军冒雨突击，在洋坑大败倭寇。楼楠冲锋在前，亲斩倭寇头目一人。战败的倭寇乘船夺路而逃，在长吊洋遇到等待已久的胡震水军，截杀而出的明军犁沉倭船五艘，烧残五艘。倭寇残余船只突围而去，结果被戚继光所部水军堵截，击沉五艘。倭寇趁天色昏暗，夺路而逃，被追上的明军再次击沉一艘船。当倭寇好不容易借着雨雾脱离了戚继光水军追击，在三板沙又被胡震水军堵住。此时正是半夜三更时分，冒雨而逃的倭寇被胡震直接当头犁沉领航船后，终于抛弃了走一路被打沉一路的船，登岸爬上悬山据守。

明军一路层层截击之下的倭寇，至上山之时就已经粮尽援绝了。第二天凌晨，一百余名倭寇悄悄下山，凫水偷渡至林头。得到通报的戚继光命楼楠从隘顽所（今台州温岭市岙环镇）出发，在倭寇必经之路布防。刘意部由聂王桥（台州温岭市箬横镇）直接前往堵截，绍兴府通判吾成器率绍兴兵跟进，知县徐钺率乡兵在小藤岭一带埋伏。三路夹击之下，垂死挣扎的倭寇直扑吴成器部绍兴兵，妄图打开一条生路。吴成器亲临一线督战，两军相持不下。一名倭寇见吴成器骑马在阵前指挥，于是挺枪直冲吴成器，枪尖已经刺到马腹。吴成器眼疾手快，张弓一箭正中这名倭寇的额头，明军呐喊齐冲，将这股倭寇全部消灭。

在明军主力离开温岭后，五月十七日，另一股倭寇在长沙（温岭市长沙村）登陆。此时戚继光正在新河（温岭市新河镇）。长沙东靠后湾海面，北接大峻岭，南依蛇头山，西面是隘顽所城和太平县城之间，唯一的陆上交通要道是大、小藤岭。而隘顽所的明军主力，在几天前被楼楠带到了新河，所以此时守军不多，隘顽岌岌可危。在危急时刻，戚继光命把总李成立单骑赶往松门所（温岭市松门镇），和松门所守将罗继祖一起，乘夜将松门所新兵海运至隘顽所。同时戚继光命楼楠、丁邦彦、陈大成等各立军令状，齐心并力，赏罚同列。诸将宣誓之后，于十八日赶到铁场（温岭市铁场村）。此时天降暴雨，明军冒雨赶路，于十九日夜到达大藤岭，在大藤岭整队之后，明军兵分三路行至小藤岭。倭寇没有想到明军这么快赶来，再加上前一日又在下暴雨，因此没有在小藤岭留下哨兵。明军越过小藤岭之后，偃旗息鼓，突袭长沙。一直到明军靠近船场码头，倭寇才发现明军已经杀到，猝不及防的倭寇被当场杀死数百人，余者弃械投降。

在这次宁台温大捷中，明军前后斩首一千零二十四级，仅上界岭之战中，戚继光所部明军便阵斩三百四十四人，而损兵不过三人。

说到这里，要特别提一下明军的"首功制"。明帝国为了防止将领夸大战功，逐渐形成了一套严格的军功制度。明军以割取战斗杀死的敌军首级为凭据，向兵部讨取赏银或获得升迁，这就是"首功制"。同时明朝也制定了一系列严苛的首级审核

◎ 排枪轮番前进射击复原图，从左到右，第一轮由第五排由右侧前进至阵前五步（8米），射击完后立定装枪，第四排前进，以此类推。如原地轮番射击，则射击完后由左侧退回原地（《正气堂集》）

制度，由兵部与巡按御史两个系统严格把关，以避免出现杀害非战斗人员冒取功名的情况发生。所以"首级"数标准很严，需要掌握战场后获取完整的尸体，炸死、烧死的敌人，以及投射武器杀死的敌军都不能计入"首级"。如果是海战中淹死的敌人，只要没有捞到尸体，也不计算在内。因此敌军伤亡数与明军得到的首级数是两个概念，前者往往是后者的几倍甚至十几倍。这点在明军与蒙古人的作战中尤为明显，因为蒙古人有抢夺己方尸体的习俗，并且战场环境复杂，明军很难有机会仔细清理战场。

话说回宁台温大捷，戚家军在兵力不占优势的情况下，竟然打出阵斩一千、己亡三人的伤亡比，堪称古代军事史上的奇迹。当然，这并不能证明这股倭寇水平很差，相反他们非常顽强和精锐。一开始，戚继光以一千五百人对倭寇二千人，先是在山区设伏，之后全为攻山、攻坚作战。这股倭寇最开始的时候，即使没有发现明军埋伏，依旧拉出了前后二十余里的行军队列。以二十里来算，计三千六百丈，也就是一丈八尺（合5.76米）一个人。这种行军队列模式，使得即使军队进入伏击圈内，也有足够的反应时间进行应对。现实也是如此，当明军伏兵突击时，倭寇也立刻分出了三四百人的迎击队伍，给自己登山据守留下了反应时间，其指挥系统的高效也可见一斑。

一般军队在遭遇伏击的时候通常很难组织起有效防御，而这股倭寇在遇到伏击之后一边出兵迎击，一边占领制高点。当

据守小山的倭寇被明军围攻招降，士气下降，导致小山失守后，他们再次突围寻找了大山作为支撑点；当大山也守不住的时候，又登上了绝崖上界岭。可见这支倭寇在被明军伏击之后，三战三败依旧不乱，突围而出的残兵依旧自发聚集在一起，进入有坚固围墙的大宅死守，期间还曾组织过一次突围，其战术素养和战斗意志，放在任何国家和时代，均可堪称一流水平。

然而这么一支放在正规军中都堪称精锐的倭寇，在和明军对战时，轻易地全军覆没了。这支倭寇在战场上被斩首的有三百四十四人，除被生擒若干，其余或摔死或被烧死，而明军仅仅阵亡三人。其中陈四和陈七十二，死于围攻朱家大宅时放火烧屋，只有王华廿一人死于两阵交锋，而且还是倭寇处于绝对地利的上界岭之战。如此巨大的差异，其原因就在于鸳鸯阵的投入使用，而戚继光也因为此战和他的鸳鸯阵一起名垂青史。他究竟是怎么打的呢？

我们还得先从戚继光那本著名的《纪效新书》开始。然而作为一本纯军用的兵书，其在出版时内容多少都有删减，如大鸳鸯阵戚继光并不曾画图，还比如在鸳鸯阵一开始的编制中，一哨四队，装备大铳三门，戚继光也没有提起究竟是何人在什么情况下去操作这三门大铳。在传统的中国兵书里，犹抱琵琶半遮面已经成为惯例，看着书中明明白白所记录的是一回事，而实际上用却是另一回事，作为此中老手的戚继光也不例外。明代兵部尚书还曾专门告诫将领，不要生搬硬套戚继光兵法，因为"其精妙之处不言，恐泄其巧也"。

《纪效新书》一共有两个版本，一个是十八卷本，一个是十四卷本。十八卷本基于抗倭时的编制情况撰写，当时除冷兵器外，一哨配备一队火绳枪兵，火器比例为20%。除了这一部分火器，冷兵器的鸳鸯队还携带大铳三门。不含非战斗人员的火兵在内，一哨冷热兵器合计五十五名战斗人员，其中有十杆火绳枪、三门轻型火炮，这种火力配置在当时的世界军队中堪称豪华。在中国的军事传统中，士兵要求长短兼习，即能够使用远近两种冷兵器。在鸳鸯队中，刀牌手的刀牌为近战兵器，远战兵器为标枪；狼筅手以狼筅为长兵器，以腰刀为短兵器；长枪手以长枪为短兵器，弓箭为长兵器；镗钯手以镗钯为短兵器，火箭为长兵器。即使不在一线的鸟铳手，也配备了长刀作为近战格斗兵器。作为小队作战指挥者的队长，携带了弓箭、长枪、腰刀三件兵器，同时队中还携带了六副拒马枪、一副布城和四百八十个铁蒺藜。

如前面所说，戚继光的阵形编制中，火绳枪和冷兵器在记录中都非常清晰，唯有每哨大铳三门，没有做出任何交代。书中只有一句"每哨大铳三门，不用木马，止用新制极便合口大铅子，每三门如式送子一根，铁锤一把。"他还在同一本书中，又提了一种火器，叫赛熕铳："铳长三小尺，内口约容半斤铅子，药在粗腹不可过，铅子送至腹口方好。即如此，平卧地下，随其远近，加垫头高，并不用木马等类，此器之利者，亦以项长而铅子合口故也。"其配图中对送子的说明为"此用铁作送子，下圆，送铅子不偏"。这两者结合来看，不

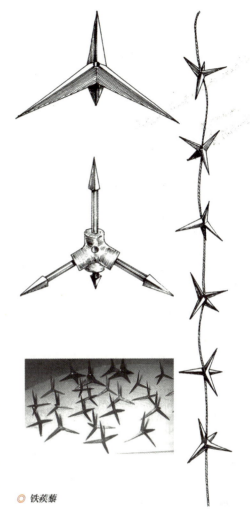

◎ 铁蒺藜

用木马、合口铅弹、特制送弹杆：大铳和赛熕铳两者标准似乎相同。

"行营之内，鸟铳虽速准而力小，难御大队，难守险阻，难张威武。佛狼机又太重，难于扛随。今以臆创一器，名为赛熕铳，既无下木马延迟之艰，又不坐后其铅子，犹胜佛狼机之大，其声势可比发熕，

◎ 赛煩铳复原图及类似思路下李朝仿制的此类步兵轻型火炮唐铳筒（万历丁亥六月唐铳筒十六斤一两匠忠立）

其速即可比鸟铳。"赛煩铳是在鸟铳火力不足、佛朗机和发煩太过沉重不方便随军机动的情况下制造的。以戚继光的表述来看，一开始的每哨大铳三门，实际上是每哨携带三门赛煩铳，作为轻型步兵支援火炮使用。

十八卷本中没有写是什么人来使用这些火器，翻看稍晚的《练兵实纪》和《纪效新书》十四卷本，赛煩铳的地位已经被虎蹲炮所取代。《练兵实纪》中"马兵每旗总一名，队总三名，共管虎蹲炮一位。"而此马兵一旗为三队，每队十二人，合计三十六人，也便是三十六人之中编制有虎蹲炮一门。此炮由队长操作，列于阵前一丈（3.2米），"虎蹲炮安各旗空前，去人一丈"。在《纪效新书》十四卷本中，也是三名队长合演虎蹲炮一门。因此，在通常状态下，虎蹲炮编制当为三队一门，即三十六人冷兵器队列之中配备虎蹲炮一门，由三名队长来点放火炮。赛煩铳的弹丸重量为半斤，大约为300克，作为步兵支援

火器，以及破坏轻型土木工事所用，可以单兵操作。值得注意的是，送子只有一根，也就是说这三门大铳，其实是三人合用，与三名队长合作使用一门虎蹲炮一样。因此，此时的鸳鸯阵中，一哨中的三门大铳，应为前队和左、右两队的队长合作操作。

在《纪效新书》和《练兵实纪》两书中，鸟铳和虎蹲炮的射靶距离均为一百步（160米），赛煩铳也不应例外。在鸳鸯阵以哨为单位的接敌过程中，前队、左队和右队列阵在前，后队居中策应，展开队形的正面宽度为15米左右。以倭刀的横向挥舞安全距离3.5米来说，倭寇最多只能有四五个人同时与明军交战。当两者相距百步来说，以正常步行、疾走的速度，双方将会在1.5—2分钟之内相遇。按照戚家军的战术流程，中军喇叭手吹响喇叭，鸟铳齐射一次；前层长枪兵持弓，镋钯手持火箭至鸟铳手处，长枪手每人射箭九支，镋钯手放火箭一支；之后中军擂鼓，后层刀牌手和狼筅手前出至长枪手和镋钯手之前，列阵前进至与后队间隔二三十步（32—48米）时，与敌军相遇交锋。

按上面的战术流程，倭寇前112—128米，即大约一分钟的时间，其在约15米的横面，要承受十名火绳枪兵的一次齐射，十二名弓箭手每人九次射击共108支箭，镋钯手的一次齐射共6支火箭，合计进行124次射击，即每米的横向距离，在进入肉搏之前承受8次左右的攻击。换算成正面3.5米一个人的倭寇阵列来说，正面的每个人要承受24—31次的投射攻击，才能与明军进行肉搏作战。不过，倭寇当然不会轻易

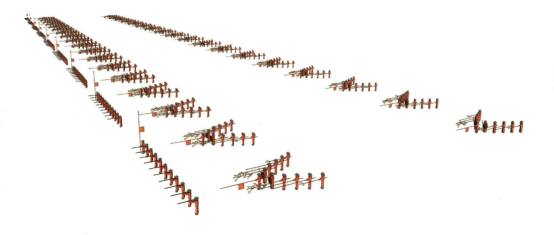

◎ 叠阵（总兵力分为前后两层或三层即以上，大阵即称为叠阵，此叠阵中单独小队列为鸳鸯阵）排枪射击复原图，鸟铳手出阵前五步（8米）。以《纪效新书》《正气堂集》《武备要略》阵图参考复原

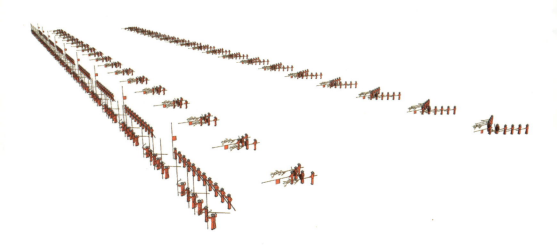

◎ 叠阵长枪手射箭镗钯手射火箭图，以《纪效新书》《正气堂集》《武备要略》阵图参考复原（长枪手射箭时长枪插入泥土，泥土中有大量致病细菌病毒，以用于污染枪头）

配合明军的设定，使用稀疏队形对敌。为了防止倭寇以长枪列密集阵形来冲击鸳鸯阵，戚继光才会在每个哨中配备有三门赛煩铳。这样倭寇如果使用密集队形，在连续的炮击中就会显得非常危险，甚至还不如使用稀疏队形安全。

总之，当倭寇顶着枪林弹雨抵达鸳鸯阵前时，还要再挨上六支标枪，才能最终与明军兵刃相交。在鸳鸯阵中，明军身体正面均被长牌手的盾牌遮蔽。当敌兵持长枪从上而下，刺入鸳鸯阵中时，牌手举起盾牌，将敌方长枪顶起，身后长枪手出枪直刺；当敌兵从下刺枪时，牌手下坐盾牌，将敌方长枪压住，身后长枪手出枪直刺；当敌方将长枪从左右两侧刺入阵中时，左右两边狼筅手用狼筅将对方长枪绞拿，长枪手出枪直刺，镗钯手跟长枪手齐出，以保护长枪手。当敌方人数较多、一拥而上之时，狼筅手护在牌手左右，左右方长枪手各跟狼筅手出枪，镗钯手护卫身后，藤牌手以藤牌遮蔽身体，用刀砍敌人下盘。

这样鸳鸯阵一共十名战斗人员，正面只有两个身位宽度。每一个试图攻入的敌人，都要在越过一面盾牌之后，被一支狼筅控制格架兵器，然后被两支长枪直刺。直刺的长枪手身边还有一名镗钯手保护，以防止长枪脱出狼筅的保护。这样无论敌方从那个方向怎样进攻，都要面对至少三四件兵器，等于一个人打四个人。这样在阵形、火力上全面落后的倭寇，作战意志越是顽强，伤亡越是惨重。最后导致三人和一千人这样极高的交换比也就不足为奇了。

万里杀倭戚老虎

宁台温大捷后，浙江倭寇被一扫而空，然而倭寇并没有罢休，而是转向福建劫掠。嘉靖四十一年（1562年）七月，胡宗宪命戚继光率本部正兵六千人，另以督府中军都司戴冲霄率部一千六百人协助，往援福建。戚家军进福建后，与倭寇连续作战，四战四捷。

第一战是横屿之战。横屿是倭寇在福建境内经营多年的老巢，位于宁德县城东北二十余里处，是海中的一个小岛，与大陆之间有长达十里的浅滩。这片浅滩，潮来成海，潮退泥洼。加之福建属于潮差较大的地区，涨潮落潮之间，水深误差通常在五米以上。在这样的环境下，用陆兵攻打难于在淤泥里涉渡，时间一长，潮水上涨，进攻的步兵就会被潮水淹没；用水师进攻，时间一久，潮水落下，则船只容易搁浅：无论水陆两军，攻打横屿都非常困难。倭寇凭借这种自然条件，在岛上经营多年，筑城建垒，经常驾小船出外抢掠，在横屿久屯。

八月上旬，明军开抵宁德，当时围攻横屿的是戚继光、俞大猷、刘显三路明军。戚继光所部居中，摆成鸳鸯阵，每人背负一捆草，填泥而进，近敌后发起猛攻。俞大猷和刘显两路明军迂回敌后截击。倭寇溃败而逃，半路被俞大猷和刘显截杀，几近全军覆没。此战斩首三百四十八级，俘敌二十九人，救出被俘的百姓八百余人。戚家军仅阵亡十三人。战斗自始至终，不过三个时辰，赶在涨潮之前，将盘踞多年的倭寇一扫而尽，一举收复横屿。

第二战是福清之战。福清是倭寇在福建盘踞的另一个屯聚基地。在横屿收复后，戚继光于八月二十八日、二十九日抵达福清。当时倭寇设营牛田（今龙田），分别驻扎杞店、上薛、西林、目岭、葛塘、新塘、闻读等处，势若长蛇，长达三十多里。三十日凌晨，倭寇还以为戚军刚到福清需要休整，就出动队伍七百多人，偷袭戚军驻地。戚继光亲临阵地指挥反击，击退倭寇。九月一日夜二更，戚继光率领队伍，悄悄地向倭寇大本营牛田前哨的据点杞店疾驰。倭寇猝不及防，顷刻被歼。戚继光又令部将王加龙为先锋，吴维忠、刘大凌两部为左右翼，再破闻读、上薛等处敌营。

从杞店等地溃败下来的倭寇，都集结到牛田海边。倭寇掘堑断路，引潮水入壕沟，负隅扼守大本营，妄图以此阻止明军进击。戚继光下令，以横屿为例，队伍每人背草一大束，当夜急驰到堑沟边，投草填平壕堑，列成鸳鸯阵进去。消灭外围警戒的倭寇十余人后，戚家军迅速进到倭寨墙下。矿工出身的朱珏、金科攀登上垒墙，打开营门，大军一齐冲入。牛田倭寇企图列阵顽抗，然而大胜之下的明军气势如虹，乘势将倭寇全部歼灭。此战斩杀倭寇六百八十八人，收降胁从数千，生擒倭寇十人，夺获武器三百六十九件，仓皇而逃的倭寇落入海中而死者数以百计，救出被掳男女群众九百五十四人。盘踞西林、目岭的倭寇，见牛田倭寇溃败，闻风丧胆，不敢迎战，会同残寇往上迳桥方向逃窜。屯据在其他据点的倭寇，见牛田大营溃败，逃至莆田县南二十里的林墩扎营据守。之后戚家军攻破林墩，斩首九百六十级，生擒倭寇二十六人，救出被俘百姓达二千一百二十人。

第三战林墩之战结束后，戚继光率军返回浙江。十月三日，戚继光抵达福清。此时戚继光因连日积劳，再加上涉水着凉而患病在福清暂居。五日，倭寇三百多人从东营澳登陆后窜至葛塘。县丞恳请戚继光派兵出击，戚继光不顾身体疾患，立即应允。六日黎明，戚继光派部将陈大成、陈子銮据守上迳桥，并在渔溪设伏。戚继光自己督率吴维忠、童子明等部将士，从正面前往葛塘。这时又有三百名倭寇从牛田港登陆。戚继光遂改变策略，分兵对付：一部在葛塘阻击，自己带一路赶往牛田。从牛田港登陆的倭寇在港内安营扎寨，结队列阵，持枪扬剑，耀兵于两军阵前。戚继光抱病临阵督战，明军列阵前行，杀入敌阵。其他三路人马也四周合击，倭寇大败，全部被歼灭于港中，尸骸堆积数尺，所立营寨也被纵火焚毁。

此次战斗，计擒斩倭寇一百五十多人，夺获兵器二百九十七件。其中著名的寇首双剑潭和杨松泉均在此役中被歼。这次双剑潭和杨松泉是应原来屯据福清之倭的邀请，率精锐作为前锋来攻打福州的，二人勇悍善战，多年横行海上，在倭寇中素负盛名，没想到就这样被戚继光轻易击败了。在葛塘的倭寇，听到牛田炮声，往上迳桥奔逃，被戚家军伏兵斩杀十二人，余众被挤跌桥下，落入水中，残倭乘夜逃窜海上。继双剑潭而来的倭寇听说福清之倭已被戚家军尽歼，又听说双剑潭部也被剿杀无遗，大惊失色，都胆怯地说："戚虎兵亦至此耶？……我等不敢犯浙矣，何又来万里外杀我也？"从此，戚继光在倭寇中得了个"戚老虎"的绰号。浙江兵盛夏入闽，战至深秋，天气渐寒，寒衣未备，加上水土不服，军中疫病流行，生病者已达一半，十一月，戚家军回到浙江。

明嘉靖四十一年（1562年）十月，倭寇趁戚继光北上返浙，聚集大股兵力，再次进攻福建，攻陷兴化府城，随后占据平海城与明军对峙。次年四月十九日，新任总理军务巡抚都御史谭纶抵达省城，二十日，在浙江义乌招募了新兵的戚继光入闽。戚继光考虑到倭寇虽少，但占据险地，能以一当十，明军必须速战速决，所以此战戚家军奋勇当先，收复平海。此战前后斩首二千二百五十级，救回被俘平民男女二千三百八十人，缴获刀枪剑铳三千九百六十一件，取得了平海卫大捷。

十月上旬，倭寇舰船先后入侵台山、福宁三沙和间间澳、万安连盘澳、平海卫后潘澳等地。戚继光调拨各路明军围追堵截，十二战十二捷，歼敌三千余人。十一月六日，倭寇一万余人登陆仙游，分屯仙游县城四门外城，将仙游团团包围。当时，仙游城内驻兵只有二百余人，另有民兵二百五十人。戚继光根据敌情，调整部署，以一部往福州，以防倭寇袭击省城；一部防守闽江、兴化，以防倭寇深入福建内地；又命三千名水兵驻守漳州、泉州，控制沿海要地；戚继光本人亲率六千名士兵增援仙游。此时倭寇已经在仙游城外环城立营筑垒，对仙游城发动进攻。戚继光以敌我兵力悬殊，决定以仙游城为支撑，抑留敌

人，等明军主力集中后，再设法歼敌。于是戚继光派亲兵二百人乘夜入城，以加强仙游城内防守力量；命守备胡守仁领兵驻扎铁山，据险为垒，牵制倭寇；从各营挑选精锐五百人，组成敢死队，不时袭击敌营；同时将大本营移至离倭寇较近的石马，四面布置疑兵，既遏制倭寇分兵四处剽掠，又让其不能一心一意集中兵力攻城。

十二月下旬，浙江援军约六千人赶到福建，抵达仙游以东的沙园。此时仙游城外围城倭寇高达万余人，明军即使援军赶到，也不过一万一千多人。但倭寇在仙游城外四面合围，并在四个城门外面分别修筑了四个堡垒，四垒之间有一定距离，这就给了戚继光集中优势兵力各个击破的机会。二十五日，戚家军各部开始行动。中左路王如龙部、左翼李超部先后进至新岭扎营，中右路胡守仁部进至天光岭扎营，右翼陈濠部进至水沟扎营。

当晚天降大雨，到了次日上午，大雾弥漫，明军各部乘雾隐秘向敌营逼近。快到城下，明军才被倭寇发觉。当时倭寇正推着八辆吕公车攻城，数百名倭寇藏身车内，正准备登城。恰逢明军赶来，中右路明军直冲倭寇南垒，倭寇攻城部队只好放弃攻城，掉头结阵对付明军。明军中左路协同中右路奋力拼杀，倭寇大败，退入南垒。明军立即包围倭垒，拔除木栅，纵火焚烧。倭寇当即被烧死数百人，残倭逃奔东垒。明军中右路乘胜追击，与明军右翼军夹击东垒倭寇。与此同时，中左路戚军与左翼戚军一齐扑向倭寇西垒。东、西二垒在猛烈攻击下，先后被明军攻破，倭寇被烧杀

◎ 安海平倭寇图（《三省备边图记》）

◎ （福建）练兵平倭寇图（《三省备边图记》）

一千余人。东、西二垒残倭逃奔北垒，戚继光亲督金科等部进攻北垒，倭寇不能支持，弃垒而去，至此仙游之围解除。

倭寇余众见明军连拔四垒，进入仙游城内，遂后退数里，脱离与明军接触，此后两军相持数天。眼见明军戒备森严，于是倭寇在三十日向同安方向离去。戚继光领兵追击，在王仓坪再次击败倭寇，斩首数百，倭寇坠崖者不计其数。尚有残倭数千逃至漳浦县蔡丕岭，据崖设寨而守。戚继光命部下分为五哨，各持短兵攀岩而上，当明军登上崖顶之时，倭寇伏兵四起。狭路相逢勇者胜，戚继光下令明军不得后退一步，擂鼓突击，杀入重围。倭寇伏兵大败，被杀数百人。仙游之战，明军前后杀敌近万，福建倭寇就此绝迹。

北门锁钥

自古以来，北方游牧民族一直是中原汉族王朝的心腹大患，在倭寇被平定之后，明朝开始集中精力解决屡屡南侵的蒙古部落。隆庆初年，蒙古屡屡进攻北京门户蓟州镇。为加强京畿的防御力量，给事中吴时来上奏，请求征召在抗倭战争中盛名在外的俞大猷、戚继光专门训练边兵，以提高北方军队的战斗力。经过兵部讨论，俞大猷依旧在南方坐镇，而调用戚继光北上。于是明穆宗隆庆帝下令召戚继光为神机营副将。此时正逢戚继光的老上级谭纶在辽、蓟督兵，他特意征集步兵三万，其中征召浙江兵三千名，上奏请求委托戚继光训练。

于是在隆庆二年（1568 年）五月，隆庆皇帝任命戚继光为都督同知一职，总理蓟州、昌平、保定三镇的士兵训练事宜，官职在总兵官以下的，均受其节制。戚继光到蓟州后，视察了当地的军队状况，然后向朝廷上疏：“蓟州镇的士兵，看起来很多而实际上很少。原因有七条：一、驻屯的军人不练习阵战之法，而好个人格斗之技，壮健精锐的士兵云集将帅门下为亲兵家丁，在营正兵却为老弱充数；二、边寨曲折漫长，却极少设立驿站机构，蓟州镇为首都门户，使臣宾客来往不断，每天应接不暇，参将、游击成为驿使，营房关垒变成了驿站；三、敌寇来犯，部门调遣无方，以远水来救近火，不仅无用，而且长途奔赴，人马两伤；四、防守边塞的士卒缺乏严明的约束，阵列行伍不整；五、作战中骑兵不骑马作战，反而下马徒步；六、将领偏好家丁亲兵，导致组成军队的主力正兵军心离散；七、建立边塞防御工事的时候，不根据地理情况分出轻重缓急，导致防御地点众多而使兵力分散。”

戚继光还列举了明军边防上的六个问题，以及虽然训练但无益处的四个弊端。

六个问题：第一、边塞所依赖的是兵卒，兵卒所依赖的是将帅，现今恩威号令都不能让人心服，营规条例也不能使其齐心协力，无论舒缓还是急促都难以驱使将领士兵；第二、拥有火器而不能很好地使用；第三、放弃使用当地民兵；第四、从各镇调来充实边防的兵卒，蓟州镇嫌他们并非本镇兵马，他镇援兵又认为蓟州镇对其无管辖权，两方互不统属，毫无纪律可言；五、偏师民兵超过四万人，且人各一心，空耗军饷而不能用；六、练兵的要务首先在于练将，眼下注意武举考试，多种途径的选择荐举与此类似，但这是选拔将领的方法，而不是训练将领的方法。

四个弊端：一、现今一营兵卒作为炮手的常有十人，然而将领却不训练各种兵器的交互使用，应当以长卫短，以短救长；二、三军士卒各有擅长之技，战鼓军旗等指挥用具都应有所准备，现今都弃置不用；三、拉弓射箭的功力不能比敌人更强，却想以此取胜；四、教练之法，自然有正确的方式，外表美观则不实用，实用则不美观，当今训练全无实战内容。

戚继光的这几本奏折，或者说批判，实际上直指当时嘉靖以来北方边军流行的家丁制度。自明孝宗废除开中法之后，北方边境的军粮储备受到了灾难性的破坏，边军战斗力大为降低。入侵的蒙古人又加剧了屯田的荒废，并在屡屡得手中变得越来越强大。要用比之前更少的物资和人员抵御比之前更加强大的敌人，所以嘉靖年间的北方边军针对蒙古的入侵模式，对军队结构进行了重组。当时蒙古是先集中兵力突破边墙，在破边之后，以高机动性的千人级骑兵队伍四处分散劫掠。鉴于蒙古人的物资和人员相较中原王朝远为匮乏，无法保证每股骑兵队所有人员的装备和战斗力，因此这些四下劫掠的千人骑兵队伍里，有相当多的毫无装甲和优质兵器的人员。也就是说，蒙古人的这些骑兵队，是以少数精锐骑兵带领多数武装牧民的模式来构建的。而部落贫弱的生产力和人口数量，导致蒙古很难承受一次性大量损失精

锐骑兵。所以当时蒙古人的作战模式勇猛有余而韧性不足，难以进行大规模决战以及消耗战。有鉴于此，嘉靖年间的北方将领针对蒙古人精锐不足的弱点，组建了一支人不卸甲、马不离鞍、弓马娴熟、高机动性和高战斗力的机动部队，以压制蒙古人各骑兵队的精锐前锋部分，从而在此基础上消灭整个入侵队伍，或迫使对方因无法承受人员损失而撤离。为方便调遣和随时出战，这支部队只能是围绕在将领周围的亲兵近随，即家丁。

有得必有失，将领在将有限的资源大量倾斜给亲随家丁的同时，不可避免地侵害了一般士兵的利益，从而导致部队主力的正兵战斗力进一步恶化。这种亲随模式下的架构，又会使得家丁和将领之间形成一个带有排他性质的利益结合体。这样就使得不同体系下的将领家丁团之间，难以有良好的配合和顺畅的指挥。同时，这类高福利的家丁团队必然是一个人员数量较少的团队，所以即使简单的手势和口号，即可将命令传达到整个作战集团。这样大型阵战下的旗鼓军号等指挥工具，自然就毫无用武之地，从而使得整个军队在整体上的作战能力进一步降低。

诚然，家丁这种有相当针对性的战斗模式挽救了当时明朝千疮百孔的北方边防，但是这样的军队架构毕竟是不正常的。虽说救一时之急，谈不上是饮鸩止渴，然而解渴的也绝非甘甜泉水。当明廷在南倭北虏中缓过来之后，这样不正常的军队架构自然要着手改良。戚继光也正是有鉴于此，才趁此时机提出了上面的几条。为将军队正常化，

◎ 大同镇孤立的边墙和墩台

◎ 宣府镇独石口长城

戚继光提出了自己的主张："兵形如水，水随地而流动，用兵要根据不同的地形环境来决定取胜的战法。蓟州的地形有三种：广阔的平原田野，是内地百里以南的地形；险阻平易参半，是内地靠近边塞的地形；山谷狭隘，树大林深，是边塞之外的地形。敌人进入平原，就要投入战车；敌人在靠近边关的内地，就要投入骑兵；敌人在边关之外的山谷树林，就要投入步兵。三者交互使用，才可能获得取胜的主动权。现在边兵只练习骑马，不熟悉山战、林战、狭谷之战的阵法。目前只有浙江兵能做到。请还给我浙东冷兵器手、火器手各三千名，再募西北壮士，一共组建五支骑兵、十支步兵，由我专门训练，军中所需粮草物资随时供应。"戚继光又提出："我的官职为初设，诸位将官视作多余的职位，我如何从容行事呢？"

戚继光的奏章下到兵部，隆庆皇帝说蓟镇既然有总兵，又设总理，事务之权分割，让诸位将官多作观望状，因此应该召还总兵郭琥，专门任用戚继光。于是明廷任命戚继光为总兵官，镇守蓟州、永平、山海

等处，而浙江兵则不做北调。同时考录平定吴平的功劳，将戚继光升任右都督。

隆庆二年十二月，土蛮部长昂、董狐狸等率所部屯聚会州，试图进攻铁门关、董家口、榆木岭、青山口、擦子崖等处。戚继光当时正在墙子岭，闻讯赶至青山口，击退攻打边墙的土蛮部前锋，乘胜出关，逐退土蛮此次进犯。

借此一战，戚继光审视了蓟州镇边墙，提出了重整边墙的建议。自嘉靖年重修北边以来，相当多的边墙和墩台是孤立的，墩台是墩台，边墙是边墙，两者互相不能很好地依托。蓟州镇的边墙绵延长达两千里，一处出了毛病，其他各处虽然坚固也均遭祸及。边墙单薄低矮，守御的时候，军士曝立暑雨霜雪之下，无所借庇。军火器具如果临时起用发往前线，往往来不及；如果收放在边墙之上，则没有可以贮藏的地方。如果敌势众大，乘高四射，守御的士兵无法站立。一处被破，两侧无可遮拦，士兵只得相望奔走。敌寇如果大势突入，边墙实际上无法抵御，年年修建却年年被破。于是戚继光上奏加

◎ 八达岭长城

厚边墙，跨墙建筑空心敌台，将可以通行人马的地方全部堵塞。

戚继光修筑空心敌台的本质，是将边墙当作城墙来修筑。敌台因地制宜，高多为10—13米，周长在38—60米。险要处数十步或一百步一台；缓处或一百四五十步，或二百余步不等者为一台，两台相救，左右而立。这些空心敌台一般由上、中、下三部分组成：下部为基座，用大条石砌成，高与城墙相同；中部为空心部分，有的用砖墙和砖砌筒拱承重，构筑成相互连通的券室，有的用木柱和木楼板承重，外侧包以厚重的砖墙，形成一层或二层较大的室内空间，以供士兵驻守，存放粮秣和兵器；上部为台顶，多数敌台台顶中央筑有楼橹，供守城士兵遮风避雨，也有的台顶铺漫成平台，供燃烟举火以报警，而无楼橹。上下台顶有的在楼层间开洞，利用绳梯、木梯上下，有的在砖砌墙体中留出仅供一人通行的砖砌或条石踏步通道。中部空心部位开箭窗和楼门，其数量随敌台大小而异。一般每层前后各开三个炮口，左右各两个

炮口，较大的敌台每面开四或五个炮口。在戚继光的主持下，隆庆五年（1571年），蓟州一带长城敌台工程完成。从此以后，在东起山海关、西到镇边（今昌平县西）的两千里长的防线上，矗立着1017座雄伟的敌台，随着地势，高下相间，凹凸参差，蔚为壮观。

在修筑工事的同时，戚继光也加紧对士兵进行训练。鉴于原北军士兵将领自恃曾经的功绩，对其训练有所抵触，戚继光再次请求调其原部士兵以为榜样。明廷批准了他的建议，允许他召集三千旧部北上。当浙江兵抵达蓟镇时，戚继光命其在郊外列阵，同时邀请北军将领前往阅兵。当时天降大雨，浙兵从早上一直站到傍晚，在暴雨中立定不动。原蓟镇的将领士兵极为震惊，从此不敢不听从戚继光的命令。

兵以正合，以奇制胜

在镇服了原蓟镇的将领之后，戚继光开始着手组建其作战思想下的车营、步兵营和骑兵营。与鸳鸯阵一样，戚继光大名鼎鼎的车营也是典型的拿来主义。

当时的情况是，敌人铁骑数万冲突，势锐难当。明军阵伍未定辄为冲破，敌乘势蹂躏，至无孑遗。且敌欲战，明军不得不战；敌不欲战，明军惟目视而已。"势每在彼，敌常变客为主，我军畏弱，心夺气靡，势不能御。"以上就是戚继光创立车营的初衷。蓟镇和其他各镇不同，蓟镇背后是首都京畿，在战术上就不能使用其他各镇的防守反击，一开始就不能让蒙古骑兵越过边墙

进入内地。绵延两千余里的防线，也使得明军通常只能以劣势兵力对战全力破关的蒙古主力。俞大猷在随巡抚李文进驻守大同期间，为了对抗蒙古的大规模骑兵，他创造了高机动性的独轮炮车。他还在实战中以独轮车和骑兵相互配合，在安银堡击退有绝对优势的蒙古骑兵。当戚继光开始组建车营时，又找到了俞大猷，在他的帮助下，戚继光建立了自己的车营部队。

一般来说，车营是与马、步等主力战斗营合组成混编大营，以车营作为大营的战斗与防御的核心，骑兵和步兵乃至炮兵，都可以依托战车进行作战。鉴于蓟镇边墙外部环境多为狭谷，而如前面所说，蓟镇的最根本作战目的是把威胁阻挡在边墙之外，使京畿重地不受骚扰，因此戚继光车营的偏厢战车追求高防御，而降低了机动性。这使得偏厢战车远较俞大猷的大同兵车重，很难仅依靠人力进行运输，因此戚继光车营中大量使用了畜力。戚继光车营也可以看作是江南抗倭作战时所使用的布城的升级版。在强化了防御力和火力之后，车营本身成了可移动的木城要塞。一个独立的车组除包含有正、奇两队士兵之外，还有两门佛朗机火炮作为火力支援。车营本身的战斗力，足以执行战术上的独立作战任务。然而也可依照任务的不同，在车营的基础上临时添加骑兵或步兵营、队，作为车营的额外攻守力量。

车营的核心自然是战车，战车的核心自然是车载火炮和随车作战人员。战车配备人员数量为两千五百六十人，除去车正和火兵，战斗人员为两千三百零四人，共

有战车一百二十八辆。每辆战车随车拥有二十名士兵，操作战车的为正兵队，随车作战的为奇兵队。正兵队有车正一名，配备旗枪一杆、腰刀一把，专管战车方向；镋钯手两名，除自带一柄镋钯外，另外各配有火箭六十支；佛朗机手六名，每人配夹刀棒一杆，每三人负责操作一门狼机铳，九个子铳，火药铅弹一百发。戚继光车营的狼机铳身管相当长，以七尺（2.24 米）为标准，全长最短不能低于五尺（1.6 米）。其口径可由所备武器弹药来估算，每一门火炮备铅弹一百发、火药三十斤，则一发铅弹所需火药为明制 0.3 斤，约为 178.5 克。按照戚继光的要求，狼机铳铅弹不用木马，用凹心半圆形送弹杆，将弹丸打入子铳八分，此时弹丸约有一半在子铳口之外。陷入一半约为八分，即铅弹球体半径约为八分，那么直径当为一寸六分，即其狼机铳口径为一寸六分，合 51.2 毫米。车营车载狼机铳的长度约为口径的 43 倍。根据 16 世纪中后期日本所用火器铅弹密度计算，该直径铅制弹丸重量在 740 克左右，即弹丸重量为明制 1.25 斤（1.6 磅）左右。鉴于其射程在一里有余（一里为 576 米），百步（160 米）之内可洞穿人马来看，该弹药比重也较为合理。

除战车本身的操作人员正兵外，还有专门伴随战车作战的奇兵。奇兵一共十人，其中队长一名，持旗枪和腰刀各一；鸟铳手四名，火绳枪外配双手长刀一把；藤牌手两人，配藤牌一面、腰刀一把、投石索一个；镋钯手二人；火兵一人，配夹刀棒一根。奇兵队的鸟铳手每人有三百发弹药，

◎ 佛朗机铳

镗钯手则与正兵队镗钯手合用火箭。通过描述可知，一辆战车的标准配备有十八名作战人员，冷兵器总类和数量为长枪两杆、镗钯四杆、夹刀棒七杆、腰刀四把、双手长刀四把、藤牌两面。火器为1.5磅长管狼机铳两门、弹药二百发、三钱弹重火绳枪（口径约13毫米）四支、弹药一千二百发、火箭一百二十支。在这样的战车编组中，一辆战车随车远程武器，在不计算投石索的情况下，可射击高达1520次，全营战车一共有128辆，也就是说，一个车营仅算战车，其远程武器可射击高达194560次。如果仅算铅弹，一辆战车的狼机铳铅弹重量约为250斤，鸟铳铅弹重量为22.5斤，合计272.5斤，全营则为明制34880斤，即可发射的弹丸重量约为20.75吨。这在16世纪，绝对是一个相当可怕的数字。

除此之外，在车营指挥官直接指挥下的，还有四门无敌大将军炮和四辆火箭车。无敌大将军炮为佛朗机型后装火炮，关于其"横击二十余丈（64米以上），可以洞众"的描述，也表明了其主要目的为压制蒙古骑兵大队冲击，因此特意选用了以霰弹射击为主的模式。车营指挥所直属的

无敌大将军炮有四门，一次发射使用四斤火药，铁制霰弹三百六十五发，合口石弹一发；也可不用石弹而使用五百发霰弹。该型火炮一门配备三十发弹药，四门合计一百二十发。车营指挥官可根据战场环境需要，向二十丈至八十丈，也就是64—256米的战线上，一次射击366发（单炮单子铳）—6000发（四炮三子铳预装轮放）弹丸。其后装结构，意味着这批火炮可在短时间内射出最高达六万发的弹丸。如运用得当，再配合火箭车，足以瓦解一次万人级别的大规模骑兵冲锋，并且给进入有效射程内的敌人带来极其惨重的损失。

从上面所计算的火器数量我们可以看到，戚继光的车营已经形成了以火器为核心的作战模式。超过二十五万的远程武器可射击量，使这个全部战斗人员为两千五百人的车营拥有了近万名弓箭手才能达到的可射击数量。车营在远程武器的威力和射程上，也远远超出了弓弩所能达到

◎ **无敌大将军炮车。** 该炮车承重横档有活轴十余道，在绘图里和非活轴相间隔。而超出常规的炮车车长，配合活轴，是否意味着该炮有在炮车上直接发射、以炮车横档活轴使火炮后坐、然后再以人力复进炮身的可能

的极限。

然而这样的火力也意味着偏厢车的重量必然很高。戚继光的偏厢车重量在六百斤以上，以人力运输已经相当困难，只能使用骡马来保证其机动。偏厢车车营与其说适合在平原大漠驰骋，不如说更适合蓟镇的需要，重车再配上无敌大将军炮这样的上千斤重炮，非常适合封堵路口之用。然而过重的车辆在崎岖地形，就显得难于运作，也很难满足快速机动的战术要求。因此，戚继光依据蓟镇地形的不同，有针对性地分设了轻车营、骑兵营和步兵营。

轻车是按偏厢车这样的大战车标准一分为二，每车只用一队士兵。同时，轻车的轻只是相对于偏厢这种重型战车而言，其重量仍在三百斤以上，远超过其他军镇所使用的二百斤以下的战车，其火力和防护性能同样超过其他边镇的战车，当然机动性就有所不如了。这便是前文所述的"兵形如水"。蓟镇作为京畿门户的特殊性，使得防守上的标准要远超进攻上的要求，这也是戚继光车营在战车的火力和重量上远超其他边镇的根本原因。

偏厢车又或者轻车营，在使用性质上只可大开大合，作为堂堂之阵，在兵法上即为正。突袭埋伏之类的奇兵当然不适合巨大沉重的战车。兵法讲究奇正相合，戚继光的奇兵就是骑兵营和步兵营。戚继光以车营为中军，步骑张两翼，这就是很典型的车步骑联合作战方式。那么作为奇兵，或者说两翼的步骑营又是什么样的呢？

首先来看骑兵营。骑兵营的结构为十二人一队，三队一旗，三旗一局，四局

一司，两司一部，三部为一营，全营上下官兵约为三千人。骑兵营最基本的构成单位是十二人的小队。三部里的左右二部兵员配置相同：队长一人，持腰刀、弓箭，分左右二伍；鸟铳手两名为伍长，配备鸟铳和双手长刀；快枪手两名，各持快枪一杆；镋钯手两名，配备镋钯和火箭；刀棍手两名，配备刀棍和弓箭；火兵一名，负责该队后勤。中部每司第一局各队队长一名，配弓矢、腰刀；鸟铳手八名，配鸟铳和双手长刀；镋钯手三名，配镋钯、火箭。第二、第三局队长一名，配弓矢、腰刀；弓骑兵四名，除弓箭外各配腰刀一柄；钩镰枪手四名，各钩镰枪一杆、弓箭一副；镋钯手两名，各持镋钯、火箭。

由骑兵队的配置可以看出，戚继光的骑兵营并不是以马战为主的骑兵。全营十八局，特别专为骑战的，仅有中部四局，

◎ 上为偏厢车、下为轻车

◎ 骑兵队图

◎ 步兵队图

仅占全营总兵力的 22%，其他各局武器配置多为步战所用，特别是其骑兵营携带六百四十八副拒马枪。在训练中左右部为下马步战，以拒马枪环绕营地，镗钯手在前，刀棍手在后，次为快枪手，后为鸟铳手，马匹为火兵看管。这个骑兵营与其说是骑兵，更像是骑马步兵，以马匹机动，战以步战为主。而且该骑兵营中没有配置长枪，最长的兵器仅为镗钯。全营士兵除火兵外，全部配置了远程武器，火器手之外的人均配弓箭。从这里可以看出，这个骑兵营是远程打击火力。无独有偶，同时代的欧洲也组建了类似戚继光骑兵营性质的骑马步兵——龙骑兵。

骑兵营全营上下拥有虎蹲炮 60 门、火绳枪 540 支、快枪 360 杆、火箭 12920 支、弓箭 1152 副，其中虎蹲炮弹药 1800 发，每次发射直径约两寸石弹一发，霰弹 30 发（重一两）或 100 发（三钱以下）；火绳枪和快枪弹药均为每门 300 发，合计弹丸数量 27 万发；弓箭每副箭矢 30 支，合计 34560 支。全营轻型远程武器可射击数量

超过了 30 万次，虎蹲炮为 55800 发备弹，总可射击弹丸（箭矢、铅弹、石弹）数量上近乎 50 万发。虽说在弹丸重量上不如车营，然而在射击次数上是车营的两倍多。

步兵编制在《练兵实纪》中有两种，一种为冷兵铳手混编一队，一种为冷兵铳手分列两部。混编法极为简略，兵员数量编制均未曾明说，且与《练兵实纪》中有相当矛盾之处。如以混编为准，则蓟镇新军全无长枪，不符合戚继光本人言论以及史料中浙兵蓟镇军械记录。其混编模式解说为步兵或步军，而且无实际兵员数量和编制，且列在骑兵之后旗号诸如骑兵车兵之说，因此该混编步兵并非如马营或车营这样的独立作战序列，更类似于临时加强补充的编组。此混编序列如单独用于野战，无长枪、拒马、火炮，都难以抵御蒙古骑兵。即便山地作战，该序列火力也极为贫弱，与车营、马营火力配置大相径庭。

所以我们研究戚继光的步兵营，主要依据《练兵实纪》里的步营解，也就是冷兵铳手分列两部。这个步兵营结构与骑兵

营相同，同为十二人一队，分杀手队（冷兵器）和铳手队。杀手队队长一名，配旗枪一杆、腰刀一把、弓箭一副；藤牌手两名，各配藤牌一面、腰刀一把；狼筅手两名，配狼筅两柄；长枪手两名，各有长枪一杆、弓箭一幅；镋钯手两名，各镋钯一杆、火箭三十支；大棒手两名，各大棒一根、弓箭一副；火兵一名。铳手队队长一名，配旗枪一杆、腰刀一柄、弓箭一副；鸟铳手十名，各持火绳枪一杆、双手长刀一把；火兵一名。

这个步兵营在远程武器上也十分突出，全营拥有火绳枪1080杆，火器手占全营兵员数量50%，这个比例在当时的世界上堪称豪华。全营有弓箭648副、火箭6480支、鸟铳弹丸216000个、箭矢19440支，远程武器可发射次数依旧超过了24万次。鉴于步兵营未曾配备火炮，相对骑兵营和车营属于轻装部队。不过步兵营更适合树大林深的山地作战，而这类地形不利于骑兵冲击，因此该营不配火炮也是可以接受的。

总体而言，在16世纪，戚继光的车步骑营制火力堪称豪华。然而以古代的技术条件来说，人力有其极限，在携带了大量的火药、铅弹等沉重的作战物资后，粮食携带量就难以保证了。如步营士兵双手长刀一把二斤八两，鸟铳一门五六斤，火药六斤，铅弹六斤，仅武器负重便已达20.5斤，

约12千克，再算上盔甲等物，已经很难随身携带更多的粮草。而临时驻地征调耗费时间长，容易耽误战机，于是戚继光又特意创立了辎重营以运送军粮。这个辎重营其实是将随身粮草单独分列一营，以车营护卫，以便于跟随军队作战。辎重营随车有160门佛朗机铳、640支火绳枪，全营仍有相当强的火力，可轻易击退小股蒙古骑兵。如遇到大队围攻，其高达16000发的佛朗机炮弹和192000发的枪弹，也可以支撑相当长的时间。辎重营甚至可以作为依托，在车营未能及时到达的时候，配合机动性较强的骑兵营和步兵营进行反击作战。

《孙子兵法》曾经说过：用兵无一成不变的形势，在用兵作战之时能够因时、因地制宜，从而取得胜利的，才能称得上用兵如神。戚继光之所以称为名将，就是因为他能够根据不同的环境和不同的敌人制定出不同的战法。在江南剿倭之时，戚继光以主动进攻为胜；在蓟镇任职之时，戚继光又以守为功，这与他深谙用兵之道有关。然而，戚继光又以恐泄其巧、其精妙之处不言而闻名，在兵书中相当多的重要细节上一笔带过，导致学其兵法者多得其形而未得其实，更导致戚家军乃至浙兵自他之后日渐没落，在明末最终败亡，这也不能不说是一个遗憾。

后金巴牙喇

文 暗夜惠玉

提起满洲八旗军，往往会有两个标志性形象。一个是在近代列强入侵时，腐化堕落的八旗子弟，遛鸟逗狗样样精通唯独不会打仗；另一种则是在明末清初横行东亚大陆，创造出"小民族征服大帝国"奇迹的悍勇军团。本章将通过八旗中最为精锐的巴牙喇来讲述八旗初生到辉煌的那段历史。

白山黑水的起源

满洲人起源自我国东北的白山黑水间。出自爱新觉罗氏族、建立八旗的努尔哈赤的直系祖先可以追溯到他的六世祖猛哥帖木儿（或者称为猛哥帖木尔），后被清朝追封为肇祖，谥号为"原皇帝"。

猛哥帖木儿出生于元末明初。那是一个动乱的年代，元朝遗留在辽东的残余部

◎ 早期女真人形象

队彼此征伐，更北部的野人女真也时不时过来打秋风。猛哥帖木儿此时展现了他的魄力，毅然带领部众去朝鲜半岛避难，效仿其他的女真部族向当时的高丽国王称臣纳贡。他被封为"吾都里万户"，带领部众在图们江下游斡木河（今朝鲜会宁一带）耕牧度日，隶属于当时的都指挥使李成桂手下。后来李成桂自立为王，改国号为朝鲜，猛哥帖木儿仍为万户与其他女真首领一起"常佩弓剑入卫，从征伐"。但是朝鲜人对作为外来者的女真人依旧是不信任的，据《朝鲜王朝实录·太宗实录》记载，四年（永乐二年，公元 1404 年）三月七日，"吾道里童猛哥帖木儿等三人来朝"，二十一日"童猛哥帖木儿辞还，留其弟及养子与妻弟侍卫"。

当时的明帝国则刚刚经历完靖难之役，国家处于百废待兴的状态。不过刚刚登基的新君明成祖朱棣，是个有雄才大略的君王，这使得整个明帝国处于一种积极向上的状态，对周边民族的争取也要积极得多。

永乐元年，朱棣遣使朝鲜，谕告要招抚"女真吾都里"等"使遣贡"。次年二月，他又派遣使臣王可仁前往朝鲜境内的女真地区，谕劝女真人归顺。

后来，朱棣知道了猛哥帖木儿的事迹，觉得他聪明干练有归明之心，于是专门在永乐三年又给朝鲜方面下了指令："皇帝敕谕朝鲜国王，东开原等处地面万户猛哥帖木儿能恭敬朕命，归心朝廷，今遣千户王教化等赍敕劳之，道经王之国中，可遣一使与之同行，故敕。"

由于明帝国物产更丰富，有着女真人急需的各种物资，所以在朱棣的热情招揽

下，猛哥帖木儿毅然率部返回故土。他们就是后来明代建州左卫的直系先祖。当时的建州部依然奉行着原始的哈拉穆昆制度。满族姓氏形成于氏族社会，最初是表示血缘关系的称谓，即血缘团体的称号。这种血缘团体被称为哈拉（hala），即姓氏，最初一个哈拉就是一个穆昆（mukun），即家族。其中穆昆一般认为是源自于金代的谋克，康熙年间的《满汉类书》将其对应为"族"。同一氏族之间有着血亲复仇的义务。此后，随着人口的繁衍，同一哈拉就出现了隶于原来哈拉的数个穆昆，而一个穆昆只能属于一个哈拉。随着氏族社会的发展，哈拉穆昆也在不断演变，原来的同一个哈拉穆昆内就派生出了两个以上的哈拉。所以，新的哈拉不断增多，就形成了众多的哈拉（姓氏）。

斗转星移，到了努尔哈赤时期，建州卫已经和叶赫并列，成了明帝国东北最重要的女真部族之一。同时在建州女真和海西女真中，"哈拉"这一古老的体系已经失去了它本来的意义。为了管理日益强大的部族，也为了适应女真内部原始氏族体系瓦解后对新时代的需要，努尔哈赤决定整编牛录（后改为佐领）。

牛录是满语niru的音译，意思是射箭用的"大披箭"。额真是满语ejen的对音，意思是"主"。按照《满洲实录·卷三》记载，女真人"凡遇行师出猎，不论人之多寡，照依族寨而行。满洲人出猎开围之际，各出箭一枝，十人中立一总领，属九人而行，各照方向不许错乱，此总领呼为牛录额真。"

不过这是以族寨为基础的临时武装，

◎ 明成祖朱棣

打仗或者打猎时推举一位牛录额真来负责，在兵猎结束后就自行解散。这种模式固然极大地降低了用兵的成本，但毫无疑问也降低了女真部族之间的凝聚力，使"小山头"林立。这对于一个铁腕统治者来说绝对是无法容忍的，于是努尔哈赤此后对牛录制度进行过诸多改革。

一开始，努尔哈赤的牛录设置方式分为两种，一种是将归顺部落整编成牛录，交给原本的酋长或者他的子侄统领。这种情况占多数，比如《八旗满洲氏族通谱·卷三十二》记载："常舒，镶白旗人，世居沾河地方，国初同其弟杨舒来归，编佐领（牛录），使统之。"另一种就是把分散的女真人集中起来，编制成一个牛录，交给有功的或者有才干的人指挥。比如《满洲实录·卷二》记载，万历十二年，努尔哈赤攻打翁鄂洛城时，被鄂尔果尼和洛科各射一箭，身负重创。城破后努尔哈赤却认为两人勇敢善战，不但对二人赦而不杀，而且还"赐

◎ 清太祖努尔哈赤

以牛录之爵，属三百人，厚养之"。

万历二十九年，努尔哈赤对牛录制进行了全新的制度化，每三百人设一牛录额真管属。《建州纪程图记》中提到，努尔哈赤对牛录内的一般成员（即诸申）则要求："前则一任自意行止，亦且田猎资生，今则既束行止，又纳所猎，"此外，参考《满文老档》，努尔哈赤还："设四旗以统之，以纯色为辨，曰黄旗、曰红旗、曰白旗、曰蓝旗"，这也是后世八旗最早的模板。

以往由于归顺部落人数存在差距，以

及努尔哈赤早期兵力不足的关系，各个牛录之间差距是很大的。这在军事行动中很不方便而且后遗症很大。经过万历二十九年的这次改革，牛录可以作为一个正式的作战单位编制登上战场。同时，牛录额真成了一个正式的官名而不再是由部众推举的，就此脱离了过去部族时代的习俗，并避免了一些酋长尾大不掉的尴尬局面。另外，牛录中的一般人员则被束缚了行动自由，强化了纪律组织，过去散漫开放的部落民体制随之消失，因此日本学者旗田巍然认为，牛录制度的出现为女真部族之间的融合发展增加了凝聚力，也为之后八旗制度的创立打下了基石。

到了万历四十三年，随着努尔哈赤的实力不断膨胀扩大，其治下的人口也越来越多。被他征服归化的女真人已经遍布今天的东北，发展程度也大相径庭。比如可木以南地区靠近汉地，农业技术相对成熟；黑龙江诸卫也经常和汉人发生贸易往来；弗提卫更因为地处松花江下游北至黑龙江中下游地区的必经之路，所以在永乐年间便是边境地区的贸易枢纽；努尔哈赤曾于天命元年征讨的萨哈连部（居住在松花江下游和黑龙江交汇处），则已经可以拥有一至两年的战备粮食了；而撒鲁温以北地区明显就要落后多了，当地女真人"劲弓长矢，射山为生"；库页岛上的女真部落则"持木弓，矢尺余。涂毒于镞，中必死。器械坚利"，"虽知耕种，而专以渔猎为生"。[1]

---

① 见《皇清职贡图》。

除习俗习惯差异很大之外，女真各部族之间仇怨也比较多。在努尔哈赤刚刚起兵的时候，曾经四周"皆为仇敌"。康熙时期，在统计满洲部落之时，将各个部落划分为"来投"（baimeijihe）与"征服"（dailame dahabuha）两类，当初彼此之间的矛盾和仇怨可见一斑。因此，如何将如此众多的、生活习惯各不相同的、甚至彼此仇恨的女真族群整合到一起，成为当时新兴的建州政权面临的最严峻的问题。

努尔哈赤的做法是进一步改革军事体制。他首先就在原本的黄、白、蓝、红四色旗的基础上，增加了镶红、镶蓝、镶白、镶黄这四色。所谓"镶"就是将原本纯色正旗的周围镶上别种颜色，黄白蓝镶上红色，红的镶上白边。至此，八旗就正式诞生了。

每个固山（旗）分别设牛录额真、甲喇额真（五牛录为一甲喇）以及固山额真（五甲喇为一固山）。每个固山有左右梅勒额真，作为固山的副职。另外，牛录额真下设代子（骁骑校）二人，每个牛录分为四个塔坦（满语"村落"的意思），每个塔坦由章京一名统率，设拨什库（村领催，八旗牛录额真下掌管登记档册和发饷的基层军官）四名。此后到了天聪八年（1634年），除了固山额真外，其他官员名称全部改为章京。顺治十七

◎ 八旗军甲胄

年，清廷定固山额真汉名为都统，梅勒章京为副都统，牛录章京为佐领。

在这个基础上，努尔哈赤又开始了八旗的农业化进程，牛录也作为一个农业单位肩负起它的历史使命。《满文老档》记载："每牛录各出十丁四牛，垦殖荒地，设立谷仓，以备凶歉。"

在军事、政治、经济条件一切都成型的基础下，本文的主角——巴牙喇也就登上了历史舞台。《满文老档》提到，努尔哈赤规定："每牛录出行甲百人，分编为白巴牙喇（白甲兵）、红巴牙喇（红甲兵）、黑营三队。"

这里还要特别介绍一下对巴牙喇至关重要的一个概念——满洲八著姓。八著姓最早是努尔哈赤的"古出"（满语"朋友"之意）。总体上，古出组织是氏族社会末期成员分化的结果。之前，随着女真各部落的古老血缘系统和分配制度的瓦解，私人制度得到了大发展。和所有的原始社会崩解一样，一些女真氏族成员难免受到强力人物的盘剥，再加上部落之间的兼并战争等因素，这些人变得一无所有。丧失一切的他们没有了最为基本的生存条件，为了活下去，他们不得不求求特权阶层的庇护，通过为后者打仗以获得战利品从而维持生计。努尔哈赤起兵之初，他周围大量的依附之人便属于古出。他

们同自己的主公一起居住，主公外出征战时成为扈从。当主公遇到危险的时候，比如有敌对部落前来攻打，又或是部落内部同室操戈，古出成员必须坚定地站在自己主公一边，为主公遮风挡雨，哪怕献出自己的生命也在所不惜。作为报答，主公会把战争中得到的牲畜、奴隶、金银财宝等等给予自己的古出，同时也会给有能力的古出加官晋爵。这么做，主公一方面是为了提高自己在部族中的地位和声望，一方面可以打压自己的竞争对手。

总之，古出就是氏族社会末期，依附部落首领而完全脱离生产的政治军事力量存在。八著姓中的钮钴禄氏额亦都便是此中典型。自幼贫寒、双亲皆亡的额亦都寄居在自己的姑妈家，在认识了努尔哈赤后很快便为之折服，成了努尔哈赤的古出。额亦都在平定女真各部的战斗中冲锋陷阵，平时也履行自己古出的义务，"太祖为族人所慝，数见侵侮，矢及于户，额亦都护左右，卒弭其难"[1]。努尔哈赤对额亦都的忠诚勇敢也是赞赏有加，比如在攻陷巴尔达城之后，他下令将全城人口都赏赐给额亦都，后来还将自己的女儿和族妹都嫁给他，甚至任命他为一等大臣。使其从一个一无所有的穷小子成为后金时代权倾朝野的五大臣之一，直接奠定了钮钴禄氏族八著姓的地位。

努尔哈赤就是以这批对他最死忠也是他最信任的"古出"作为骨干，组建了巴牙喇。据统计，清初八著姓人物在巴牙喇中任职的一共有一百八十五人，分别担任统领、参将和军校等职务，其中统领五人、

参将七人、军校一百七十三人。巴牙喇自此注定了有清一代身为禁卫军的辉煌。

然而当时女真的皇权并未确立，也保留了很浓郁的部落民主氛围，甚至留存着名为"两头政长"的制度，即努尔哈赤和弟弟舒尔哈齐一同治理建州女真。当时有个叫申忠一的朝鲜人从赫图阿拉回国后，在报告中指出努尔哈赤有诸将一百五十余名，舒尔哈齐则有四十余名。这表明舒尔哈齐也有一批"古出"效忠于他。舒尔哈齐更是公开对朝鲜方面说："日后你金使若有送礼，则不可高下于我兄弟。"两兄弟之间的不睦闹到了连明帝国方面都一清二楚的地步。最后，舒尔哈齐被自己的兄长幽闭而死，他的儿子们也被悉数屠戮。

努尔哈赤虽然废除了两头政长制度，但是女真依旧不是他的一言堂，只不过对明帝国的侵掠暂时掩盖了八旗内部的矛盾。天命三年（1618 年）努尔哈赤正式宣布七大恨，随后设计攻陷了抚顺。明军游击李永芳请降，努尔哈赤便将孙女许配给他。之后八旗在抚顺大肆掳掠杀戮一番归去，

◎ 八旗军甲胄与武备

"入抚顺也，杀一大将堕三城损偏裨将以下八十余员。屠军民几至二万"②。

抚顺城陷落后，明军派出追击的部队反而被后金设伏杀得大败，总兵官张承萌以下五十余军官战死。之后在五月间，努尔哈赤掀起攻占狂潮，先后拿下抚安、三岔儿、白家冲三座堡垒。七月，努尔哈赤又攻打清河，该地副总兵邹储贤战死，周边的白家堡备御周守廉、三岔儿堡备御左辅则望风而遁，八旗在大肆掳掠一番后便撤走了。

明帝国对努尔哈赤一系列的行为极为惊骇，"辽左覆军陨将，虏势益张，边事十分危急"③。对此，明帝国的对应措施是于万历四十七年（1619 年）调兵遣将，集合包括了仆从国朝鲜在内的精锐，以大军压境的方式，试图消灭后金八旗政权，这就是著名的萨尔浒之战。新生的八旗迎来了第一次严峻的挑战。

博弈中的淬火发展

萨尔浒之战，明军相对于后金，可以说在天时、地利、人和上均处于劣势。

首先，天时。当时明帝国的官僚体制已经进入末期，最大的弊端赏罚不公已经渗透入体制的方方面面，比如江西道御史薛贞曾说："赏罚不明故人不效死。"而后金政权刚刚诞生，虽然有其野蛮落后的一面，但其高效和赏罚分明却远超明帝国。

其次，地利。出战明军步卒居多，机动性也相对较差，同时不熟悉地理，无法与作为土著的满洲人相比，而且后金前期的攻略，也使其具备了良好的战略态势。清河在四山之中，所处位置极为偏僻，东方是宽奠，南方是瑷阳，西方是辽阳，北方是沈阳。一旦清河落入后金之手，那么攻破宽奠、瑷阳的日子也就不远了。

最后，人和。一方面明军求战之心不强，"杨镐中言调到援兵皆伏地哀号不愿出关"。同时，因为各种原因（主要是兵力不足）导致明军又不得不让一部分逃兵戴罪立功，使得明军死战之心更弱。另一方面，明军"勇者独进，怯者独退"的情况很严重。比如朝鲜文献《紫岩集·卷五·杂著·栅中日录》中就记载："所经部落，尽为焚烧。略得斩馘，颇有贪功疾驱之意。"再比如，贪功冒进的杜松就遭遇了八旗三万骑兵的伏击④。更为严重的是，杜松的冒进导致明军对骑兵的最强利器——车营落在了后面，并被浑河阻挡无法参战⑤。待到战时不利之时，叶赫援军和李如柏的部队都选择了主动撤退。相比之下，八旗军作为一只新部队正是锐意进取之时，在令行禁止方面做

---

① 见《清史稿·列传十二》。
② 见《筹辽硕画》。
③ 见《明实录·神宗实录·卷五百六十八》。
④ "伏夷突起，约三万余骑与我兵对敌。松率官兵奋战数十阵，欲图聚占山头以高临下，不意树林复起伏兵，对垒鏖战，天时昏暮彼此混杀。"见《明实录·神宗实录·卷五百八十》。
⑤ "车营枪炮以浑河水势深急，拥渡不前"，见《明实录·神宗实录·卷五百八十》。一说为八旗间谍焚烧了车营。

◎ 后金军破杜松

比如杜松军居高防守之时，八旗"仰攻，勇猛直前，冲杀敌阵，刀劈箭射，少时尽歼之"。朝鲜方面则记载，朝鲜军队设置拒木拦截后金的骑兵冲击，"俄而虏大至，先犯左营，应和环设拒木于阵前，分队放炮，虏骑阻不能突"。不过八旗很快想到了应对方法，骑兵跟随战马之后用兵刃驱赶战马，然后等前方战马把拒马的木桩都给拔出了，再用骑兵强行冲击，朝鲜火铳手试图补上缺口，但后金骑兵非常悍勇，前排倒下了，后排再跟上，朝鲜军队挡不住而败退了。

甚至，连运气都站在了后金八旗一方。在激战中，本来明朝联军通过火器上的绝对优势已经击退了后金，"抽发精锐，直犯其前，公以炮手，一时放丸，贼兵退却，如是者三"。可惜天有不测风云，"俄而大风忽起，烟尘四塞。炮矢不得发，贼乃并力冲突，我军立尽"。

不过要指出的是，虽然以巴牙喇为核心力量的后金八旗军取得了萨尔浒之战的胜利，但也暴露出它缺乏优良骑兵和火器的短板。建州卫拥有优秀的重装步兵，但骑兵却是叶赫部最强。叶赫首领就曾说过："我畏奴步，奴畏我骑。"但萨尔浒之战中，拥有优良骑兵的叶赫部和李如柏部尚未交战便撤退了，使得后金方面原本的短板——骑兵反而具有了优势。

至于火器的缺乏则更为严重。面对具有防御工事的明军时，这个弱点尤为突出，后金往往只能以相当原始的办法强攻，"兵临城下，城内兵士，立城站板射之。英明汗之军士，先以重甲外披绵甲，盔外戴大

得非常好，其军士剽悍骁勇，部队建制严明，战斗力标准相对统一，正如徐光启所言"奴之步兵极精，分合有法"。

可以说，明军主力在准备完全不充分的情况下，就前往辽东与八旗会战，而所有的不利因素都因明帝国上下只求速胜的心理，被搁置在一边。

不过，"天时地利人和"也需要落实到具体士兵的血战当中。当时八旗军队也着实拥有强悍的战斗力，"若地广，则八固山并列，队伍整齐，中有节次。地狭，则八固山合一路而行，节次不乱。军士禁喧哗，行伍禁纷杂，当兵刃相接之际，披重铠执利刃者，令为前锋。披短甲（即两截甲）善射者，自后冲击"。其中巴牙喇更起到督战队和生力军的作用，"精兵（巴牙喇）立于别地观望，勿令下马，势有不及处，即接应之"。直接结果便是"一闻攻战，无不忻然，攻则争先，战则奋勇，威如雷霆，势如风发，凡遇战阵，一鼓而胜"。

◎ 后金军所用长弓大箭

厚棉帽者，在前执盾而进，立于山城之下。继之以所选撰轻短甲善射之军上，随往放箭"。接近城墙后，"我军执盾登山，城内军士等放箭、掷巨石、滚粗木及向盾投火以战。我军并未因此而止，仍执盾前进，置盾于城下"，然后开始土木工程，"用斧掘其以明国之砖石所筑之城垣"。面对明军或朝鲜人的火器部队，后金八旗往往也只能凭借人数上的优势，以及善射的技能，依托盾车和重甲，用弓箭强行压制，这必然要付出相当的损失。

八旗的这些短板，其实后金与明帝国都发现了。但是当时的明帝国正受困于萨尔浒之败后的兵力不足与士兵素质低下的问题。

正常情况下，普通明军士兵月收入能有两到三两白银，但明帝国由于经济崩溃，欠饷不发已经是常态。更加糟糕的是，辽东明军过分仰仗家丁，于是克扣普通士兵的军饷来供养家丁。这导致一般明军士兵收入低下，连吃饱饭都困难还被官吏欺压，参考《筹辽硕画》，"营堡军士月止四钱

或两钱五分，每岁，折色四月，本色八月。各仓旧储米豆……浥烂如粪，近收者又被官吏掺和沙土糠秕等物"。其结果自然是除家丁之外，普通明军士兵毫无战斗力，辽东经略熊廷弼检视辽东明军射击水平的时候，发现"三十人射打，通计仅中一铅"，不由得哀叹辽军虽"九万有奇"，但"堪战者不过八千"。而这堪战的八九千人，要分散于辽东的一百二十多个城堡，并要应对数万之众的后金八旗。

因此，当时明帝国的主要精力都放在填补萨尔浒之败后的辽东军事空虚，结果只能坐视后金方面解决八旗军战力上的短板。

努尔哈赤解决战力短板的第一个措施就是征服有骑兵优势的叶赫部。明万历四十七年八月十九日，努尔哈赤亲自领兵

◎ 清代《紫光阁功臣像》中使用弓箭的八旗军官形象

攻打叶赫，战斗非常激烈。但是和攻打明朝城池时大肆劫掠屠杀不同，努尔哈赤对叶赫部做到近乎秋毫无犯。金台石（叶赫首领）和自己的外甥皇太极（其生母属叶赫部）谈判破裂，试图自焚未果，最后被努尔哈赤下令处决。但努尔哈赤却饶恕了金台石的儿子德尔格勒，甚至让德尔格勒和皇太极一起吃饭以示宽容。

就这样，努尔哈赤拿下了海西女真中最后的叶赫部。自此，努尔哈赤不光拥有了强有力的骑兵部队，更完成了女真统一大业。"满洲国自东海至辽边，北自蒙古嫩江，南至朝鲜鸭绿江，同一音语者俱征服"，辽东地区自宋元之后，再一次崛起一个可以和中原王朝对抗的少数民族政权。

还要提到的是，叶赫部地理位置很重要，其在哈达之北、乌拉之西、辉发之南，明帝国要靠叶赫部保卫开原甚至整个辽东，隔绝建州和西虏（蒙古）的联系。后金拿下叶赫之后，也就获得了联通蒙古之路。

在天启年间以前，蒙古分为漠西卫拉特、漠北喀尔喀和漠南蒙古三大部分。与明朝近邻的漠南蒙古，在西北有游牧于黄河河套地区的鄂尔多斯部；在正北有定居在山西偏关边外的归化城土默特部；东北则有蓟辽边外的喀喇沁、察哈尔、内喀尔喀和嫩江流域的科尔沁等部。当时漠南蒙古处于割据状态，察哈尔部大汗仅在名义上是各部的宗主。漠南各部与明朝以及后金相距的远近、关系的亲疏虽异，但大体上对明朝主要是掠边挟赏，对后金主要是敌视抵抗。其中与明朝和后金都较为邻近的蒙古部落有喀喇沁、察哈尔、内喀尔喀。

此后，随着后金的崛起，明帝国开始联合蒙古人牵制后金。天启二年四月底，明帝国与喀喇沁结盟；七月，与敖汉等部结盟；八月，与察哈尔林丹汗结盟。八月十三日，王在晋让山海道阎鸣泰、关外道袁崇焕同抚夷官李增等出关，与林丹汗的使臣贵英哈举行就盟仪式，"聞刀歃血，立有盟词"。盟词曰："愿助兵灭奴，并力恢复天朝疆土。若奴酋兵到，憨（林丹汗）兵不到，断革旧赏；倘奴酋通赂，背盟阴合，罹显罚，盖指天为证矣。"

努尔哈赤对此非常愤恨："明国、朝鲜，语言虽异，然发饰、衣饰皆同，此二国算为一国也！蒙古与我两国，其语言亦各异，然衣饰风习尽同一国也！齐赛（蒙古首领）竟与风俗殊异之明国盟誓，欲屠戮我等相同之国人，献骨于明，以取明国金银。"

其实后金也一直注意拉拢蒙古势力。不过李成梁时代的明帝国积威犹在，虽然后金在血缘文化上和蒙古人要亲近得多，但是以林丹汗为主的蒙古各部依旧更愿意支持明帝国而非后金。于是，后金开始了对蒙古各部的武力征服。天命六年四月，后金要犯宁远等处，内喀尔喀巴林部发兵助明。于是后金八路并进，征巴林部。这是后金进攻蒙古之始。十月，后金又征扎鲁特和巴林部。同年，后金对喀喇沁也有劫掠。《明实录·熹宗实录·卷七十二》载后金"劫黄毛达子哈儿慎为之用"。后金不仅展开军事攻势，还凭借其军事优势进一步笼络林丹汗的近族敖汉和奈曼部，使其背明附己。天命七年六月，"都令、色令（均为敖汉部首领）与黄把都儿（奈曼部首领）

◎ 清代《阿玉锡持矛荡寇图卷》中八旗骑兵形象

近复自折入于奴"。

后金对蒙古人的拉拢首先是军事上的。"蒙古披甲无马之人，给以可乘之马"，"将赐给蒙古人每牛录之二十副甲，裁取长甲之边缘及盔后尾，盔耳叶，甲遮窝。若无制作之人，则由穿甲人之妻做之"，"来归之蒙古人，优者服良甲，劣者服次甲乃犹如我军，盔尾甲背缀字为记"，"修理汉人之甲，以给蒙古人等"。由此看出，一开始努尔哈赤就是将蒙古人作为主要战斗力使用，其待遇从某种程度上说甚至超过了满洲人。其次，后金对来投奔的蒙古人在生活上也很照顾，"类似耕奴之人，其妻子父母不予分离，编为五百户，每户十口者，给牛一头、驴一头"，"蒙古之七千六百八十八人因盐给不足，取熬盐场之盐，先后共给一万斤"。

对于蒙古上层的王公们，后金则采取联姻和分赏双管齐下的策略。按努尔哈赤的话说，"那仰慕来的诸贝勒，无论犯什么罪，与我们八贝勒同等看待。即使是犯了死罪，也不处死送回故地。来这里的诸贝勒在这里结亲站脚，娶我们的女儿们，不要怕我们的女儿"。除了通婚外，努尔

哈赤平时赏赐给这些蒙古王公的奴仆、鞍具、布匹，金银器皿更是应有尽有。

在这种情况下，随着林丹汗的败亡，后金政权下的蒙古人战斗力迅速成型。据天命年间的统计，当时已经有七十六个牛录的蒙古人。天聪年间，因为蒙古军增多，将其分为左右两营（后改为左右两翼），武纳格与鄂本兑同为固山额真。天聪九年（1635年），皇太极检视喀喇沁蒙古壮丁，共计一万六千九百五十三名，并将其分为十一旗。

总之，蒙古人的加入让八旗进一步完善了自己的骑兵体系。如马文升所记述，"盖海西、建州马步能战，朵颜三卫止长于骑射也"。也就是说除了建州和海西的重装步骑外，后金八旗也有了一只优秀的骑射部队。

在努力掌握优秀骑兵资源的同时，后金政权也在为其军队谋取火器武备。

比如在天命八年（1623年）四月一日，努尔哈赤规定，每牛录遣甲兵百人，以十人为白巴牙喇，携炮二门、枪三枝；剩余的九十名甲兵中四十名为红巴牙喇，携炮十门、枪二十枝，其中十人携盾车二辆、水

壶二个；黑营五十人，携炮十门、枪二十枝，其中二十人携盾车二辆。

可以看出，在努尔哈赤起兵八年后，火器在八旗军中的比例已经很高了，但是要想装备更多火器则需要更多的财力与物力。于是拥有众多火器但战斗力相对薄弱的朝鲜就成为后金的目标。

公平地说，朝鲜在东亚地区虽然算不上强国，但该国的火器相当发达。比如萨尔浒之战时，朝鲜就为明军提供过一万名火枪手。"天朝有征讨之举，征兵于我国。王军门（总督王可守）约四万兵，杨经略（镐）以为朝鲜兵马之尠少，俺所曾悉，遂减其数，只征铳手一万名"。不过朝鲜军队在萨尔浒之战的表现并不算好，"贼使策马

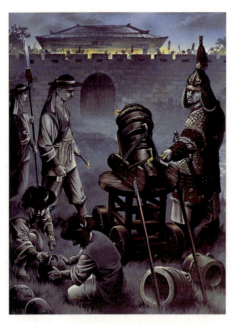

◎ 使用火器的古代朝鲜军队

突入，马疾飞如，伏兵四起，直断我军，我军不得放一炮发一矢，瞬息之倾，蹂死者几二百人，申诚立、池如海、李元吉等皆死，而胡兵死者只二人"。因此，后金方面自然将朝鲜视作一块肥肉。

前面说过，建州卫先祖曾经归顺过李氏朝鲜，所以后金一开始也对朝鲜进行过拉拢和恐吓，但后金也从一开始就做好了武力征服朝鲜的准备。努尔哈赤就为了这样的战略布局而将都城迁到了沈阳："沈阳形胜之地，西征明，由都尔鼻渡辽河，路直且近；北征蒙古，两三日可至；东征朝鲜，可由清河路以进。"等到后金天聪年间，随着袁崇焕为代表的明军全线转入守势转而加固宁锦防线，后金方面开始腾出手全力攻击朝鲜。同时，因为小冰河时期的到来，后金的农业遭到重大打击，比如天聪元年"时国中大饥，斗粮价银八两，民中有食人肉者"。

于是在此背景下，1627 年，也就是后金爆发大饥荒的同一年，"丁卯虏乱"爆发了！天聪元年正月十三日，大贝勒阿敏，以及贝勒济尔哈朗、阿济格、杜度、岳拖以朝鲜降将姜弘立、韩润为向导，对朝鲜发动了进攻。

面对军事体系日趋完善的后金八旗，朝鲜方面大惊失色。"时让曰：虏若动兵，则必不下三四万，我国安得猝办三万兵以应之？设使兵数相当，皆步而不晓坐作，虏以鞑骑蹂之，虽使韩信白起为将，不可敌也。"

于是，三月初三，后金迫使朝鲜方面焚书盟誓签订《江都之约》；十八日，阿

敏又逼迫朝鲜王弟李觉签订《平壤之约》。四月初八，后金军挟持李觉撤军。

值得一提的是，阿敏在《江都条约》与《平壤之约》签订中间，以"吾等并未与盟"为借口，纵容自己手下的八旗兵大掠三日，"财物人畜，悉行驱载"。

而对八旗军来说，此战最大的收获是得到了一批朝鲜火铳手，"朝鲜之兵，虽无马上之能，然不违法度，长于步战鸟枪，以攻取城池大为有用"，极大地弥补了后金与明帝国的火器差距。

◎ 明清时代红夷大炮文物

入关前的考验

经过对蒙古和朝鲜的征服，八旗军队拥有了愈加完善的军备体系，其唯一欠缺的就是重型火炮部队了。这也使得八旗军面对明军"凭坚城用大炮"的战术时，于宁锦防线之下数次碰壁。

于是皇太极以满人勋贵佟养性为指挥官，以汉人为兵丁组建炮兵营，并赏赐颇丰，"一等炮手赏银八十两，二等炮手赏银五十两"。要知道在明军的锋兵一月收入也不过二两银子。同时，八旗军大力仿制明军引进的西式火炮——红夷大炮，最终于天聪五年（1631年）正月仿制成八旗第一门红夷大炮。至此，八旗军的武备系统正式完备起来，重装步兵、骑兵、轻骑兵、轻重火器一应俱全。

就在同时，崇祯四年（天聪五年）正月，孙承宗东出巡关，准备重新整备关外防务。他经过崇祯批准，准备先修起大凌河城（大凌河中左千户所），以连接松山、杏山、锦州等城。于是明总兵祖大寿、何可刚等率领十余名副将正式前往动工重建。

皇太极知道后认为，"坐视汉人开疆拓土、修建城廓、缮治甲兵，使得完备，我等岂能安处耶？"同时他认为明帝国的"精锐皆在此城，他处无所有"。于是七月二十日，皇太极率领完成武备系统完整化的八旗部队从沈阳出发，八月一日，蒙古部落领兵来会驻扎在旧辽河，摆酒宴接风。

八旗自此兵分两路，一路由贝勒德格类、阿济格、岳拖率兵两万经过义州，驻扎在锦州和大凌河之间；一路由皇太极亲自率领走白土杨，趋广宁大道。两支后金军约定八月六日会于大凌河城。

当时由于七月中旬才开始重建工作，加上辽东巡抚丘禾嘉擅自做主同时修复右屯城，分散了人力物力，结果大凌河城仅仅修复了一半便仓促应战。城中原有官兵一万六千零二人，后派出买战马和守宁远的人一共是二千二百，所以此时城中战兵共有一万三千八百零二人，夫役、商贾一万多人。

六日夜，八旗两路兵马会合于大凌河城下。此时的八旗军虽然已经拥有完整武备系统，但皇太极对于攻城依旧信心不足，"汗谕诸贝勒、大臣曰：我若攻城则士卒受伤，不若环城掘壕筑墙以困之。彼兵若出，我即战之。外援若至，我即迎击"。于是八旗开始了围城，商讨的结果是城池的四面都挖掘壕沟。壕沟的周长足足有三十里，城池与壕沟之间相距三里。壕深一丈，广一丈，壕沟外再砌墙，高度也有一丈，墙上有垛口。于墙内五丈外再掘壕，广五尺，深七尺五寸，上面覆盖黎秸，再覆一层泥土，在周围扎帐篷组成军营。营地外再挖一条壕沟，深五尺，宽五尺。防守已经固若金汤，城里的人出不去，城外的人也进不来。同时，后金军以部分蒙古部队作为后备队，掘壕时，没有让科尔沁、阿鲁尔部的人参与，这两支蒙古骑兵被安排利用其本身机动性封锁明军的交通线。

期间，城中明军发觉了皇太极想困死大凌河城的意图，曾试图破坏八旗军的土木作业，"汗出阅掘壕，坐城南山岗。见近百骑兵出城，追我樵采人而来"。于是皇太极命令巴牙喇（此时已改名为护军）前往阻击，活捉明都司王延祚。之后为了保护作业部队，皇太极下令，"每牛录遣护军一名"。

皇太极还命令佟养性率领八旗汉军将火炮布置在通往锦州的道路上，以阻击明军来援。面对八旗如此严密的防守，明军也惊叹："逆奴围凌，连挖四壕，湾曲难行，器备全全，计最狡矣！故虽善战如祖大寿，无怪其不能透其围。"

八月十六日，锦州派兵二千来援。二十六日，明将丘禾嘉、吴襄、宋伟合兵六千开往大凌河。他们在长山（大凌河城东南）与八旗接触，败回。九月十六日，皇太极决定亲自出击锦州，断绝其对大凌河的支援，"卯时，出营向锦州进发"。皇太

◎ 《乾隆大阅图》中所展现的八旗军阵

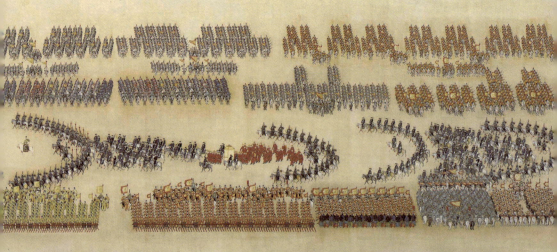

极先下令一部后金军佯攻，以诱敌出击，自己则埋伏在小凌河岸边，"命在阿济格台吉军中之图鲁什、劳萨率兵百人往诱锦州兵。时明兵七千出城逐我军，至小凌河岸汗埋伏处"。

见到明军中计，皇太极亲自带领巴牙喇冲锋，"时汗擐甲毕，未及系盔。甫系盔，仅以护军两百人，遂击败之"。然后八旗乘机进军，"追杀至锦州城，逼明兵堕入壕内"。在这场战斗中，巴牙喇再次证明了他们的忠诚与勇悍，"是役也，额尔克楚虎尔①于与敌交锋处坠马，其马逸向敌阵。时其部下有护军扎富塔者，见贝勒坠马，遂以其马乘之"。

此战之后，皇太极设计引诱祖大寿出战，"上率营内厮卒执旗帜向锦州驰骋扬尘，伪为锦州援兵至"。自己则率领巴牙喇（护军）埋伏起来，"上率护军伏于山内城中，见之祖大寿等遂率兵出城至西南"。祖大寿中伏后，匆忙退回城内，皇太极下令将抓到的俘虏全部屠杀，"上命斩之。自是大寿等闭城不敢复出"。

被团团围困的大凌河城内一片愁云惨淡之象，城中粮草将尽，"城中谷穗半堆，以汉斛计至，约有百石"。更重要的是，明军骑兵的战马已经消耗一空，"原马七千，倒毙殆尽，尚余二百，堪乘者止七十匹"。城中军民"夫役死者半，其存者不过以马肉为食耳"。但是在这种情况下，明军还是"有食弓弦尚且固守者"，期待着朝廷的援兵。

九月二十四日，明军援兵终于到来。监军张春会同吴襄、宋伟等战将百余员率领八万步骑，渡过小凌河列车营与八旗对峙。

二十七日，明军拔营向大凌河城推进，在距离城池十五里的长山与八旗交战。皇太极准备在明军战车到位前冲垮对手，"汗虑若候战车至，势必迟误。于是，率两翼骑兵列阵，呐喊冲击"。不过这次明军非常精锐，"竟岿然不动，从容应战，齐发枪炮，声震天地。铅子如雹，矢如雨霰"。后金军连攻之下才突入明军阵营，"左翼兵因避炮矢，未从汛地冲入，亦踵右翼兵而进"。然而这支被皇太极评价为最后的精锐明军，在被八旗"破营"之后依然死战，"其余少半之敌，复聚列阵"。

于是皇太极下令"佟养性部屯于敌营东，发大炮火箭毁其营"。被逼无奈的明军只能火攻，"时有黑云起，且风向我军，明兵趁风纵火，火燃甚炽，将逼我阵"。但是运气又站在了后金军一边，"天忽雨，反风向西，火灭，明军反被火燎"。战至此时，其实战局基本已定，但是明军依旧苦苦坚持。最后皇太极投入包括巴牙喇在内的全军精锐，"亲临阵，发矢斩杀。刚收兵，即命列行营兵车盾于前，护军、蒙古兵及厮卒列于后。于是，营兵推战车近敌，纵马兵发矢冲击"，最终击败了苦战力竭的明军。

不过要提到的是，此战中莽古尔泰因未能履行职责而遭到皇太极的训斥和责罚，于是这两兄弟差点内讧起来。莽古尔泰贝

---

① 蒙古语，意为天涯的勇士，勇敢的将军。是皇太极赐予其弟多铎的称号。

勒说："为汗者，宜从公闻谕，何独与我为难耶？我为汗一切承顺，仍不中意，是欲诛我也。"说罢，拿着佩刀柄向前。这时他的同母弟弟德格类台吉说："尔之举动不成体统矣！"给了他一拳后扬长而去。贝勒莽古尔泰怒骂道："爹个鸟，尔为何拳殴我耶！"还把刀拔出鞘了一截。他弟弟德格类将他推出。恰被大贝勒代善看见了，生气地说："与其如此悖乱，不若死矣。"大汗没说什么，又坐下办公，而后回了营。

事实上，这次事情让皇太极勃然大怒，他除了重责了莽古尔泰之外，也训斥了他的"古出"——护军（巴牙喇）们："我恩养尔等何用？彼手出佩刀欲斫我，时尔等何不拔刀趋立我前耶？昔姜太公云操刀必割，执斧必伐等语。彼引佩刀，欲斫我也。"

从这点可以看出，虽然护军在战场上骁勇无比，在大凌河之战中更是发挥了极其重要的核心作用，但是它仍然是一支野战军，而不是如皇太极所期望的那样是帝王的禁卫军。同时也说明，皇太极对巴牙喇的控制远不如白手起家、一手创建自己"古出"的努尔哈赤。

1636 年，皇太极改国号为清，并借口朝鲜与明帝国藕断丝连且未及时按约定送去质子，以及截杀投降后金的明军等理由，再次出兵朝鲜。这次皇太极还带上了外藩蒙古，征发大兵，深入朝鲜，平定八道。朝鲜被迫签订了丧权辱国的《南汉山规则》。

通过几番用兵，清国从朝鲜得到了大量财物，降清汉官也曾提及，"我国地窄人稀，贡赋极少，全赖兵马出去抢些财物"。八旗清军也借此拥有了更多的朝鲜鸟铳手。

就这样，通过战争和劫掠，清国虽然和明帝国一样爆发了大规模天灾，但却相对平缓地渡过难关，后者却因为不断加重的赋税和持续的灾情，财力被进一步透支。

就此，随着叶赫的冲击骑兵、蒙古的骑射、汉军的火炮、朝鲜的鸟铳手被八旗一一收编，以原八旗为骨干、以巴牙喇为督战核心的八旗劲旅终于完成了兵种和战术配置上的最后优化。

此后，由于人数的激增，巴牙喇的职责更多如其汉名——护军所示，作为皇太极或者其余八大贝勒的护卫战士，或作为督战队。大凌河之战也成为巴牙喇成建制地直接投入战场的最后一战。天聪七年，皇太极将护军中的前哨兵划分出来，组成葛布什贤超哈营（后改汉名为前锋营），"若遇敌接战，即选前锋精锐以一队居前、二队居后。敌若败遁，可遣兵截其归路，乘其无备尽戮之。至遇叛逃者，亦量其多寡令人追捕，当亲往者即躬先驰逐之。敌众势强勿得轻战，宜兴敌相持传知附近城堡待众兵会集，相机剿伐"。由此可以看出，前锋营的主要职责是应对小规模的突袭和特种作战，对大规模敌方兵团进行拖延迟滞交战，以及为己方传递信息。

此时，随着周边敌人的一一肃清，八旗军主要的对手也只剩下了明帝国，双方的博弈也进入到了最后的阶段。

虽然大凌河之战清军炮队表现十分抢眼，但是明帝国的九边精锐和西法党数十年积累的火器仍旧可堪一战。清军虽然在大凌河做到了正面打破明军的车营，但是车营所能携带的火炮毕竟不是明军真正的极限，早年被明军火器死死压制住的屈辱和恐惧仍然笼罩在八旗军队心中。但是随着吴桥兵变，三万原明军部队剃发投降，包括以西法训练的大量熟练炮手和直接从西洋人处购买的重型火炮，也投入清军。清军又一次在重型火力上得到巨大的补充。

此后的松锦之战，洪承畴所率的九边精锐里有大量火器部队，其中光一等大将军炮（10.5磅炮）就达到惊人的一百四十六门。这个阵容放眼全世界也堪称豪华，但是依旧挡不住清军的"四十余红衣之威"和已经成型的轻重火力搭配。随着松锦之战的失败，明军最后的精锐也宣告覆灭。

更重要的是，当时明帝国因为与清国交战，军费开支甚巨，尤其是松锦战役正值关内饥荒，为给前线部队备粮，崇祯皇帝不得不下令加税，结果各地百姓不堪重负纷纷起义。在清国依靠劫掠渡过了小冰河期难关之后，明帝国反而因为小冰河期的打击进一步增加了税收，从而进一步增加了财政压力。虽然当时八旗始终不敢真正入关和大一统的明帝国逐鹿中原，"虑明国，城池多，人民众，语言风俗不与我同"。但是八旗军采取了一种"小刀放血"的可怕战术。

以巴牙喇为核心的清军小部队甚至大部队，不断绕过山海关，自长城一线破口入关，大肆劫掠。仅仅崇德元年，清军"转掠两千里"，劫掠"人畜四十六万两千三百有奇、黄金四千零三十九两、白银九十七万七千四百六十两"。

贝勒阿济格曾纵横关内长达八个月，一共攻克三府、十八州、八十八座城镇，击败明军三十九处，获得黄金一万两千二百五十两、白银二百二十万五千二百七十两、珍珠四千四百四十两、各色缎共五万两千两百三十匹、缎衣与裘衣一万三千八百四十领、貂狐豹虎等皮五百余张，俘获人口三十六万九千人，以及驼、马、牛、驴、羊三十二万一千余头。

于是在八旗前后五次大规模和多次小规模入关掠夺下，明帝国的经济遭受了前所未有的打击。仅仅京郊和畿南一带，就曾遭到八旗四次袭扰，尤其以崇德三年和崇德七年两次最为严重。兵科给事中李永茂在巡查顺德府期间记录下了八旗大军过后各地的惨状。他出京至庆都、新乐、真定、栾城、伯乡、内丘、顺德（邢台），"一望荆榛，四郊瓦砾，六十里荒草寒林，止有道路微迹，并无人踪行走"，而平乡"受患及惨，至今城内止余焦赤残垣，及堆积瓦砾。"整个"畿南郡邑，曾经戊寅之惨（崇德三年、崇祯十一年的入关），惊魂未定，兼以五载荒瘟，民亡十之九。"

最终，明帝国在这样的内忧外患之中轰然倒下了。而清军又于山海关之战击败了李自成的农民起义军，入主中原。

如后来的雍正皇帝所说："至世祖章皇帝入京师时，兵亦不过十万。夫以十万之众，而服十五省之天下，岂人力所能强战？"满洲人口不过数十万，败一次便是全盘皆输，而从萨尔浒之战到山海关之战，八旗大规模野战从无败绩。可以说，巴牙喇作为精锐担任着主将护卫、督战队、前哨兵的责任，成了八旗制胜的关键。

作者团队简介

指文烽火工作室,由众多历史、战史作家组成,从事古今战争、中外历史的研究、写作与翻译工作,通过精美的图片、通俗的文字、独到的视角理清历史的脉络。

原廓: 自媒体公众号"冷兵器研究所"主编,记者,电视纪录片策划及撰稿,音速及北朝论坛古战版块版主,致力于专业的古代与近代军备评测,普及中外军事历史知识,讲述不为人所知的战争故事。

矢锋: 研究历史的法律从业者,潜心二十年实践"读万卷书,行万里路",倡导以逻辑思辨和律法条理研究历史问题。曾参与《战场决胜者》《战争事典》图书的写作工作。

陈峰韬: 历史爱好者,主攻南北朝历史,特别对北周政治演进、府兵制等重要史实有深入研究,致力于推广和普及北周历史。曾参与《秘密战三千年》《战争事典》图书的写作工作。

廉震: 军事历史地理研究者,专注于古代战役地理复盘与兵棋推演领域,喜欢通过现代技术手段,还原古代战役布局与谋略,解读战阵运作与临阵指挥。曾参与《战场决胜者》《战争事典》图书的写作工作。

龙语者: 2000 年左右开始研究西方历史,2004 年左右开始研究拜占庭帝国历史。期间查阅大量相关资料及历史记载(包括大量的英文一手资料),以求最大限度地符合历史真实。曾参与《战场决胜者》《战争事典》等图书的写作工作,并著有长篇历史小说《拜占庭英雄血脉》。

蔡传亮: 山东师范大学历史学学士、浙江大学中国现当代文学硕士,中国古代史和北方民族史的爱好者,注重史籍研读与考古资料相结合的史学研究。曾参与《秘密战三千年》《成吉思汗传》图书的写作、翻译工作。

梁栋: 笔名梁晓天,爱好中、日、韩三国历史文化,平日涉猎此类文献较多,曾坚持以业余时间研究 16—17 世纪东亚军事技术史十余年,对该领域有一定积累。擅长戚继光战史、抗倭历史、明清时期东亚城防武备复原等领域。著有《倭寇战争全史》一书。

暗夜惠玉: 古代武术研习者、云松武道社社员、虎贲长三角分部团员,擅长剑道及欧洲剑术,参加过多次全国武术比赛,致力于在国内部分高校传统弓箭社团推广古代格斗和射艺。同时深入研究近代世界军备武器发展。曾参与《战场决胜者》《明帝国边防史》图书的写作工作。